国际劳动与雇佣管制研究丛书
本书受国家社科基金重大项目"'一带一路'国家劳动与雇佣管制研究"
(项目批准号17ZDA041)资助

利益相关者视角下欧洲新兴经济体劳动与雇佣管制研究

以中东欧部分国家为例

Research on Labor and Employment Regulations in Emerging European Economies from the Stakeholders' Perspective

Cases of Selected Central and Eastern European Countries

代懋 著

东北财经大学出版社
Dongbei University of Finance & Economics Press
大连

图书在版编目（CIP）数据

利益相关者视角下欧洲新兴经济体劳动与雇佣管制研究：以中东欧部分国家为例 / 代懋著. —大连：东北财经大学出版社，2025.3. —（国际劳动与雇佣管制研究丛书）. —ISBN 978-7-5654-5446-2

Ⅰ. F249.5

中国国家版本馆CIP数据核字第2024H1Y965号

东北财经大学出版社出版发行

大连市黑石礁尖山街217号　邮政编码　116025

网　　址：http://www.dufep.cn

读者信箱：dufep@dufe.edu.cn

大连图腾彩色印刷有限公司印刷

幅面尺寸：170mm×240mm　字数：235千字　印张：19.75　插页：1

2025年3月第1版　　2025年3月第1次印刷

责任编辑：石真珍　孙冰洁　李翠梅　吴　奂　　责任校对：赵　楠

封面设计：张智波　　版式设计：原　皓

定价：99.00元

教学支持　售后服务　联系电话：（0411）84710309

如有印装质量问题，请联系营销部：（0411）84710711

总 序

20世纪后半叶以来的新一轮经济全球化大潮在全世界范围内深刻形塑了过去半个多世纪的国际政治经济历史进程，也使主要国家和全世界绝大多数公民共享了丰硕的发展果实。这一全球趋势同我国改革开放40多年以来的发展历程大致重叠，将我国深刻卷入了全球经济贸易体系，促进了我国的改革开放和经济发展，而我国也在这一历史进程中为全世界的发展贡献了重要的价值与力量。

2013年，习近平总书记面向新时期、新问题，高屋建瓴地提出了共建“一带一路”倡议，旨在加强与世界人民的融通与合作，共建共享发展果实，同时促进新时期中国自身经济高质量发展的转型。10余年来，共建“一带一路”倡议从构想到现实，从蓝图到落地，我国始终坚持共商、共建、共享的原则，以高标准、可持续、惠民生为目标，积极促进与150余个共建“一带一路”国家的全方位、多领域互联互通，并在探索中不断完善全球治理体系、优化全球治理规则，积极构建人类命运共同体，取得了举世瞩目的成就。

共建“一带一路”蓝图的全面铺就，使得越来越多“走出去”的企业和管理者开始关心超越国界的劳工政策、产业关系制度，以及劳动力市场状况。随着跨国企业在共建“一带一路”国家的贸易活动与雇佣规模不断扩大，因它们对所在国的劳动与雇佣管制体系不了解、不熟悉，海外劳动争议事件时有发生，这不仅妨碍了劳动者权益的保护与企业正常经营活动的开展，也不利于我国与共建“一带一路”国家友好合作的深化。对于劳动者而言，熟悉所在地的劳动与雇佣管制体系，有利于明确权责，从而在权益受损时更高效地维护自身利益。尤其对于选择跨国就业的劳动者来说，更好地了解东道主国家的劳动与雇佣管制体系可以有效增强其生存与适应能力。

劳动条件和用工规则如何在其他国家乃至全球治理层面被决定和实施？这已经成为许多中资跨国企业在对外投资和经贸合作中的重要参考要素之一，也是劳动和雇佣关系研究亟待回答的问题。于国家而言，保障劳动者权益是实现高质量、可持续发展目标的前提条件，也是我国推动建设开放型世界经济、主动对照高标准经贸规则深入推进高水平贸易与合作的必备知识。深入研究共建“一带一路”国家的劳动与雇佣管制体系，可以为完善全球劳动治理体系提供中国智慧与中国方案，以创新思路破解发展难题。遗憾的是，在中国劳动研究领域，学者们过去将主要的精力放在研究中国国内的劳动与雇佣关系的制度和管理实践上，而对于国外乃至全球层面劳动与雇佣管制的研究并不系统并且往往是现象描述式的。

因应学术研究与劳资政各主体的实际需要，在国家社会科学基金重大项目的支持下，课题组集合了一批来自中国人民大学和中国社会科学院相关领域的优秀学者，针对共建“一带一路”国家的劳动与雇佣管制体系进行了系统性研究，并在课题研究成果的基础上编纂出版了“国际劳动与雇佣管制研究丛书”。

本丛书共计六册，其逻辑体系构成如下：在第一册《劳动与雇佣管制中的利益相关者：理论与实践》中，我们从“主体-互动过程-制度产出”这一劳动关系研究的经典理论视角出发，提出并详细阐释了一个基于利益相关者视角的产业关系治理体系分析框架，用于更好地在国际和跨国情境下分析和解释劳动与雇佣管制制度的特征与形成机制，为本丛书奠定了理论基础。第二册《工会发展与劳动雇佣管制比较研究》以产业关系系统的核心参与主体之一工会为例，从国际比较产业关系的视角出发，全面介绍了工会的发展脉络、国别差异、劳动力市场效应以及当前所面临的挑战。第三册《中国企业海外投资的劳动与雇佣管制研究》聚焦对外直接投资这一各利益主体的关键互动场域，分析跨国企业在对外直接投资过程中所面临的劳动与雇佣管制问题，并结合国际指数与具体案例分析评估共建“一带一路”国家的劳动关系治理状况。第四册《全球化下贸易与经济合作中的劳动与雇佣管制研究》关注另一个关键互动场域——国际贸易与经济合作过程，详细分析了中国与共建“一带一路”国家的国际贸易与经济合作发展水平，相关国家劳动雇佣制度的具体内容与特征，并深入剖析典型国家案例。第五册《亚洲新兴经济体的劳动雇佣管制研究——以印度为例》与第六册《利益相关者视角下欧洲新兴经济体劳动与雇佣管制研究——以中东欧部分国家为例》则重点关注劳动与雇佣管制体系的制度产出，分别使用印度与中东欧国家的具体案例，阐释了各利益相关主体的互动如何塑造具体的劳动与雇佣管制实践，并对国别产业关系系统做出系统梳理和比较研究。

在丛书出版之际，我们感谢国家社会科学基金的资助与大力支持，也向所有为本丛书付出努力的作者与研究团队成员、所有受访者、编辑、审稿人和关注本丛书的所有读者致以诚挚谢意！我们希望本丛书可以作为中资企业“出海”的必读书。其中对于不同国家制度情境的介绍、劳动与雇佣管制模式的总结，以及具体的劳动政策和规则体系的梳理，将促进中资企业尽早了解并融入东道主国家的劳动与雇佣管制体系，在国际社会中勇于承担企业社会责任，从而树立起中国的良好形象与担当。我们也期待，通过学者们在劳动与雇佣管制研究领域的持续探索，学界未来会有更多丰硕成果为共建“一带一路”倡议的继续推进提供强有力的理论支撑与实践指导，促进各国的共同发展与繁荣，共同迎接共建“一带一路”倡议的下一个辉煌十年。未来，课题组也将与更多同行开展合作，深入观察和研究更多共建“一带一路”国家的劳动与雇佣管制体系，继续出版覆盖不同国家的国别研究。本丛书只是一个开始，而不是一个句号！

是为序。

杨伟国

2024年6月于时雨园

前　言

中东欧国家是中国落实共建“一带一路”的重点方向，中东欧国家之间经济发展水平、国家地理环境、优势重点产业皆存在很大区别，而劳动法律制度更是各不相同，本书将基于利益相关者视角对中东欧国家劳动与雇佣管制体系的发展进行详尽分析。

通过对中东欧国家劳动与雇佣管制的梳理，我们发现，基于利益相关者视角的分析对其劳动与雇佣管制体系发展之间的差异确实可以起到解释作用。体制转型前中东欧国家劳动与雇佣管制体系的情况较为一致，属于高度集中的中央计划经济的一部分。1989年体制转型以来，中东欧国家整体进入了漫长而痛苦的转轨期。在几乎所有中东欧国家，转型后的优先事项都是经济发展，其次才会涉及社会保护等相关事项。转型之后，几乎所有中东欧国家都面临着全面转轨和申请加入欧盟的压力，欧盟、世界银行、国际货币基金组织（IMF）、经济合作与发展组织（OECD）等国际机构对中东欧国家社会政策产生深远影响，这些组织利用自己的力量干预中东欧国家社会政策的制定。经过一段时间的发展后，虽然中东欧国家在劳动力市场政策改革方面都选择了不同程度的“西化”措施，但不同中东欧国家的劳动与雇佣管制体系呈现出不同的状态，有的国家继续实施较高程度的劳动保障措施，有的国家则逐步呈现出更加灵活的劳动力市场管制局面。这一系列的背景条件使得中东欧国家劳动与雇佣管制体系的转型为比较劳动关系理论的发展提供了天然的实验场所。中东欧国家政府、社会伙伴等国内利益相关者对劳动与雇佣管制问题的处理方式存在明显的国际差异，不同国家的雇主-工会战略模式也有着极大区别。利益相关者视角的分析注重工会、政府、雇主以及国际组织之间的相互作用，描绘了一个更复杂的现实，其中，有组织的劳动力并非一直处于弱势地位，而是成功地在地方甚至国家层面实现了巨大的社会和政治收益。足够有能力的利益相关者对现行制度不认可，提出可行的制度替代方案，并能够将这种制度替代方案转化为行动，是制度发展的必要条件。工会能否取得成功取决于工会、政府、雇主和国际组织之间的各种因素：工会动员成员避免内部分裂和建立联盟的能力、政府分裂工会和平息冲突的做法、雇主对劳动力市场改革的游说、国际组织带来的压力。

本书共包括八章。第一章是总论，对中东欧国家劳动与雇佣管制的基本情况进行梳理，并基于政策导向和历史影响，将中东欧国家劳动关系分为三种类型：社会伙伴关系模式、波罗的海模式和维谢格拉德集团模式。本章还基于利益相关者视角构建了劳动与雇佣管制体系的利益相关者理论框架，涉及政党/政府、官僚机构、社会伙伴和国际机构四类利益相关主体以及社会对话制度、集体谈判制度和劳动争议处理制度三种主要制度框架，探索中东欧国家不同劳动与雇佣管制体系发展轨迹的作用主体及机制。第二章从利益相关者视角的劳动雇佣管制角度对中东欧国家劳动与雇佣管制中的利益相关者进行分析，包括政党和社会伙伴等国内利益相关者，也包括欧盟、世界银行等国际利益相关者，不同利益相关者之间的相互作用促进了中东欧国家不同劳动与雇佣管制体系的形成。然后是国别视角研究。第三、四、五、六、七章分别对斯洛文尼亚（社会伙伴关系模式）、波罗的海国家（波罗的海模式）、罗马尼亚（波罗的海模式）、波兰（维谢格拉德集团模式）和斯洛伐克（维谢格拉德集团模式）的劳动与雇佣管制进行了回顾和梳理，论述了各利益相关主体如何影响各国劳动与雇佣管制体系的形成。这些国家分别属于三种模式，通过对这些国家的分析我们可以看到，体制转型后、金融危机期间及之后的中东欧国家劳动与雇佣管制之间的差异确实受到国内和国际各方利益相关者的影响，而且差异日趋明显。第八章是对中东欧国家社会保障管制的分析。体制转型后，中东欧国家的社会保障制度呈现出不同的发展轨迹和特征。第八章先对中东欧国家的社会保障制度模式进行分析，发现中东欧国家社会保障制度模式不能归于埃斯平·安德森对福利国家的分类，而是单独形成了一个独特的模式，然后基于利益相关者视角对中东欧国家养老保险制度和医疗保险制度改革进行介绍。

希望本书的出版能在一定程度上加深国内同行及各界对中东欧国家劳动与雇佣管制的了解与认识。由于著者学术功底、专业理解与研究积累上的欠缺，本书难免存在许多不足、不当乃至不对的地方，著者理当承担一切责任，在此恳请读者和学界同仁批评指正。

代懋

2025年1月

目　录

第一章

劳动雇佣管制模型与中东欧国家实践

本章对中东欧国家劳动与雇佣管制的基本情况进行梳理，并基于政策导向和历史影响，将中东欧国家劳动关系分为三种类型：社会伙伴关系模式、波罗的海模式和维谢格拉德集团模式。通过对中东欧国家劳动与雇佣管制的梳理，我们发现基于利益相关者视角的分析对其劳动与雇佣管制之间的差异确实可以起到解释作用。因此，本章基于此构建了劳动与雇佣管制体系的利益相关者理论模型，涉及政党/政府、官僚机构、社会伙伴和国际机构四类利益相关主体以及社会对话制度、集体谈判制度和劳动争议处理制度三种主要制度框架，旨在探索中东欧国家不同劳动与雇佣管制体系发展轨迹的作用主体及机制。

第一节　引言

在关于中东欧国家劳动关系的文献中，工会的弱点一直受到不断审视。制度主义者认为，1989年以后的工会在政治行动中处于弱势地位，并且一直如此，没有明确的发展前景。体制转型初期受到前体制影响，工会对市场化的态度极其尴尬，有时甚至会违背其成员的利益。[①]后来有可能进行振兴，但是前体制的影响使得工会既缺乏想法，也没有物质资源来扭转局面。[②]从一开始，工会就是弱势的，被经济发展限制，其劳动力市场灵活程度堪比自由市场经济。[③]相比之下，以利益相关者为中心（Actor-Centred）的文献更加注重工会、政府、雇主以及国际组织之间的相互作用，描绘了一个更复杂的现实，其中有组织的劳动力并非一直处于弱势地位，而是成功地在地方甚至

① CROWLEY S. Explaining labor weakness in post-communist Europe: historical legacies and comparative perspective [J]. East European Politics and Societies, 2004, 18 (3): 394-429.

② OST D. The consequences of postcommunism trade unions in Eastern Europe's future [J]. East European Politics and Societies, 2009, 23 (1): 13-33.

③ HALL P A, SOSKICE D. Varieties of capitalism: the institutional foundations of comparative advantage [M]. New York: Oxford University Press, 2001.

国家层面实现了巨大的社会和政治收益。[①]足够有能力的利益相关者对现行制度不认可，提出可行的制度替代方案，并能够将这种制度替代方案转化为行动，是制度发展的必要条件。[②]工会是否能够取得成功取决于工会、政府、雇主和国际组织之间的各种因素：工会动员成员或避免内部分裂和建立联盟的能力，政府分裂和平息工会的努力，雇主对劳动力市场改革的游说，或国际组织带来的压力。弱势并不是中东欧工会的统一特征，对工会的力量需要根据上述因素的博弈进行理解。

本书旨在建立一个通用的理论框架，探讨中东欧国家劳动与雇佣管制体系发展过程中各利益相关者的作用及相互作用机制。体制转型前的制度路径依赖影响很大，政府和社会伙伴对经济社会宏观环境的反应差异巨大，国际机构一直对中东欧国家劳动关系发展进行干预，因此本书基于此构建了政党/政府、官僚机构、社会伙伴和国际机构四个利益相关主体的理论模型，其中涉及社会对话制度、集体谈判制度和劳动争议处理制度三种主要制度框架，旨在探索中东欧国家不同劳动与雇佣管制体系发展轨迹的作用主体及机制。

第二节　中东欧国家劳动与雇佣管制模式

在过去三十多年中，中东欧国家的劳动关系发展呈现出如下三个特征：(1) 中东欧国家的工会会员数量出现大幅度下降。在过去三十年中，所有资本主义国家都出现了工会会员人数下降的情况，而中东

① VARGA M, FREYBERG-INAN A. Post-communist state measures to thwart organized labor: the case of Romania [J]. Economic and Industrial Democracy, 2015, 36 (4): 677-699.

② WEISHAUPT J T. From the manpower revolution to the activation paradigm: explaining institutional continuity and change in an integrating Europe [M]. Amsterdam: Amsterdam University Press, 2011.

欧国家特别显著。[①]2004年和2007年加入欧盟的10个中东欧国家[②]中，工会密度的下降幅度更大，其平均水平从1990年的59%下降到2016年的13.3%。[③][④]工会会员人数下降的主要原因是会员资格从强制性的加入变为自愿加入，以及工会覆盖率极低的私营部门的崛起。[⑤]（2）罢工很少发生。中东欧国家的罢工活动少于大多数西欧国家。罢工仅限于工会能施压的上市公司和公共服务部门。在私营部门，罢工很少发生，工会更愿意避免对抗。[⑥]（3）集体谈判力量薄弱，集体协议覆盖率低。中东欧国家集体谈判的工资议价能力弱，集体谈判主要发生在地方或公司层面，其集体协议的比例远远低于西欧国家，并且自21世纪初以来持续下降。[⑦]

由于中东欧国家在体制转型之前和之后的共同经验，它们长期以来被视为一个整体。但是越来越明显的是，将中东欧国家视为一个单一类别，掩盖了经济结构和体制结构方面的重要跨国差异。Bohle和Greskovits（2012）分析了中东欧国家所面临的前体制影响，过渡时期的政策选择和跨国影响，将中东欧国家分为三类：（1）斯洛文尼

---

① OST D. The end of postcommunism: trade unions in Eastern Europe's future［J］. East European Politics and Societies，2009，23（1）：13-33.

② 2004年，波兰、匈牙利、捷克、斯洛伐克、斯洛文尼亚、爱沙尼亚、立陶宛、拉脱维亚加入欧盟。2007年，罗马尼亚、保加利亚加入欧盟。

③ ILO. Trade union density rate［EB/OL］.［2024-09-21］. https: //www.ilo.org/ilostat/faces/oracle/webcenter/portalapp/pagehierarchy/Page27.jspx? indicator=ILR_TUMT_NOC_RTandsubject=IRandlocale=enanddatasetCode=AandcollectionCode=IRand_adf. ctrl-state=tcdig7wiu_25and_afrLoop=1815437161943041and_afrWindowMode=0and_afrWindowId=null#! % 40% 40%3Findicator%3 DILR_TUMT_NOC_RT%26_afrWindowId%3Dnull%26subject%3DIR%26locale%3Den% 26_afrLoop% 3D1815437161943041%26datasetCode% 3DA% 26collectionCode% 3DIR%26_afrWindowMode%3D0%26_adf.ctrl-state%3Dw6zlnhkkg_4.

④ 其中，斯洛伐克、爱沙尼亚和拉脱维亚是2015年的数据，罗马尼亚是2013年的数据。

⑤ CROWLEY S. Explaining labor weakness in post-communist Europe: historical legacies and comparative perspective［J］. East European Politics and Societies，2004，18（3）：394-429.

⑥ GLASSNER V. Central and Eastern European industrial relations in the crisis: national divergence and path dependent change［J］. Transfer: European Review of Labour and Research，2013，19（2）：155-169.

⑦ ILO. Collective bargaining coverage rate［EB/OL］.［2024-09-21］. https: //www.ilo.org/ilostat/faces/oracle/webcenter/portalapp/pagehierarchy/Page27. jspx? indicator=ILR_CBCT_NOC_RTandsubject=IRandlocale=enanddatasetCode=AandcollectionCode=IRand_adf. ctrl-state=tcdig7wiu_4and_afrLoop=1816090478936402and_afrWindowMode=0and_afrWindowId=w6zlnhkkg_39#! % 40%40%3Findicator% 3DILR_CBCT_NOC_RT% 26_afrWindowId% 3Dw6zlnhkkg_39%26subject% 3DIR% 26locale% 3Den% 26_afrLoop% 3D1816090478936402%26datasetCode%3DA%26collectionCode%3DIR%26_afrWindowMode%3D0%26_adf.ctrl-state%3Dw6zlnhkkg_63.

亚；（2）波罗的海国家，保加利亚和罗马尼亚；（3）维谢格拉德国家，即波兰、匈牙利、捷克、斯洛伐克。[①]基于此，我们也可以将中东欧国家劳动关系分为三种模式。

第一，社会伙伴关系模式。采用这个模式的主要是斯洛文尼亚，作为南斯拉夫社会主义联邦共和国经济最发达的地区，它在体制转型之前已经与西方国家建立了牢固的联系。成为独立的主权国家后，斯洛文尼亚吸引了大量的国外投资，同时保留了强大的国内工业基础和国有银行系统。在20世纪90年代初罢工浪潮之后，工会进一步巩固了其地位，并自那时起就通过三方协议和社会契约参与了社会经济决策。斯洛文尼亚的工会密度很高，大多数雇员都受集体协议约束，多雇主谈判占主导地位。斯洛文尼亚加入欧盟标志着其集体谈判制度开始了缓慢而稳定的权力下放过程，随着2006年斯洛文尼亚工商会（Chamber of Commerce and Industry of Slovenia，GZS）强制性雇主成员资格的取消以及私营部门国家集体协议的取消，集体谈判制度权力下放的势头进一步发展。[②]尽管存在这种权力下放的趋势，但在所有中东欧国家中，斯洛文尼亚是唯一接近西欧新社团主义模式（Neo-Corporatist Model）的国家。[③]

第二，波罗的海模式。采用该模式的国家包含波罗的海国家、保加利亚和罗马尼亚。1991年苏联解体后，三个波罗的海国家——立陶宛、拉脱维亚和爱沙尼亚——独立。为了赶上其他中东欧国家，波罗的海国家选择了一条激进的过渡道路，旨在促进经济发展，而不是保护工人。波罗的海国家的国外投资很少，经历了较高程度的去工业

① BOHLE D，GRESKOVITS B. Capitalist diversity on Europe's periphery［M］. Ithaca：Cornell University Press，2012.

② STANOJEVIĆ M，KLARIČ M. The impact of socio-economic shocks on social dialogue in Slovenia［J］. Transfer：European Review of Labour and Research，2013，19（2）：217-226.

③ STANOJEVIĆ M. Conditions for a neoliberal turn：the cases of Hungary and Slovenia［J］. European Journal of Industrial Relations，2014，20（2）：97-112.

化。三个波罗的海国家有组织的劳动力基本都被排除在决策之外，而其工会密度和集体谈判覆盖率则是欧盟最低的。集体协议几乎没有，有也仅在公共部门和大型国有企业中达成。

保加利亚和罗马尼亚与波罗的海国家相似。保加利亚和罗马尼亚的过渡进程很漫长。这两个国家与波罗的海国家有许多共同特征，例如，私有化程度低、金融化程度高、福利水平低，以及出口商品的产品附加值低。但是，在劳动关系领域，这两个国家的社会伙伴比波罗的海国家的社会伙伴更强大，集体谈判的覆盖率更高，劳动力动员水平也更高。罗马尼亚表现更为出色，因为它拥有一个相对集中和协调的集体谈判系统。而保加利亚的工会密度相对较低，还在进一步下降。①

第三，维谢格拉德集团模式。采用该模式的国家包含波兰、匈牙利、捷克、斯洛伐克等维谢格拉德集团国家（Visegrád Group Countries）。维谢格拉德集团模式处于社会伙伴关系模式与波罗的海模式的中间位置。与南斯拉夫联盟共和国类似，维谢格拉德集团国家中的大多数在某种程度上已经在体制转型前尝试了市场经济。转型期间，它们在很大程度上保留了传统福利制度，并基于优厚的补贴方案吸引高附加值的国外投资，调整和更新其工业基础。然而，与斯洛文尼亚不同，维谢格拉德集团国家并没有将有组织的劳动力制度提升到政策制定层面，而是依赖法律手段。维谢格拉德集团国家的劳动关系呈现出劳资冲突不断、集体谈判分散、部门协议很少（斯洛伐克除外）的特点。②

这样的分类描述了中东欧国家劳动与雇佣管制体系之间的重要结

① BOHLE D, GRESKOVITS B. Capitalist diversity on Europe's periphery [M]. Ithaca: Cornell University Press, 2012: 96-137.
② BOHLE D, GRESKOVITS B. Capitalist diversity on Europe's periphery [M]. Ithaca: Cornell University Press, 2012: 138-181.

构差异，也体现了各国工会密度和集体谈判覆盖率的变化。虽然劳动关系类型的不同使得各国工会面临的挑战不同，但是，类似的历史背景、经济发展环境和国际化进程使得中东欧国家的工会的发展面临共同的挑战。

第一，政治、经济和社会转型使得工会会员人数持续下降。1989年体制改革之后，中东欧国家的工会的运作发生深刻变化。鉴于劳动力市场放松管制的趋势、去工会化的速度加快以及非正规经济的增长，工人处于更加弱势的地位。不论是“老派”工会，还是“新派”工会，工会都需要重新定义其职能，从追求政治目标转向代表雇员利益。转型过程中工会面临着如下挑战：（1）原本被工会全面覆盖的大多数国有企业都被关闭或缩小规模，中小企业数量不断增加，而新成立的中小型企业几乎没有工会。（2）公众对工会存在相当强的不信任感。这与社会背景息息相关，从20世纪90年代中期开始，中东欧国家削弱了对劳动者的社会保护，这对弱势劳动者产生了强烈的负面影响，企业拖欠工资和违反劳动法已经成为社会通病，贫富差距越来越大，女性仅仅能获得短期或临时工作。[①]（3）非正规经济发展，就业结构发生变化。[②]越来越多的非工会化雇员群体（毕业生、白领雇员和非典型就业工人）涌入劳动力市场。而这些变化都导致工会会员人数的急剧下降，工会亟须制定与非传统雇员群体有关的战略，确保组织能够代表其利益，重建公众信心。

第二，以冲突为导向的劳动关系使得集体谈判难以开展。中东欧国家的工会与企业的关系是以冲突为导向的。在所有中东欧国家，阻

---

① KAHMANN M. Changes in national trade unions structures： organisational restructuring by mergers in Central and Eastern Europe，Germany，the U.K. and Australia［EB/OL］.［2024-09-28］. http：//www. metiseurope. eu/content/pdf/4_vs_syndicalisme_etui_union_mergers_2003.pdf.

② NELSON J. Social costs，social-sector reforms，and politics in post-communist transformations ［M］// NELSON J，TILLY C，WALKER L. Transforming postcommunist political economies. Washington DC： National Academy Press，1997： 92.

碍工会组建和运作的不是法律，而是雇主的反对。[①]在大多数中东欧国家，集体谈判不甚成熟，主要发生在公司层面。分散的工会只覆盖了劳动人口的小部分，因此无法有效制定集体谈判议程。并且，大多数雇主不希望受到部门协议约束，不参加雇主协会，拒绝在公司层面进行任何形式的对话。这种情况在迅速增长的中小型企业尤为严重，工会发现与私营企业进行集体谈判非常困难。这使得在中东欧国家发展、形成良好的社会伙伴关系举步维艰，也使得集体谈判制度形同虚设。

第三，工会之间的竞争加重内耗。在中东欧国家体制转型后，工会组织多元化的现象十分普遍。根据意识形态进行划分，中东欧国家的工会出现了三种类型：传承于前体制的“老派”工会（或称“继承派”工会），如匈牙利工会联合会（Hungarian Trade Union Confederation，MASZSZ，原 MSZOSZ）和波兰的全波兰工会协定（All-Polish Agreement of the Trade Unions，OPZZ）；新成立的“新派”工会，如波兰的独立自治团结工会（Independent Self-Governing Trade Union “Solidarity”，NSZZ “Solidarność”），罗马尼亚全国自由工会联合会 Frăţia（National Confederation of Free Trade Unions from Romania Frăţia，CNSLR Frăţia），匈牙利的独立工会民主联盟（Democratic League of Independent Trade Unions，LIGA）；“民主派”工会，是“老派”工会改革后的工会，保留了其原先结构，如捷克和斯洛伐克工会联合会（Czech-Slovak Trade Union Federation，CSKOS）。[②]中东欧国家的工会由原先的单一结构变成了分散结构。在各个国家内部，也出现了意识形态不同的工会组织。例如，在斯洛文尼亚，“继承派”工会斯洛文

---

① KRZYWDZINSKI M. Organizing employees in Central Eastern Europe: the approach of Solidarność [J]. European Journal of Industrial Relations, 2010, 16 (3): 277-292.

② POLLERT A. Trade unionism in transition in Central and Eastern Europe [J]. European Journal of Industrial Relations, 1999, 5 (2): 209-234.

尼亚自由工会协会（Association of Free Trade Unions of Slovenia，ZSSS）虽然仍占主导地位，但“新派”组织力量也逐渐增强，特别是2006年成立的代表公共部门的强大联盟公共部门工会联合会（Confederation of Public Sector Trade Unions，KSJS）。目前，斯洛文尼亚共有七个工会组织在经济及社会理事会（The Economic and Social Council of Slovenia，ESS）中拥有发言权。①在部分中东欧国家，如匈牙利，工会之间的竞争导致联合开展行动几乎不可能，这也使得工会影响力进一步减弱。

第四，工会与政党力量的不均等导致良好的三方协商机制难以建成。与西欧国家相比，中东欧国家的工会和政党之间没有相互依存和双向交流的传统。体制转型后，政治集团和工会之间的联系开始出现，但与西方国家相比，其相互依存度要低得多。②在大多数中东欧国家，政党比工会更强大，会出现违背承诺的情况，甚至实行一些违反工人利益的政策，或者即使颁布了有利于劳工的法律，也无法保证这些法律得以实施并延续。例如，在斯洛伐克，左翼政党执政时颁布的劳动法有利于工会，但会被中右翼内阁推翻。政党还涉足工会内部结构建设和工会行动的决策过程，甚至影响工会领导人的选举，这不仅阻碍了工会的发展，还在普通会员中引起了相当大的争议。总体来说，过渡时期政党和工会之间的关系不仅没有提升工人地位，反而有负面作用。例如，在匈牙利，工会与社会党正式结盟，却仍然被排除在重大改革事宜的讨论之外。③

第五，国际化的挑战。自1989年以来，国际货币基金组织和世

---

① WP. Slovenia trade unions [EB/OL]. [2024-09-28]. http://www.worker-participation.eu/National-Industrial-Relations/Countries/Slovenia/Trade-Unions.

② AVDAGIĆ S. Loyalty and power in union-party alliances: labor politics in postcommunism [EB/OL]. [2024-09-28]. http://www.mpifg.de/pu/mpifg_dp/dp04-7.pdf.

③ TÓTH A. The collapse of the post-socialist industrial relations system in Hungary [J]. Journal for Labour and Social Affairs in Eastern Europe, 2013, 16 (1): 5-19.

界银行等国际金融机构以及欧盟等主要政治团体对中东欧国家的政策转型产生了重大影响。欧盟在该地区的监管影响力在其东扩政策的背景下日益增强。为了获得财政支持并及时加入，中东欧的候选国必须提前完成欧盟设定的经济目标，促进部门重组和私有化，并进行社会保障体系改革。因此，中东欧国家的工会也必须在欧盟的监管环境中运作。加入欧盟之后，对于工会来说，它们要想在欧盟中建立和维持合作关系也并非易事。(1) 国家之间的资源竞争使得合作变得困难。(2) 在欧盟向东部扩大期间，西欧的工会越来越关注移民和新欧盟成员国对其国家工人工资和工作条件的影响。西欧的工会指责劳动力倾销，采取一些被中东欧国家的工会认为是保护主义的措施。(3) 中东欧国家大部分工会的弱点使它们无法进行跨国的合作，或限制它们积极参与联合行动。然而，尽管有这些障碍，新老成员国的工会仍然建立了跨界联系，而不仅限于象征性的口头支持。各级工会都举行了联合活动，涉及信息交流、与公司管理层的联合谈判以及跨境集体行动等。

第三节　中东欧国家劳动与雇佣管制的利益相关者模型

利益相关者在制度环境中运作，对其政策结构和政策偏好产生影响。利益相关者的行为可以被看作自变量，这些变量促使制度从初始状态发展至当前状态。一方面，制度变化通过利益相关者的因果机制来进行。它们描述了利益相关者推动替代方案出台并就变革条件进行博弈的过程。另一方面，制度变革的过程导向机制描述了随着时间的推移制度变革的类型和性质，变革的过程和最终结果受到以前机构和制度的路径依赖效应的影响。在本书所构建的劳动与雇佣管制的利益相关者理论模型中，我们可以确定与利益相关者有关的因变量，即劳动与雇佣管制体系。图1-1是基本概念模型框架，其中涉及政党/政府、官僚机构、社会伙伴和国际机构四个利益相关者主体，以及社会对话制度、集体谈判制度和集体劳动争议处理制度三种主要制度框架。

通过对中东欧国家劳动与雇佣管制的梳理，我们发现利益相关者对其劳动与雇佣管制之间的差异确实可以起到解释作用。在此我们以立陶宛和斯洛文尼亚为例，对其劳动与雇佣管制的差异及其利益相关者在其中发挥的作用进行分析。

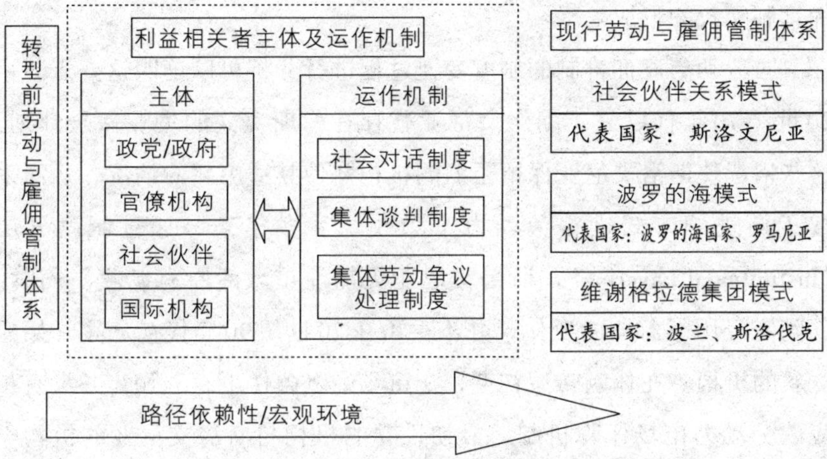

图1-1 中东欧国家劳动与雇佣管制的利益相关者模型

一、利益相关者主体的作用：对斯洛文尼亚和立陶宛进行对比分析

从这个模型中我们可以看到与中东欧国家劳动与雇佣管制体系差异有关的一些因素。这些因素不是相互排斥的，而是相辅相成的。

第一，中东欧国家劳动与雇佣管制的差异可以用前体制时期制度的路径依赖效应来解释。历史制度主义（Historical-Institutionalist）分析需要追踪前制度体系的影响及其路径依赖效应。中东欧国家转型前体制的差异决定了其他因素的解释方式。在此以立陶宛和斯洛文尼亚为例进行说明。从起点来说，立陶宛和斯洛文尼亚劳动与雇佣管制体系形成的起点有很大不同。在体制转型前，立陶宛和斯洛文尼亚的就业方式便存在很大差异。体制转型后，立陶宛由于受到苏联政府的影响，其法律和监管体系一直维持到1990年，然后经历了急剧的变化。之后立陶宛的体制改革道路变得更加开放。而斯洛文尼亚受到南斯拉夫社会主义联邦共和国政府应对失业机制影响，在此基础上逐步进行改革。这些情况造成了不同的路径依赖效应，进一步影响了劳动与雇佣管制模式的形成。

对劳动与雇佣管制的制度变迁过程进行分析可以证明这一点。自20世纪70年代以来，斯洛文尼亚就存在俾斯麦式的失业保险计划。这些情况使斯洛文尼亚保留了旧的机构并使其适应新的情况，从而采取了渐进的方式进行劳动力市场改革。多年来，通过制度分层(Institutional Layering)，斯洛文尼亚更加注重激活原有制度。同时，立陶宛经历了急剧的变化，并不得不在20世纪90年代初从零开始建立新的机构。在体制转型初期，在市场经济条件下，立陶宛并没有相应的劳动力市场保障机制。最初设立的机构与斯洛文尼亚的机构类似，而其发展过程也显示，随后的制度变革是分层的。然而，两国起点的差异仍然决定了之后的结果：斯洛文尼亚的劳动与雇佣管制体系更加完善，覆盖面更广，投入了更多资源。

在劳动力市场管制领域，两国之间的分歧更难以通过路径依赖来解释，尽管路径依赖性已经影响了其劳动力市场管制体系的形成。在立陶宛和斯洛文尼亚，20世纪90年代之前几乎都不可能裁员。同样，两国长期以来都保留着受前体制影响的制度。最初的体制变革对劳动力市场经济的适应程度相当小。但是制度变迁的过程，即路径依赖如何产生影响，可能会更好地解释不同的结果。斯洛文尼亚进行了渐进式的改革，逐步采取了各种改革措施，通过制度分层对现有规则的修改相当少，以实现灵活性。同时，立陶宛的政策制定者似乎忽略了适应新市场形势的必要性：保留了原法规原则，灵活化的趋势不一致，并且自2003年以来没有进行过重大的劳动力市场管制改革，变革十分缓慢。

此外，考虑到制度的更广泛定义，非正式制度的影响在立陶宛和斯洛文尼亚劳动与雇佣管制的形成中也很重要，主要反映在利益相关者的特征及其关系中。例如，立陶宛的政策制定者和社会伙伴保留了体制转型前的互动方式：所有重要决定都归政府，而社会伙伴只起象征性的作用。而斯洛文尼亚在前体制末期形成了强大的工会运动传统，工会运动在其独立后仍然存在。这些持久的差异阻碍了两国在转型过程中的趋同。因此，可以说中东欧国家劳动与雇佣管制的差异确实可以用制度的路径依赖性来解释。

第二，中东欧国家劳动与雇佣管制的差异可以用政党竞争的差异来解释。中东欧国家政党竞争的差异可能使其变革的速度更快或更慢。例如，政治角色的频繁改组可能导致劳动力市场改革缺乏方向和连续性，也可能会影响新政策的内容。而对工人友好的政党长期占主导地位的国家会更多地考虑到劳动力市场风险，对工人的保障会更全面，但是在新自由主义意识形态政党占主导地位的国家，对工人的保障会有所减少。

对立陶宛和斯洛文尼亚的对比分析表明，政党竞争和党派格局存在一些重大差异。首先，立陶宛没有大力倡导工人利益和强调广泛工人保护的政治力量，而斯洛文尼亚的中左翼政党主张强有力的工人保护。其次，两国政府政治力量的改组频率差异很大。立陶宛在每次大选后的政治格局都发生了根本变化，这阻碍了政治体制改革议程的连续性。而斯洛文尼亚的中左翼政党能够利用长期执政来逐步实施转型后的重要改革。最后，立陶宛的政策制定者并没有为了进行劳动力市场改革而与社会伙伴结盟。而斯洛文尼亚的政策制定者在每次进行重大改革的尝试中都高度依赖工会的支持。

在不同的起点下，政党竞争中的这些差异可能会导致两国之间的进一步分歧。斯洛文尼亚的左翼政党的主导地位进一步强化了斯洛文尼亚从一开始就强大和全面的劳动力市场保障，这样的定位在之后很难被扭转。而在立陶宛，当需要进行彻底的改革时，其政党之间的竞争性特征更是阻碍了更强有力的劳动力市场保障制度的实施。因此，可以肯定的是，中东欧国家劳动与雇佣管制差异可以用政党的竞争性差异来解释。

第三，国家官僚机构在中东欧国家劳动与雇佣管制体系形成中的作用有限，但国家官僚机构仍然是一个重要的利益相关者。制度改革的实施方式及成功与否在很大程度上取决于国家官僚机构，这也可以增强或降低路径依赖和其他因素的影响。行政能力和官僚机构都很重要，官僚机构可能与其他利益相关者结盟，或鼓吹某些政策思想。

在立陶宛和斯洛文尼亚，其官僚机构在劳动与雇佣管制体系形成中的作用都相当有限。官僚机构在两个国家对劳动与雇佣管制的形式没有明显的偏好或影响。官僚机构纯粹是改革的执行者，不参与决策，服从于政治领导人。此外，两个国家官僚机构的行政能力显示出非常相似的趋势。唯一显著的区别是立陶宛的公共行政部门在独立之初就缺乏资源来实施根本性改革，而斯洛文尼亚的相应部门在执行劳动与雇佣管制的逐步变革方面非常有效。但是这种差异首先取决于改革的性质，并没有过多地反映出官僚机构本身的不同特征。

因此，很难说官僚机构的行动导致立陶宛和斯洛文尼亚之间的差别进一步扩大，而立陶宛和斯洛文尼亚的立场已经受到不同国内利益相关者影响。相反，两国官僚机构的特征都表明，在形成本国劳动与雇佣管制体系时，其他因素的差异更加重要。因此可以说，官僚机构发挥的作用没有其他利益相关者的作用大。

第四，中东欧国家劳动与雇佣管制的差异可以用社会伙伴角色的差异来解释。社会伙伴的组织水平、影响力以及与决策者联盟的差异会随着时间的推移而对中东欧国家劳动与雇佣管制的发展产生影响，还会增强或减弱其他因素的影响，最终形成更强或更弱的劳动者保障。

对立陶宛和斯洛文尼亚的研究表明，社会伙伴在两个国家的作用存在重大差异。自立陶宛独立以来，无论是在组织方面，还是在利益代表方面，立陶宛的社会伙伴（包括工会和雇主协会）一直表现不佳。社会伙伴在正式的决策协商中几乎没有发挥过作用，决策者很少考虑社会伙伴的意愿。立陶宛的社会伙伴也没有促进过劳动与雇佣法方面的重大改革，也没有明显迹象表明它们在进行改革时与政治力量保持一致。而与此同时，与其他中东欧国家相比，斯洛文尼亚拥有特别强大和有影响力的社会伙伴。自20世纪90年代初以来，斯洛文尼亚的社会伙伴一直积极参与劳动与雇佣管制体系的建立。斯洛文尼亚社会伙伴的大量参与基于如下有利条件：首先，工会和雇主组织的成员众多，组织良好。其次，国家结构的某些特征（如有利的全民投票规则）使强大的工会具有动员能力，可以否决不利的立法。因此，强有力的社会伙伴的支持对于劳动力市场改革至关重要。反过来，这些改革在很大程度上反映了工会的利益导向，即针对劳动力市场风险的高水平保障。即使社会伙伴的权力在2004年之后缩减，情况也没有太大变化，这进一步证实了与社会伙伴保持一致对决策者改革劳动力市场政策至关重要。

与政党竞争所产生的影响相似，社会伙伴角色的差异也加剧了两国劳动与雇佣管制之间的初始差异，导致了分歧加剧而不是趋同。更具体地说，强大而有影响力的社会伙伴促进了斯洛文尼亚工人保障的缓慢而渐进的改革，并阻碍了新自由主义改革思想的落实。同时，立陶宛社会伙伴的弱势使得其在体制转型后，仍然无法增强工人保护力度。相反，它们允许政党的新自由主义倾向在劳动力市场政策中占上风。这促使了立陶宛劳动与雇佣管制的发展相对不成熟。因此，中东欧国家劳动与雇佣管制的差异可以用社会伙伴角色的差异来解释。

第五，中东欧国家劳动与雇佣管制的差异可以用国际机构在国内政策制定中的差异来解释。所有中东欧国家在劳动与雇佣管制领域都受到国际机构影响，在理想情况下，这将导致整个欧盟趋同。尽管如此，国内系统和利益相关者往往对欧盟就业战略（European Employment Strategy，EES）的压力做出不同反应。①这可能导致中东欧国家劳动与雇佣管制之间进一步的分歧，这种差异已经受到路径依赖和国内利益相关者影响。

通常，很难评估欧盟的真正影响，因为在很多中东欧国家，欧盟这个自变量几乎没有变化。②立陶宛和斯洛文尼亚同时加入欧盟，并承受着改革其劳动与雇佣管制的相同压力。在立陶宛和斯洛文尼亚，劳动力市场改革的模式及它们与欧盟的关系非常相似。首先，在加入欧盟前，两国的政策制定者都期望符合加入条件，因此进行了必要的改革，以体现EES的理念。其次，两国的改革都明显体现出欧盟对于劳动力市场政策的改革意愿。最后，加入欧盟后不久，在两个国家都显示出欧盟对进一步的劳动力市场体制形成的影响减弱。在立陶宛，

① ［1］ MAILAND M. The uneven impact of the European Employment Strategy on member states' employment policies： a comparative analysis ［J］. Journal of European Social Policy，2008，18（4）：353-365. ［2］ COPELAND P，TER HAAR B. A toothless bite? The effectiveness of the European Employment Strategy as a governance tool ［J］. Journal of European Social Policy，2013，23（1）：21-36.

② HAVERLAND M. Does the EU cause domestic developments? The problem of case selection in Europeanization research ［EB/OL］. ［2024-09-28］. http：//eiop. or. at/eiop/pdf/2005-002.pdf.

这主要是由于条件压力（Conditionality Pressures）减轻，决策者不愿进行进一步的改革，而斯洛文尼亚政府则面临来自社会伙伴的重大阻力。尽管如此，斯洛文尼亚后期的改革导致了更大的灵活性，这在很大程度上受到EES影响。[①]虽然欧盟也建议立陶宛进行类似的改革，但立陶宛政府没有采取相应的行动。[②]也就是说，直到21世纪10年代，欧盟在两个国家中所扮演的角色都非常相似，并没有导致两个国家的国内政策差异的扩大。相反，它可以更好地解释两国之间的趋同。例如，立陶宛的社保改革考虑了欧盟的建议，使立陶宛更接近斯洛文尼亚已有的失业保险标准。但是，斯洛文尼亚在之后的改革中受欧盟影响更大，这导致两国在就业保护法（Employment Protection Legislation，EPL）领域的分歧更大。因此，可以说，中东欧国家劳动与雇佣管制方面的差异可以用国际机构影响的差异来解释。

本书在后面的国别部分分别对斯洛文尼亚（社会伙伴关系模式）、波罗的海国家（波罗的海模式）、罗马尼亚（波罗的海模式）、波兰（维谢格拉德集团模式）和斯洛伐克（维谢格拉德集团模式）的劳动与雇佣管制体系进行了详细的说明，论述了各利益相关者主体如何影响各国劳动与雇佣管制体系的形成。这些国家分别属于三种模式，通过对这些国家的分析我们可以更清晰地看到体制转型后的中东欧国家劳动与雇佣管制之间的差异确实受到国内和国际各方利益相关者影响，而且差异日趋明显。

---

① STANOJEVIĆ M，MRČELA A K，BREZNIK M. Slovenia at the crossroads: increasing dependence on supranational institutions and the weakening of social dialogue [J]. European Journal of Industrial Relations，2016，22 (3)：281-294.

② EUROPEAN COUNCIL. Council Recommendation of 12 July 2011 on the national reform programme 2011 of Lithuania and delivering a council opinion on the updated convergence programme of Lithuania，2011-2014 [EB/OL]. [2024-09-28]. https：//eur-lex.europa.eu/LexUriServ/LexUriServ.do? uri=OJ：C：2011：210：0001：0004：EN：PDF.

二、利益相关者的作用机制

下面对理论模型中利益相关者的三种作用机制进行分析，这三种机制分别是社会对话制度、集体谈判制度和集体劳动争议处理制度。

1.社会对话制度

中东欧国家的社会对话制度是在20世纪90年代初建立的，晚于西欧国家。例如，法国于1884年承认结社自由，1919年通过了第一部关于集体谈判的法律。德国劳动关系制度的基本结构是在第二次世界大战后引入的。而大部分中东欧国家的第一批社会对话机构建于20世纪90年代初。正如Due和Mailand（2004）所说："社会对话是对国家管制形式的反对，它们可以避免冲突或帮助解决冲突。"[①]一方面，在中东欧国家实施社会对话的经验比在西欧国家更少。但另一方面，在中东欧国家实施社会对话的常规工作较少，而且人们更有热情和活力。事实上，这给了外国投资者比在本国更多的自由。[②]

除斯洛文尼亚外，新欧盟成员国的三方机制通常被描述为"虚幻的"。[③]一方面，自体制转型以来，中东欧国家三方机构内部力量的天平就向政府倾斜。政府主导三方讨论，即使政府在法律上有义务征求社会伙伴的建议，但通常也不会真正采纳。[④]就其自身而言，中东欧国家的社会伙伴组织由于自身的分散化和政治化而常常无法抵抗政府的单方行为。另一方面，社会对话机构也并非完全没有发挥作用。

---

① DUE J，MAILAND M. Social dialogue in Central and Eastern Europe： present state and future development ［J］. European Journal of Industrial Relations，2004，10（2）：179-97.

② SIPPOLA M. The two faces of Nordic management? Nordic firms and their employee relations in the Baltic States ［J］. The International Journal of Human Resource Management，2009，20（9）：1929-1944.

③ OST D. Illusory corporatism in Eastern Europe： neoliberal tripartism and postcommunist class identities ［J］. Politics and Society，2001，28（4）：503-530.

④ HEINISCH R. The state of corporatism in Central Europe in transition ［M］// COLLIER I，ROGGEMANN H，SCHOLZ A. Welfare states in transition： East and West. Basingstoke：Macmillan Press，2001：50-92.

正如Orenstein和Hale（2001）[1]所论证的那样，转型后中东欧国家的社会对话有助于确保过渡时期的社会和平，从而有可能“将社会动荡降到最低”。[2]社会伙伴参与了至少与过渡有关的社会问题的讨论。例如，在波兰，1992年罢工浪潮之后的谈判促使《关于转型的国有企业的协议》（Pact on State Enterprise in Transformation）的缔结，该协议涉及私有化进程的社会问题。而在1991年，保加利亚的社会伙伴签署了《和平过渡民主政治协定》（Political Agreement for Peaceful Transition towards Democracy），起草有关集体谈判和劳动纠纷的法律。[3]在21世纪头10年，中东欧国家的三方谈判很少促使正式社会协议的签订，但是即使这样的失败尝试也为社会伙伴提供了交流观点和促进社会学习的机会。[4]

在金融危机期间及之后，中东欧国家的三方社会对话制度出现两条发展路径。罗马尼亚和匈牙利再次彻底改革了社会对话机构。两国三方机构关注的问题扩大到更广泛的社会利益，但是这削弱了其代表性，并剥夺了它们的社会伙伴特征。三方机构的咨询职能缩减，并且某些权力也丧失了，例如，制定有约束力的最低工资提案的权力。罗马尼亚和匈牙利都设立了其他咨询机构，但其职权范围仍然不够明确。与集体谈判制度改革的情况一样，社会对话方面的重要变革也不会与社会伙伴协商。在匈牙利，这些变革是由青年民主主义者联盟（FIDESZ）政府推动的，而在罗马尼亚，这些变革是由政府出台的广受质疑的《社会对话法》（Social Dialogue Act）规定的。改革对罗马

---

① ORENSTEIN M，HALE L E. Corporatist renaissance in postcommunist Central Europe? [M] // CANDLAND C，SIL R. The politics of labor in a global age: continuity and change in late-industrializing and post-socialist economies. Oxford: Oxford University Press，2001: 258-284.

② IANKOVA E，TURNER L. Building the new Europe: Western and Eastern roads to social partnership [J]. Industrial Relations Journal，2004，35（1）: 76-92; 85.

③ IANKOVA E. Multi-level bargaining during Bulgaria's return to capitalism [J]. Industrial and Labor Relations Review，2000，54（1）: 115-137.

④ GARDAWSKI J，MEARDI G. Keep trying? Polish failures and half-successes in social pacting [M] // POCHET P，KEUNE M，NATALI D. After the Euro and enlargement: social pacts in the European Union. Brussels: ETUI，2010: 371-394.

尼亚和匈牙利的劳动关系体系构成了沉重打击，使社会伙伴与政府之间的权力的天平更加向后者倾斜。这在罗马尼亚很明显，自改革开始以来，最低工资的水平要么被冻结，要么被政府单方面设定。[①]三方对话的频率也有所下降，根据劳动部（Ministry of Labour）的记载，罗马尼亚全国社会对话三方委员会（National Tripartite Council for Social Dialogue）在2013年仅举行了一次会议。

在其他中东欧国家，金融危机一开始就使得三方活动增加。双边和三边对话的日趋频繁令人们感觉到社会对话的复兴。[②]但是大多数中东欧国家政府却轻易舍弃了来之不易的三方协调。例如，2009年爱沙尼亚在准备新的更灵活的《雇佣合同法》（Employment Contract Act）的过程中，却废除了2008年签订的《关于对失业人员进行再培训和援助的协定》（Agreement on Retraining and Assistance to the Unemployed）。[③]同样，在拉脱维亚，2008年关于紧缩措施的三方协议被认为"过于乐观"，必须由其他削减措施规定做补充，社会伙伴对此提出了严厉批评。[④]在波兰和保加利亚，由于经济形势恶化，政府的无所作为使得工会和雇主就反危机措施进行双边谈判。社会伙伴提出了社会、劳动以及经济领域的政策措施清单，随后提交给了政府。但是，波兰和保加利亚政府都违背了最初的承诺，只部分采纳了社会伙伴的建议。在波兰，政府的危机应对措施侧重于增加工作时间的灵活性，并为陷入暂时性经济困难的公司启动了一项补贴计划，而

---

① CHIVU L，CIUTACU C，DIMITRIU R，et al. The impact of the legislative reforms on industrial relations in Romania [EB/OL]. [2024-09-22]. https://www.ilo.org/sites/default/files/wcmsp5/groups/public/@europe/@ro-geneva/@sro-budapest/documents/publication/wcms_219711.pdf.

② CZARZASTY J. Poland: government accepts anti-crisis package submitted by social partners [EB/OL]. [2024-09-22]. http://www.eurofound.europa.eu/eiro/2009/06/articles/pl0906019i.htm.

③ GONSER M. How hard a blow for the collective representation of labour interests? The Baltic industrial relations and the financial crisis [EB/OL]. [2024-09-22]. http://www.em-econ.eu/current-issue/gonser/.

④ KALLASTE E，WOOLFSON C. Negotiated responses to the crisis in the Baltic countries [J]. Transfer: European Review of Labour and Research，2013，19 (2): 253-266.

无视早先的双边协议，这一做法激怒了工会。相比之下，保加利亚在很大程度上实施了面向社会和劳动力市场的措施，但政府未能及时偿还对私营企业的债务，导致私营部门的债务连连上升，进一步恶化了该国的经济环境。斯洛文尼亚的社会协议曾经是过渡时期和加入欧元区时期该国政治经济体系的主要特征之一，有关公共部门的紧缩措施也与经济及社会理事会（ESS）的社会伙伴进行了商讨，并于2009年和2012年纳入三方协议。但是，根据Krašovec和Luzar（2013）的说法，斯洛文尼亚政府单边主义的趋势已经明显，他们采取短期的紧急措施，并且试图减少社会伙伴对改革的干预和公众对改革的审查。[①]

危机时期短暂的社会对话复兴可以用政治经济学来解释。一方面面对日益恶化的经济形势，另一方面，极端的选举动荡以及在部分国家存在在野党拥护社会原则的情况，中东欧国家政府很可能通过三方谈判的方式以说服公众相信政府正在积极寻求反危机补救措施，并且让公众相信其政策是基于更广泛的社会妥协的。在一些针对性很差的反危机措施很容易造成政府公信力丧失的时候，“公关社团主义”（PR Corporatism）由此产生，试图提高政府的声望。这项策略在波兰是成功的，2010年在波兰执政的PO-PSL（波兰公民纲领党-波兰人民党）联盟连任第二任期，这是1989年之后的第一次。在保加利亚，由GERB（争取欧洲进步公民党）领导的少数派政府并不是那么幸运的，即使该党赢得了地区选举，并直到2013年年初都在全国民意调查中处于领先地位，但Borisov总理还是在2013年2月因民众对高额电费的抗议而辞职。总而言之，“公关社团主义”未能真正提高中东

① KRAŠOVEC P, LUZAR B. Slovenia: impact of the crisis on industrial relations [EB/OL]. (2013-06-17) [2024-09-22]. http: //eurofound.europa.eu/observatories/eurwork/comparative-information/national-contributions/slovenia/slovenia-impact-of-the-crisis-on-indus - trial-relat - ions.

欧国家的社会对话质量。自金融危机初期的社会对话温和复苏以来，中东欧国家的三方谈判一直被社会伙伴与政府之间的争端打断，政府不断寻求新的方式来使社会伙伴成为旁观者并削弱它们对劳动力市场和福利改革的影响。

2.集体谈判制度

西欧的多雇主集体谈判制度可以被视为“过去重大危机的产物”，[①]它们是在大萧条之后或第二次世界大战后不久的特定历史时期出现的，当时宏观经济协调和超越阶级界限的妥协是使经济恢复增长的必要条件，其中集体谈判制度是重要组成部分。[②]而在中东欧国家，集体谈判制度的起源非常不同，它是在体制转型后建立的。除斯洛文尼亚外，单雇主谈判机制一直占主导地位。与西欧国家相比，中东欧国家的集体谈判制度基于不同的协调机制，处于弱势地位，覆盖率低，很难期望它们会像欧盟初始成员国的集体谈判制度一样发挥作用。此外，2008年后的经济低迷给中东欧国家原本薄弱的集体谈判制度提出了新的挑战，各国集体谈判情况也显示出更大的不同。一些国家经历了部门层级集体谈判的复苏，但另一些国家集体谈判的重要性则进一步降低。另外，与20世纪30年代和20世纪40年代西欧国家经济发展由国内公司占主导的情况形成鲜明对照的是，1989年以后中东欧国家的经济发展在很大程度上是由外资驱动的。大型外资公司对构建当地集体谈判系统的兴趣不大，而且国际竞争使这些大型外资公司更容易受到成本压力影响，并增加了对灵活性的需求，从而降低了多雇主谈判和工资协调的动力。[③]因此，在危机期间和之后，雇主

---

① VISSER J. Wage bargaining institutions: from crisis to crisis [R]. Brussels: ECFIN, 2013: 1.

② HALL P A, SOSKICE D. Varieties of capitalism: the institutional foundations of comparative advantage [M]. Oxford: Oxford University Press, 2001.

③ TRAXLER F. Coordinated bargaining: a stocktaking of its preconditions, practices and performance [J]. Industrial Relations Journal, 2003, 34 (3): 194-209.

对集体谈判系统的灵活性策略要求进一步提高。

在集体谈判领域，我们也可以发现中东欧国家集体谈判制度遵循的不同轨迹。这些差异反映了不同国家的产业结构、监管框架、经济低迷时期政府实施的政策以及路径依赖。中东欧国家缺乏谈判传统和支持机构以及社会伙伴长期处于弱势地位，这些因素使得在这些国家建立多雇主协调谈判不太可能。自2008年金融危机爆发以来，欧盟新成员国集体谈判制度发展的轨迹再次发生了变化。罗马尼亚和匈牙利的集体谈判机构经过了政府的彻底改革而中立化，而在波兰、斯洛伐克和捷克，由于这些国家生产情况的特殊性和有力的监管框架，公司层面的集体谈判增加了。在其余的中东欧国家中，工会密度下降和集体谈判覆盖面缩小的趋势仍在继续，在金融危机期间该趋势甚至加快。

(1) 罗马尼亚和匈牙利：政治压力下的集体谈判。

在2009年3月与国际货币基金组织（IMF）达成了为期两年的协议之后，罗马尼亚政府实施了艰难的紧缩政策。两年后，罗马尼亚政府出台的《社会对话法》(Social Dialogue Act) 规定了雇员权利和义务底线的清单，作为公共和私营部门谈判的参照。罗马尼亚政府还宣布，自2011年年底起，所有当时有效的部门级集体协议均作废，并规定新协议将在新成立的部门层面进行谈判。同时，《社会对话法》废除了自动法定扩展机制，根据新规则，集体协议仍然可以进行扩展，但前提是签署该协议的雇主协会的附属公司雇用超过所在部门50%的劳动力。[①]除了对工资设定系统进行改革之外，新法律还对公司级工会引入了更严格的代表性标准，并提高了建立公司级组织所需的最低雇员人数。同样，新法律对部门级工会和雇主协会也规定了更

① TRIF A. Social dialogue during the economic crisis: the impact of industrial relations reforms on collective bargaining in the manufacturing sector: Romania [R]. Manchester: University of Manchester, 2014.

严格的标准：为了获得代表性权利，它们都必须正式重新申请。该法律使得工人更难采取行动，并减少了对工会领导人员的保护。

该法使得罗马尼亚劳动关系集体化程度进一步降低。工会会员人数急剧下降：根据Trif（2014）引用的工会资料，罗马尼亚全国自由工会联合会Frăţia（National Confederation of Free Trade Unions from Romania Frăţia，CNSLR Frăţia）和全国工会联合会“Cartel Alfa”（National Trade Unions Confederation “Cartel Alfa”，CNS Cartel Alfa）的会员人数减少了64%~70%。在国家一级，13个雇主协会中只有5个达到了新的代表性标准。[①]社会伙伴权力的削弱与工资设定制度的权力下放同时发生。国家集体协议不复存在，而且由于扩展系统复杂且缺乏代表性雇主组织，自2011年以来未签订任何部门协议。[②]2011—2013年，公司层级集体协议的数量也下降了25%。[③]

当罗马尼亚的中左翼政府于2012年5月试图修改该法律中最具争议的条款时，遭到了IMF和欧洲委员会（European Commission）的批评，他们“强烈敦促当局限制任何修正案”。[④]罗马尼亚不得不避免恢复国家一级的集体协议，放宽社会伙伴的代表性标准，恢复每年重新谈判集体协议的义务。这表明2011年改革背后的推动因素主要是政治因素而非经济因素，并表明权力下放的改革得到了欧盟的支持。

与罗马尼亚一样，匈牙利的劳动关系和集体谈判领域也通过直接政治干预而发生了大规模变革。青年民主主义者联盟（FIDESZ）政

---

① TRIF A. Social dialogue during the economic crisis： the impact of industrial relations reforms on collective bargaining in the manufacturing sector： Romania ［R］. Manchester： University of Manchester，2014.

② BARBUCEANU S. 2013 annual review of labour relations and social dialogue in South East Europe： Romania ［EB/OL］. ［2024-09-20］. https： //library. fes. de/pdf-files/bueros/belgrad/10537.pdf.

③ TRIF A. Social dialogue during the economic crisis： the impact of industrial relations reforms on collective bargaining in the manufacturing sector： Romania ［R］. Manchester： University of Manchester，2014.

④ CLAUWAERT S，SCHÖMANN I. The crisis and national labour law reforms. Country Report： Romania ［EB/OL］. ［2024-09-22］. http： //www. etui. org/Publications2/Working-Papers/The-crisis-and-national-labour-law-reforms-a-mapping-exercise.

党在2010年春季选举中获得三分之二多数选票，使欧尔班·维克托（Orbán Viktor）总理领导的政府能够修改《罢工法》（Strike Law），限制雇员发起产业行动的权利，并规定某几类人员无权发起罢工。匈牙利新《劳动法》自2013年1月起全面生效，带来了更大的影响。该法提高了社会伙伴组织在公司和部门层面的代表性标准，并限制了对工会领导人员的法律保护范围和期限。它还赋予劳动委员会（Works Councils）缔结所谓的关于工作条件的劳动协议的权力，并允许集体协议、与劳动委员会签订的协议以及个人劳动合同中的内容可以不遵从《劳动法》而有利于雇主。①

鉴于经济衰退前匈牙利劳动关系系统相当薄弱，这些变化的影响没有罗马尼亚那么直接。即使这样，权力还是进一步向雇主和国家转移。对于工人个人而言，改革进一步降低了他们本已有限的就业保障。在公司一级，新立法削弱了工会的地位，同时又赋予了劳动委员会更多的权力，这些劳动委员会是由能够缔结工作场所协议的雇主创建和支持的。②在国家一级，政府改革了三方机构并限制其权力，进一步使社会伙伴望而却步。

（2）捷克、波兰和斯洛伐克：工厂层面谈判增强。

自2008年以来，在捷克、波兰和斯洛伐克，部门和工厂一级（Plant-Level）的集体谈判实际上有所增加，这主要是由这些国家的出口导向和经济衰退期间面临的困难所致。③对于这些国家而言，国外需求的减少，导致其出口迅速下降。雇主被迫暂时削减产量，雇主和工会都非常重视维持公司的运转以及保留技术工人。为了最大程度

---

① KRÉN I. Annual Review 2013: Hungary - labour relations and social dialogue [EB/OL].[2024-09-20]. https://library.fes.de/pdf-files/bueros/warschau/10436-20140107.pdf.

② SZABÓ I. Between polarization and statism - effects of the crisis on collective bargaining processes and outcomes in Hungary [J]. Transfer: European Review of Labour and Research, 2013, 19 (2): 205-215.

③ MYANT M, DRAHOKOUPIL J. International integration, varieties of capitalism and resilience to crisis in transition economies [J]. Europe-Asia Studies, 2012, 64 (1): 1-33.

地减少需求波动的不利影响，雇主和工会就停产、短期工作和增加工作时间灵活性达成了特别协议。这些国家的立法进一步鼓励了工厂层面的集体谈判，立法规定必须在指定地点与工会或工人代表机构商定灵活工作时间的安排。

在捷克，许多公司都使用工作时间账户（Working Time Accounts），在捷克语中称为flexikonto。这个做法在制造业尤为普遍，在2007年缔结的集体协议中占16%，在2011年达成的协议中占25%。[①]将工作时间参考期（Working Time Reference Periods）[②]延长至12个月也是2009年8月波兰反危机法（Anti-Crisis Law）的一项关键条款，此前波兰《劳动法》（Labour Code）允许的是3个月。2009年8月—2011年12月，这项措施已被1 000多家雇用约70万名雇员的公司采用，并于2013年7月成为波兰固定的劳动立法。在斯洛伐克，2009年和2010—2011年缔结的金属加工和电气行业（Metalworking and Electrical Industries）部门级协议同样包含有关重组措施和工作时间灵活性的特殊规定。[③]

尽管关于工作时间灵活性的协议很少采用正式集体协议的形式，但这个安排有助于避免维谢格拉德国家制造业的大规模解雇，并促进工会与管理层之间的对话。消极的一面是，这些国家在危机前巩固了劳动力市场细分的格局，因为其就业保护仅限于公司长期（Permanent）雇员。例如，斯洛伐克集体协议概述了陷入危机的公司的裁员顺序，首先解雇临时工，然后是分包商（Subcontractors）、自

---

① MYANT M. The impact of the economic crisis on collective bargaining in the Czech Republic［J］. Transfer，2013，19（2）：185-194.

② 工作时间参考期是指通过立法或协议设置的时间段，可以平均每周的工作时间。这样做的目的是在安排工作时间方面保障更大程度的灵活性，只要雇员在参考期内的平均工作时间不超过设定的限制，就可以调整每周的工作时间。这里提出将工作时间参考期从4个月延长至12个月。

③ CZIRIA L. Slovakia： impact of the crisis on industrial relations［EB/OL］.［2024-09-22］. http：//eurofound. europa. eu/observatories/eurwork/comparative-information/national-contributions/slovakia/slovakia-impact-of-the-crisis-on-industrial-relations.

雇人员、固定期限合同的雇员，最后是公司核心雇员。[①]同样，捷克汽车行业工会不愿接受更长的工作时间参考期，而是偏好灵活性，这实质上相当于解雇了固定期限合同雇员，他们还批评了固定期限合同延期的法律规定。[②]

（3）波罗的海国家、保加利亚和斯洛文尼亚：集体谈判更加弱化。

尽管维谢格拉德国家的集体谈判有所增加，但自2008年以来大多数中东欧国家的工会密度和集体谈判覆盖率都在下降。这种下降趋势在波罗的海各国尤为明显，而且它们的工会密度和集体谈判覆盖率在金融危机之前就已经非常低。2007—2011年，拉脱维亚的集体协议覆盖率下降了35%，2011年剩下的协议所覆盖的雇员人数比经济衰退前减少了43%。[③]在爱沙尼亚，代表蓝领雇员的爱沙尼亚工会联合会（Estonian Trade Union Confederation，EAKL）的成员减少了30%，代表白领雇员的爱沙尼亚雇员工会联合会（The Estonian Employees' Unions' Confederation，TALO）的成员减少了74%，而集体协议的数量减少了一半。[④]这些变化与爱沙尼亚劳动关系系统的权力下放和去集体化的长期趋势相一致。鉴于波罗的海各国政府采取严厉的紧缩政策，去集体化的趋势在加速发展，而且还涉及传统上比其他部门更好的公共部门和大型制造公司的裁员。而保加利亚的工会密度从表面上看在2010—2012年保持稳定，甚至略有上升，但这完全是由于失业率的增加，整体劳动人口数量缩减，这表示相对于整体劳动

---

① KAHANCOVÁ M. The demise of social partnership or a balanced recovery? The crisis and collective bargaining in Slovakia [J]. Transfer: European Review of Labour and Research, 2013, 19 (2): 171-183.

② MYANT M. The impact of the economic crisis on collective bargaining in the Czech Republic [J]. Transfer, 2013, 19 (2): 185-194.

③ KARNITE R. Latvia: impact of the crisis on industrial relations [EB/OL]. [2024-09-22]. http: //www.eurofound.europa.eu/eiro/studies/tn1301019s/lv1301019q.htm.

④ OSILA L, MASSO M. Estonia: the impact of crisis on industrial relations [EB/OL]. [2024-09-22]. http: //www.eurofound.europa.eu/eiro/studies/tn1301019s/ee1301019q.htm.

人口而言，工会会员的数量有所增加。[①]

斯洛文尼亚宣布了集体劳动关系危机。但这些变化并不是由经济衰退本身所驱动的，而是转型以来不断发展的自由化进程的一部分。即便如此，在2007—2010年，违反集体协议的情况却增长了5倍以上。[②]Stanojević和Mrčela（2014）基于金属、电子和化学行业的研究结果同样证明了集体谈判领域逐步的权力下放过程，表现为集体协议的期限较短，协议条款的取消更为频繁，以及部门协议中部分条款被废除（Derogation）的情况越来越多。[③]这表明，尽管有很强的集体谈判和社会伙伴关系传统，但斯洛文尼亚正逐渐偏离原有的社会伙伴关系模式（Social Partnership Model）。

由此可见，中东欧国家集体谈判系统的发展并不总是与早期分类保持一致的。除了在罗马尼亚和匈牙利受到政治干预的权力下放外，在波兰、斯洛伐克和捷克的出口行业需求减少以及鼓励部门层级集体协议的政策引导下，出现了集体谈判的温和复苏。而在其余的中东欧国家则出现了工会密度和集体谈判覆盖率的持续下降。

3.集体劳动争议处理制度

集体劳动争议是指在劳动合同或集体协议谈判期间，劳动者与用人单位之间发生的劳动争议。集体劳动争议被认为是雇员权利，可以合法地捍卫雇员的集体经济、社会和职业利益。集体劳动争议与直接行动密切相关，即与雇员罢工权利密切相关。员工有权罢工，以维护其经济或职业利益。如果在集体劳动争议中未达成协

---

① TOMEV L. The new EU economic governance and its impact in Bulgaria ［M］//ROCHA F. The new EU economic governance and its impact on the national collective bargaining systems. Madrid：Fundación 1° de Mayo，2014：39-65.

② KRAŠOVEC P，LUZAR B. Slovenia：impact of the crisis on industrial relations ［EB/OL］.［2024-09-22］. http：//eurofound.europa.eu/observatories/eurwork/comparative-information/national-contributions/slovenia/slovenia-impact-of-the-crisis-on-industrial-relations.

③ STANOJEVIĆ M，MRČELA A K. Social dialogue during the economic crisis：the impact of industrial relations reforms on collective bargaining in the manufacturing sector：Slovenia ［R］. Manchester：University of Manchester，2014.

议，则罢工权应作为最后的手段行使。在此我们主要看一下集体行动和罢工的情况。

长期以来，欧盟新成员国产业行动力较弱，罢工的频率相对较低，民众通过其他方式来发泄对社会的不满。这与前体制时期的传统有关，也与在过渡期间工人所遭受的经济困难和就业不安全感有关。此外，Greskovits（1998）还指出在体制转型后的中东欧国家，民众普遍存在不满情绪，而表达不满情绪方式是另类的和更个人主义的，如抗议投票、选举弃权或转而投入地下经济（Shadow Economy）。[①]中东欧国家加入欧盟后，又出现了另一种形式，即通过移民形式的“退出”，正如Meardi（2012）所说，针对本国恶劣的工作前景和较差的工作条件，中东欧国家工人“用脚投票”。[②]拉脱维亚、斯洛伐克和波兰等国的确有大量工作人口移居西欧。随之而来的劳动力短缺提高了本国工人的自信，产业行动不断增多，特别是在制造业领域，在该领域缺乏熟练劳动力成为外国投资公司和国内公司的主要问题。然而正当欧盟新老成员国的罢工频率的差距开始缩小时，金融危机的爆发改变了欧洲的经济形势和政策结构。

在分析中东欧国家社会经济发展时，一些观察家指出，削减成本计划的严厉程度与中东欧国家抗议活动的相对低强度有关。[③]但是，对欧盟新成员国金融危机期间抗议活动的更详细分析表明，中东欧国家人民并不是没有异议地就接受了成本削减和劳动法改革，而且他们对社会的不满程度不容小觑。在10个欧盟新成员国中，有4个国家（拉脱维亚、斯洛伐克、罗马尼亚和斯洛文尼亚）出现了反紧缩抗议

---

① GRESKOVITS B. The political economy of protest and patience: East European and Latin American transformations compared［M］. Budapest: Central European University Press, 1998.

② MEARDI G. Social failures of EU enlargement: a case of workers voting with their feet［M］. London: Routledge, 2012.

③ SOMMERS J, HUDSON M. Latvia's economic disaster heralded as a neoliberal success story: a model for Europe and the US?［EB/OL］.［2024-09-28］. http: //www.baltic-course.com/eng/direct_speech/? doc=68375.

活动而给政府施压。部门和公司一级也进行了大规模的示威动员。对EIRO[①]数据的分析表明，面对经济衰退，中东欧国家社会并没有保持被动。[②]即便是在“依赖型工业化”国家中，产量的下降和相关的经济困难被证明只是暂时的，工会迅速回到谈判桌前，重申了对加薪的要求。与之相反，在保加利亚，针对逾期工资和社会应享权利的罢工变得相对普遍，2009年和2012年在多个部门组织了一系列抗议行动。

民众对成本削减措施的不满情绪越来越高，并且越来越反对对社会权利和劳动力市场保护进行改革。在整个地区，公共部门雇员的组织相对良好，他们站在反对紧缩措施的最前沿。他们常常组织大规模抗议。例如，在匈牙利，由于紧缩措施和减薪，2008年11月有1万多名公共部门雇员集会；爱沙尼亚教育工会（Education Unions）于2012年3月组织了为期3天的罢工，1.4万名老师参加。除了这些传统的“声音”，成本削减和改革使得新的群体也加入到抗议活动中来。据Sommers和Hudson（2013）的说法，拉脱维亚是特别“被动”的国家[③]，即便如此，警察、农民和学生等群体也都进行了示威游行。匈牙利的学生也组织了多次抗议活动，批评高等教育经费削减以及限制大学毕业生跨国流动的新法律。斯洛文尼亚的迷你工作计划（Mini-Job Scheme）很受欢迎，学生对针对这个计划的改革进行了抗议。以职业群体为主的抗议活动主要是为了捍卫特定社会和职业群体的权益而举行的，虽然这类抗议活动很少会吸引大批群众，但是这也表明，社会普遍对紧缩路线感到不满。对于那些涉及更广泛的社会重要问题，参与的民众更多。在拉脱维亚和保加利亚，反对即将进行

---

① Eurofound欧洲劳动关系观察站（Eurofound's European Industrial Relations Observatory，EIRO；现为EurWORK）。

② EUROFOUND. EIRO（Now EURWORK） Report Database［EB/OL］.［2024-09-28］. https：//www.eurofound.europa.eu/en/about-eurwork.

③ SOMMERS J，HUDSON M. Latvia's economic disaster heralded as a neoliberal success story： a model for Europe and the US?［EB/OL］.［2024-09-28］. http：//www.baltic-course.com/eng/direct_speech/? doc=68375.

的养老金改革的集会分别吸引了1.4万名和1.5万名抗议者。2010年5月，罗马尼亚有5万人聚集在一起，批评公共部门的紧缩措施和社会福利削减。

随着新自由主义改革所显现的问题越来越多，中东欧国家社会举行大规模示威游行以要求改变其国家的经济和劳动力市场政策方针。这类抗议活动分别在波兰和捷克举行，分别吸引了10万多人，同时也在立陶宛和罗马尼亚举行，主要关注两国大部分地区的经济困境。在波兰，体制转型后的第一次大罢工是在高度工业化的西里西亚（Silesia）举行的，有8万名工人参加，他们对劳动力市场放松管制以及政府制定社会经济政策的单方做法不满意。自转型以来，社会不满的程度显示出中东欧国家实行紧缩政策和社会停滞政策状态的局限性，但是中东欧国家的政治家认为这些政策是经济增长以及“追赶”西欧标准的必要条件。[①]在经济低迷时期，中东欧国家的政治家和主流媒体反复提及低工资、社会排斥、日益增加的工作不安全感和劳动合同的过度灵活性等难题。针对这些问题，工会率先指出国内增长模式的固有问题。例如，在波兰，工会批评了非正规合同的滥用，为了节省成本以及实现灵活性，越来越多的雇主青睐用民法管制的雇佣合同代替劳动法管制的劳动合同，波兰工会称其为“垃圾合同”（Junk Contracts），这个词随后进入公众视野。[②]

反对削减成本的措施和对劳动关系系统的政治攻击是中东欧国家工人运动的统一因素。在许多中东欧国家，这一统一因素帮助工会克服或至少减少了意识形态差异和组织分裂。波兰“冲突的多元主义”

① ŠĆEPANOVIĆ V. Have your competitiveness and eat it too: the pull and limits of cost competition in Hungary and Slovakia ［M］//BERNACIAK M. Market expansion and social dumping in Europe. London: Routledge，2015.

② MROZOWICKI A，MACIEJEWSKA M. Conflicts at work in Poland's new capitalism: worker resistance in a flexible work regime ［M］// GALL G. New forms and expressions of conflict at work. Basingstoke: Palgrave Macmillan，2013: 191-211.

（Conflict-Ridden Pluralism）和主要工会之间的“地盘”争夺一直是其劳动关系制度的特征之一，在金融危机之后波兰的三个主要工会联合起来抗议劳动力市场的过度灵活性和反危机措施。2011年10月，立陶宛的五个国家级工会联合会保证统一战略，并针对政府的紧缩措施提出抗议。2013年5月，匈牙利的三个主要工会（MSZOSZ，ASZSZ和SZEF）宣布统一计划。这些例子表明，中东欧国家的工会之间统一行动的意愿越来越强。

第四节 小结

本章对中东欧国家劳动与雇佣管制的基本情况进行梳理，并发现基于利益相关者视角的分析对其劳动与雇佣管制之间的差异确实可以起到解释作用。因此，本章基于此构建了劳动与雇佣管制体系的利益相关者理论模型，涉及政党/政府、官僚机构、社会伙伴和国际机构四类利益相关者主体以及社会对话制度、集体谈判制度和集体劳动争议处理制度三种主要制度框架，旨在探索中东欧国家不同劳动与雇佣管制体系发展轨迹中不同主体的作用程度及机制。

在过去三十年中，所有资本主义国家都出现了工会会员人数下降的情况，而中东欧国家特别显著。中东欧国家的工会会员人数下降的主要原因是会员资格从强制性加入变为自愿加入，以及工会覆盖率极低的私营部门的崛起。此外，集体谈判力量薄弱，集体协议覆盖率低也是中东欧国家劳动关系的显著特点。基于政策导向和历史影响，可将中东欧国家劳动关系分为三种类型：社会伙伴关系模式、波罗的海模式和维谢格拉德集团模式。虽然模式不同，但受到类似历史背景、经济发展环境和国际化进程影响，中东欧国家劳动关系发展面临共同的挑战，包括伴随着转型深入而不断下降的工会会员人数、以冲突为导向的劳动关系、工会之间的竞争、工会与政党的不均等关系，以及国际化的挑战。

以利益相关者为中心的研究注重工会、政府、雇主以及国际组织之间的相互作用，描绘了一个更复杂的现实。本章基于利益相关者视角构建了一个理论框架，探讨中东欧国家劳动与雇佣管制体系发展过程中各利益相关者的作用及相互作用机制。利益相关者的行为可以看作自变量，这些变量促使制度从初始状态发展至当前状态。一方面，制度变化通过利益相关者的因果机制来进行，它们描述了利益相关者推动替代方案出台并就变革条件进行博弈的过程。另一方面，制度变革的过程导向机制描述了随着时间的推移制度变革的类型和性质，变革的过程和最终结果受到以前机构和制度的路径依赖效应影响。

第二章

利益相关者对中东欧国家劳动管制发展的影响

本章对中东欧国家劳动与雇佣管制中的利益相关者进行分析，包括政党和社会伙伴等国内利益相关者，也包括欧盟、世界银行等国际利益相关者，不同利益相关者之间的相互作用促进了中东欧国家不同劳动与雇佣管制体系的形成，并且由于中东欧国家的工会在劳动与雇佣管制体系形成中的重要作用，本章在第三节中专门对其战略选择行为进行分析。

第一节　国际利益相关者的干预

在中东欧国家劳动管制制度发展过程中，国际利益相关者的影响巨大，国际利益相关者大大限制了各国政府在改革中的自主权，这一点已是公认的事实。[①]但是，不同国际利益相关者发挥作用的方式往往是不一样的，具体如下：

一、欧盟施加的压力

申请加入欧盟的候选国家需要满足被称为“哥本哈根标准”（Copenhagen Criteria）的经济和政治条件，共涉及31章。[②]其中，该标准第13章涉及就业和社会保障政策。根据欧盟法律，候选国家需要调整政策，建立与欧盟条约相一致的社会政策框架。

在加入欧盟之后，欧盟还会通过以下三种方式来影响其成员国劳动管制制度的发展：其一，每年成员国都会收到欧盟理事会对其政策进展进行指导的建议。这种建议实质上是一种“点名羞辱”，通过给成员国施加压力的方式要求各国政府进行相关政策改革以遵守欧盟的

① KAPSTEINEB M B. Responding to globalization: social policy in emerging market economies [J]. Global Social Policy, 2001, 1 (2): 191-212.

② PETERSON J, BOMBERG E. Decision-making in the European Union [M]. London: Macmillan, 1999: 62.

指导方针。其二，促进相互学习机制，成员国通过模仿其他国家的成功政策经验构建相关政策体系，避免政策试错。[①]其三，提供资金，这对中东欧经济欠发达地区尤其重要。一旦获得欧洲社会基金（European Social Fund，ESF），则意味着中东欧国家用于社会保障政策的资金将大幅增加，但同时使得欧盟在这些国家社会保障事务中也将拥有更大的话语权。[②]

欧盟在中东欧国家社会保障政策制定中扮演着重要角色。首先，欧盟可以促进国家政策制定者政策思想的重大转变，确保将某些项目列入议程，并为某些政策决策提供更多的支持。其次，欧盟通过提供政治资源的方式将某些社会保障问题和改革提至更高的政治议程。欧盟的影响在一定程度上取决于拟议政策与某国已有政策之间的契合度以及该国国内利益相关者的立场。[③]例如，在申请加入欧盟的准备时期，立陶宛政府根据欧盟委员会的指导方针所制定的政策，确实被专家评估为立陶宛劳动管制制度改革中最成功的政策之一。然而，加入欧盟后，立陶宛政府改革劳动管制制度的力度比加入欧盟前明显要弱得多，立陶宛政府对改革计划拥有了更大的自主权。[④]加入欧盟后，尽管立陶宛历届政府都实施了一系列反映欧盟立场的与社会保障相关的政策，但它总是有选择性地实施政策，其政治主张与实际行动明显不一致。总的来说，加入欧盟后，立陶宛社会保障政策所受到的欧盟的影响力反而越来越小了。

---

① VAN VLIET O，KOSTER F. Europeanization and the political economy of active labour market policies [J]. European Union Politics，2011，12 (2)： 217-239.

② LUTZH. European Social Fund and labor market policy [J]. Austrian Economic Quarterly，1998，3 (4)： 209-217.

③ MAILAND M. The uneven impact of the European employment strategy on member states' employment policies： a comparative analysis [J]. Journal of European Social Policy，2008，18 (4)： 353-365.

④ JACOBSSON K，WEST C. Joining the European employment strategy： europeanisation of labour market policy in the Baltic States [M] //HEIDENREICH M，ZEITLIN J. Changing European employment and welfare regimes： the influence of the open method of coordination on national reforms. London： Routledge，2009：112-133.

有研究指出，欧盟在促进中东欧国家政府对劳动管制制度形成清晰认知方面欠缺考虑。[①]劳动与社会保障事务并不是申请加入欧盟进程中的优先考虑事项，PHARE计划[②]中用于援助中东欧国家劳动与社会保障体系重建的资金仅占预算总额的很小一部分，如1990—1998年仅占约3.6%[③]。也有研究关注新加入欧盟的中东欧成员国与原欧洲社会模式的融合问题。[④]亦有研究指出，欧盟在新老成员国之间所倡导的社会保障政策是不一致的，在欧盟老成员国中，欧盟努力推进团结价值观，即所谓的"欧洲社会模式"，而在新成员国中，欧盟则支持成员国的养老金和医疗保健的私有化。欧盟在中东欧国家推动的以放松劳动力市场管制和增强劳动力市场灵活性为重点的自由主义改革，进一步加大了新成员国之间以及新成员国与老成员国之间在劳动管制制度上的差距，导致非典型就业，特别是非全日制就业和固定期限劳动合同日益增多。[⑤]还有研究对欧盟的PHARE计划提出批评，"对同时引入太多变革给候选国造成的干扰表示失望，其中一些改革太超前"。[⑥]此外，还有评估报告强调，在针对中东欧国家社会保障改革计划的实施过程中缺乏一致的社会保障改革策略。[⑦]总体而言，欧盟对中东欧国家劳动管制制度的发展产生了一定程度上的负面影响。

---

① DEACON B，HULSE M. The making of post-communist social policy： the role of international agencies［J］. Journal of Social Policy，1997，26（1）： 43-62.

② 欧洲共同体为支持中东欧国家实行经济改革提供财政和技术援助的计划。

③ EUROPEAN COMMISSION. The PHARE Programme： annual report［EB/OL］.［2024-09-22］. http： //aei.pitt.edu/33799/1/COM_（2000）_183_final.pdf.

④ DRAXLER J，VAN VLIET O. European social model： no convergence from the East［J］. Journal of European Integration，2010，32（1）： 115-135.

⑤ WHYMAN P B，BAIMBRIDGE M，MULLEN A. The political economy of the European social model［M］. London： Routledge，2012： 40.

⑥ EUROPEAN COMMISSION. The PHARE 2000 review： strengthening preparations for membership［M］. Brussels： DG Enlargement，2000： 7.

⑦ VAN GOOL M，SCHRÖTER H. PHARE final report［EB/OL］.［2024-09-28］. https： //www.eurocontrol.int/phare/gallery/content/public/documents/99-70-09pharefinal10.pdf.

二、世界银行和国际货币基金组织的贷款援助

在影响中东欧国家社会保障政策制定的组织中，世界银行通常被公认为最有影响力的国际组织。在中东欧国家劳动管制制度改革期间，世界银行的政策指令大多颇为成功，其主要影响方式如下：其一，要求相关国家采取紧缩措施（通常与国际货币基金组织联合）以实现宏观经济稳定；其二，扩大私营部门；其三，解决贫困问题，建立一个财务上可持续的、新自由主义导向的劳动与社会保障体系。在社会保障领域，世界银行主要关注养老体系、医疗体系和社会安全网（即失业保险和有针对性的社会援助，以避免对福利的依赖）的建设。20世纪90年代末和21世纪初期，中东欧国家的养老金改革受到了20世纪90年代初开始的世界银行政策运动（World Bank Policy Campaign）强烈影响。世界银行倡导中东欧国家构建支柱体系（Pillar System），并在养老金改革中发挥了关键作用。[①]

在中东欧国家，世界银行的劳动管制制度建设目标主要通过如下途径实现：其一，政策建议+贷款+技术援助战略。首先，政策建议。世界银行经常为关于养老金制度或医疗保健制度改革的研讨会提供资金。这些研讨会是推广三支柱养老保险计划或医疗保险融资模式的良好起点，且在吸引国内专家和阐明世界银行的期望方面也颇为有用，例如，研讨会在保加利亚、匈牙利、波兰、斯洛文尼亚等国都取得了良好效果。其次，贷款。一旦就拟议的改革达成了政治协议，世界银行与该国政府便可以开始讨论发放贷款的事宜。如果该国改革按照约定的时间进行，世界银行就按计划发放贷款。但是贷款并非总能按计划发放，这在很大程度上取决于拟议改革的成功实施情况。例如，保

① ORENSTEION M A. How politics and institutions affect pension reform in three post-communist countries［EB/OL］.［2024-09-28］. https：//documents1.worldbank.org/curated/en/300251468752776388/text/multi-page.txt.

加利亚政府由于未按协定的策略进行改革，世界银行将给予它的贷款额下调至拟议水平的65%。[①]最后，技术援助。在贷款发放且中东欧国家开始改革之后，世界银行就会派出一些有影响力的专家来监督改革的实施，通过不断的技术咨询来控制改革进程。例如，世界银行在《保加利亚技术援助评估报告》（Evaluation Report on Technical Assistance in Bulgaria）中指出："两名常驻顾问为保加利亚社会保障制度改革提供了密集的、高质量的技术援助，这些成果可提供给保加利亚国家社会保障研究所（Bulgarian National Social Security Institute，NSSI），以帮助其取得积极成果。"[②]其二，多学科战略。中东欧国家的改革涉及多个部门，包括金融、电信和社会保障部门等，从而也使多学科战略得以实施，这与世界银行发放贷款的"条件策略"（Conditionality Strategy）有关，例如，对一个部门（如铁路部门）发放贷款是以其他部门（如养老金管理部门）的改革为条件的。条件策略对整个中东欧国家的改革产生了巨大影响。1990—2002年，世界银行向中东欧国家承诺提供133.16亿美元的财政援助，而用于社会保障问题的资金仅占其中的3%，但是由于连锁效应（Domino Effect），条件策略对社会保障政策产生的影响远远超过了3%。[③]

国际货币基金组织通常也被认为是对中东欧国家社会保障政策产生重要影响的国际利益相关者。国际货币基金组织通过贷款援助的方式，进一步促进了中东欧国家劳动管制制度的自由化和私有化进程。Stiglitz在其著作中谴责了国际货币基金组织的做法，认为"国际货币基金组织的结构调整政策——旨在帮助一个国家适应危机和失衡的政

① WORLD BANK. Republic of Bulgaria country assistance evaluation［EB/OL］.［2024-09-22］. https：//ieg.worldbankgroup.org/sites/default/files/Data/reports/bulgaria_cae.pdf.

② WORLD BANK-OED（Operations Evaluation Department）. Republic of Bulgaria country assistance evaluation［EB/OL］.［2020-07-07］. https：//ieg.worldbankgroup.org/sites/default/files/Data/reports/bulgaria_cae.pdf.

③ CERAMI A. Social policy in Central and Eastern Europe： the emergence of a new European model of solidarity［EB/OL］.［2024-09-22］. https：//www.db-thueringen.de/servlets/MCRFileNodeServlet/dbt_derivate_00004495/cerami.pdf.

策——导致了许多国家的饥饿和骚动；即使结果不那么可怕，即使他们设法在一段时间内实现了一定程度的增长，但收益往往不成比例地流向了较富裕的人，处于最底层的人有时甚至面临更严重的贫困”。[①]Stiglitz还认为，国际货币基金组织过分注重紧缩措施，试图通过对中东欧国家国民经济施加不公平的压力来控制外债。中东欧国家政府常常担心失去国际货币基金组织以及其他资金来源，以至于不敢质疑这些可疑的政策准则。[②]另外，在中东欧国家建立起运转良好的市场机制以及能够摊销高昂社会成本的社会保障安全网之前，国际货币基金组织就开始在这些国家推行高强度的自由化改革，结果导致了成千上万的缺乏保障的失业者。[③]

三、经济合作与发展组织、国际劳工组织和世界卫生组织的政策建议

经济合作与发展组织（OECD）通过政策建议的方式对中东欧国家劳动管制制度产生影响。OECD的政策建议通过“国别经济调查”（Country Economic Surveys）传达，让各国政府了解OECD的期望。“市场原教旨主义”（Market Fundamentalism）是OECD经济调查报告中的基本准则，强调：其一，减少社会保障支出；其二，国有企业尽快私有化；其三，建设养老保险三支柱体系；其四，构建社会安全网。例如，对于斯洛伐克，OECD认同其议会延迟退休年龄以及变革养老金资助体系的决定。OECD建议：“首先，养老金支柱体系应在应对人口老龄化方面发挥更大的作用；其次，退休年龄应提高至65

① STIGLITZ J E. Globalization and its discontents［M］. New York： W.W. Norton and Company，2002： 14.

② STIGLITZ J E. An agenda for the development in the twenty-first century［M/OL］// PLESKOVIC B， STIGLITZ J E. Annual World Bank Conference on Development Economics.［2024-09-28］. https：//documents1. worldbank. org/curated/en/719821468740214930/text/multi0page.txt.

③ STIGLITZ J E. An agenda for the development in the twenty-first century［M/OL］// PLESKOVIC B， STIGLITZ J E. Annual World Bank Conference on Development Economics.［2024-09-28］. https：//documents1. worldbank. org/curated/en/719821468740214930/text/multi0page.txt.

岁”。[1]尽管OECD的建议清晰且连贯，但这些建议很难应用于实际，因此，OECD对于中东欧国家劳动管制制度的影响十分有限。McBride和Williams也证明，OECD战略的实施与各国经济发展水平之间几乎没有显著关系，即采用了OECD政策建议的国家，其表现不比那些没有采取这些建议的国家更好。[2]

国际劳工组织（International Labour Organization，ILO）向中东欧国家政府提供有关社会保障问题的专业知识，通过技术咨询、政策建议和具有约束力的指令等方式来确保ILO目标在中东欧国家能够得以实现。布达佩斯ILO中东欧区域办公室（ILO Subregional Office for Central and Eastern Europe）的主要任务是：其一，通过培训提供技术援助；其二，开展研究；其三，监督就业情况。该办公室还负责实施许多计划，如“通过研究和技术合作增强中东欧的社会保障”项目（Strengthening Social Security in Central and Eastern Europe through Research and Technical Cooperation），并组织召开有关劳动管制制度改革问题的研讨会。有关ILO为确保按计划执行其公约会对中东欧国家进行监督所采取的措施，Vosko曾提道：“ILO现有的监督机制会确保已批准某些公约的国家履行其义务。《国际劳工组织章程》（Constitution of the International Labour Organization）（1998）第12条要求尚未批准核心公约的国家提交报告，以使ILO能够监督这些国家在执行这些公约方面取得的进展。”[3]

在医疗保健领域，世界卫生组织（World Health Organization，WHO）一直活跃在中东欧地区，提供技术援助并监测医疗保健系统

---

① OECD. Economic survey：Slovak Republic［EB/OL］.［2024-09-22］. https：//read. oecd-ilibrary. org/economics/oecd-economic-surveys-slovak-republic-2002_eco_surveys-svk-2002-en#page14.

② MCBRIDE S，WILLIAMS R A. Globalization，the restructuring of labour markets and policy convergence［J］. Global Social Policy，2001，1（3）：281-309.

③ VOSKO L. Decent work：the shifting role of the ILO and the struggle for global social justice［J］. Journal of Global Social Policy，2002，2（1）：28.

的发展。其活动的主要目的是提供改革的详细建议，搜集全面的统计数据，但并不会促进特定医疗保健模式的形成。大多数中东欧国家受到了WHO医疗保健具体项目的资助，但却并没有表现出明显的政策偏好。根据WHO的《改革医疗保健的卢布尔雅那宪章》（Ljubljana Charter on Reforming Health Care）（1996）第5.5段："医疗保健系统的筹资方式应保证其可持续性。医疗保健系统需要实现全民覆盖，所有人都应享有获得医疗照顾的平等机会。反过来，这需要有效利用医疗资源。政府必须在规范医疗保健系统的资金筹措方面发挥关键作用。"[①]除了呼吁建立一个更加平等的医疗保健体系外，该文件并没有被赋予法律地位，因此，该文件对于中东欧国家医疗保健系统的改革并不具有约束力。

在国际组织的影响之下，许多过渡时期的中东欧国家政府做出私有化选择，主要是为了提升本国在国际上的声誉[②]，这也就解释了为什么许多左翼政府没有按预期执行左倾政策，如匈牙利[③]、波兰[④]和保加利亚[⑤]。但是，这还是不足以解释中东欧国家劳动管制制度发展方面的分歧。对国内利益相关者的分析表明，各国政府不会完全遵从国际利益相关者的建议，而多是实行混合的社会保障政策。

---

① WHO. Ljubljana Charter on Reforming Health Care in Europe [EB/OL]. [2024-09-22]. https: //www.euro.who.int/__data/assets/pdf_file/0010/113302/E55363.pdf.

② STIGLITZ J E. An agenda for the development in the twenty - first century [M/OL] // PLESKOVIC B, STIGLITZ J E. Annual World Bank Conference on Development Economics. [2024-09-28]. https: //documents1.worldbank.org/curated/en/719821468740214930/text/multi0page.txt.

③ FERGE Z, TAUSZ K. Social security in Hungary: a balance sheet after twelve years [J]. Social Policy and Administration, 2002, 36 (2): 176-199.

④ COOK L J, ORENSTEIN M A, RUESCHEMYER M. Left Parties and social policy in postcommunist Europe [M]. Boulder: Westview Press, 1999: 47-108.

⑤ MÜLLER K. The political economy of pension reform in Central and Eastern Europe [M/OL] // OECD. Reforming public pensions: sharing the experiences of transition and OECD countries. [2024-09-28]. https: //www.oecd-ilibrary.org/docserver/9789264105812-en.pdf? expires=1726987294&id=id&accname=guest&checksum=716E0A7FBC972C0045A75006BFAFE -B78.

第二节 国内政党的应对

政党作为主要的决策者，在中东欧国家劳动管制制度形成中扮演着最重要的角色，位于利益相关者机制的核心。在有关比较福利经济分析的研究中，以政府为中心的相关研究认为，不同或相似的政府特征是各国劳动管制制度改革中出现差异或相似性的关键解释因素。执政党决定了劳动管制制度的形式和慷慨程度。左翼政府以更广泛的社会保障计划和强大的国家角色来制定政策，而右翼政府则倾向于进行福利削减和实施面向市场的社会保障计划。①以政党为政策改革关键决定因素的解释，最初是在西欧国家的福利政策变革中产生和进行检验的。②而这类解释在中东欧国家的社会保障政策变革方面同样适用。例如，Jahn 和 Müller-Rommel 发现，东欧的左翼政府与社会保障支出之间存在正相关关系。③相反，Tavits 和 Letki 则发现，虽然政府倾向很重要，但与西方国家相比，中东欧国家政党实施政策的方向是相反的，如东欧左翼政党在执政时奉行财政责任政策（Policies of Fiscal Responsibility），包括限制医疗和教育等部门的支出，而右翼政党反而增加这些部门支出以缓解经济困难。④

中东欧国家左翼政党在劳动管制制度改革方面的态度模棱两可。中东欧国家的左翼政党并没有广泛推行社会民主式的福利国家政策，而是采取中间派立场。有研究发现，只有明确表明支持改革和支持欧

---

① ALLANJ P，SCRUGGS L. Political partisanship and welfare state reform in advanced industrial societies［J］. American Journal of Political Science，2004，48（3）：496-512.

② IVERSEN T，CUSACK T R. The causes of welfare state expansion：deindustrialization or globalization?［J］. Discussion Papers Research Unit Economic Change and Employment，2000，52（3）：313-349.

③ JAHN D，MÜLLER-ROMMEL F. Political institutions and policy performance：a comparative analysis of Central and Eastern Europe［J］. Journal of Public Policy，2010，30（1）：23-44.

④ TAVITS M，LETKI N. When left is right：party ideology and policy in post-communist Europe［J］. American Political Science Review，2009，103（4）：555-569.

洲的立场，并且与党政要员（Nomenklatura Elites）、工会或其他经济利益集团有牢固的制度联系时，左翼政党才能在选举中取得成功。[①]这意味着为了选举成功，左翼政党的立场必须更加中立。此外，还有研究表明，即使传统左翼政党实施就业友好型政策，也并不总是与社会保障支出相关，甚至与社会保障支出负相关。[②]Haggard和Kaufman在对中东欧国家进行研究后发现，“财政约束和早期福利制度的遗留使左翼政党的角色变得更加模棱两可”。[③]例如，罗马尼亚社会民主党在转型初期和2000—2004年执政期间，几乎没有进行过劳动管制制度改革。在转型初期，国有企业的私有化和倒闭是突出问题，政府陷入国内工会和国际利益相关者施加的双重压力之中，工会要求提高工资、反对关闭企业，而国际利益相关者则坚持让罗马尼亚政府实施快速改革，并以此为条件来考虑是否为罗马尼亚现金账户和外部赤字融资提供帮助。首先，国际利益相关者设想了一种类似休克疗法的私有化计划，要将大量国有企业立即私有化，但罗马尼亚政府在1990年通过的私有化法案中将最重要的企业视为战略性资源，提出不能立即实现国企私有化。其次，贷款条件要求罗马尼亚政府停止补贴企业以减少财政赤字。最后，国际货币基金组织通过限制工资来遏制罗马尼亚的通货膨胀，但事后看来，工资增长对罗马尼亚20世纪90年代的通货膨胀影响不大。在转型的最初几年，在工会和国际利益相关者施加的双重压力下，罗马尼亚政府选择进行部分改革，一方面向工会承诺工资让步，另一方面向国际利益相关者承诺推进私有化。这种做法导致罗马尼亚政府与国际利益相关者之间的关系恶化，罗马尼亚政

---

① ORENSTEIN M A. How politics and institutions affect pension reform in three post-communist countries［M］. Washington, D. C.: World Bank, 1998: 473-474.

② TEPE M, VANHUYSSE P. Parties, unions and activation strategies: the context-dependent politics of active labour market policy spending［J］. Political Studies, 2013, 61 (3): 480-504.

③ HAGGARD S, KAUFMAN R R. Development, democracy, and welfare states: Latin America, East Asia, and Eastern Europe［M］. Princeton: Princeton University Press, 2008: 360.

府也因结构改革步伐缓慢而招致批评。在评估罗马尼亚改革状况时，欧盟指出："罗马尼亚市场经济的运作不算良好，无法应对内部的竞争压力和市场力量。"[①]该评估报告将罗马尼亚列为欧盟候选成员国中的最后一个。2005年之后，当罗马尼亚社会民主党作为大联盟政府的一部分重新掌权时，他们维护了现收现付制养老金的较高水平，以防遭到右派的攻击。总体来说，在国内外双重压力之下，中东欧国家左翼政党在社会保障政策改革方面的立场相当模糊。

中东欧国家右翼政党在重组劳动管制制度方面的行动力更强。在转型初期，右翼政党通过分权、责任转移、私营企业合法化、减少国家补贴以及取消普遍享有权来实行社会保障自由化战略。但是，这些改革是在混乱的环境中进行的，因此也为政策逆转留有余地。[②]在许多体制转型后的中东欧国家，如波罗的海国家（爱沙尼亚和拉脱维亚）以及保加利亚，中右翼联盟在大多数政府中占主导地位，这使得其劳动管制制度改革转向了自由主义道路。斯洛文尼亚在2004年右翼保守派当选之后也开启了自由化改革之路，斯洛文尼亚民主党领导的政府联盟承诺进行彻底的改革，包括劳动力市场放松管制、统一税收制度和非国有化改革。[③]其间，金融危机是一个考验，但是也为劳动管制制度改革提供了契机。例如，在波兰，社会伙伴和唐纳德·图斯克（Donald Tusk）领导的中右翼联盟政府最初担心这场金融危机将严重影响波兰经济，于是动员了各级社会对话，共同商定了一系列的反危机措施，缓解了劳动力市场的压力，并为工人提供了一定程度的保障。然而，这场危机对波兰的影响比预期要小得多，在良好的经

① EUROPEAN COMMISSION. 1999 Regular Report from the Commission on Romania's progress towards accession [M]. Brussels: European Commission, 1999: 32.

② COOK L J. Negotiating welfare in postcommunist states [J]. Comparative Politics, 2007, 40 (1): 41-62.

③ GUARDIANCICH I, MOLINA O. Talking through the crisis: social dialogue and industrial relations trends in selected EU countries [EB/OL]. [2024-09-22]. https: //www.ilo.org/wcmsp5 /groups /public /---dgreports /---dcomm /---publ /documents/publication/wcms_548950.pdf.

济态势下，波兰政府在起草财政紧缩措施时没有与社会伙伴协商，坚持单方面立法削减相关预算。[①]

总体来说，中东欧国家国内政党对劳动管制制度改革的连续性和性质有重大影响。左翼政党面临国际利益相关者和国内社会伙伴施加的双重压力，右翼政党与国际利益相关者的价值取向较为一致，在推行劳动管制制度的自由化改革方面更加积极。然而，实际上，历届政府所进行的变革带来了什么样的影响，对某个特定的政党来说都是难以预测的。这是因为政党的政策偏好不是固定的，而是高度取决于权力的总体分配、制度背景以及当时对问题的理解等多重因素。

第三节　国内社会伙伴的参与

中东欧国家的社会伙伴可以在重组劳动管制制度方面发挥一定的作用，它们是立法机构以外的关键利益相关者。无论社会伙伴是与政府结盟还是与政府对立，都会对劳动管制制度发展产生影响。

社会伙伴的作用通常通过三方社会对话机制来发挥。中东欧国家的社会对话制度是在20世纪90年代初建立的。除斯洛文尼亚外，中东欧国家的三方社会对话机制通常被描述为“虚幻的”[②]。一方面，自体制转型以来，中东欧国家三方社会对话机制内部力量的天平就向政府倾斜。政府主导三方协商，即使政府在法律上有义务征求社会伙伴的建议，但通常也不会真正采纳。[③]就其自身而言，中东欧国家的社会伙伴由于自身的分散化和政治化而常常无法抵抗政府的单方行

---

① BERNACIAK M. Coming full circle? Contestation, social dialogue and trade union politics in Poland［EB/OL］.［2024-09-22］. https://www. etui. org/sites/default/files/07%20Contestation%2C%20social%20dialogue%20Poland.pdf.

② OST D. Illusory corporatism in Eastern Europe: neoliberal tripartism and postcommunist class identities［J］. Politics and Society, 2001, 28 (4): 503-530.

③ HEINISCH R. The state of corporatism in Central Europe in transition［M］// COLLIER I, ROGGEMANN H, SCHOLZ O, et al. Welfare states in transition. London: Palgrave Macmillan, 1999: 50-89.

为。另一方面，社会对话机制也并非完全没有发挥作用。正如Orenstein和Hale所论证的，转型后中东欧国家的社会对话有助于确保过渡时期的社会和平，[①]从而有可能“将社会动荡降到最低”[②]。社会伙伴至少参与了与过渡有关的社会问题的讨论。例如，1992年，波兰在罢工浪潮之后的谈判促成了《关于转型的国有企业的协议》(Pact on State Enterprise in Transformation) 的缔结，该协议涉及私有化进程中的社会保障问题；又如，1991年，保加利亚的社会伙伴签署了《和平过渡民主政治协定》(Political Agreement for Peaceful Transition towards Democracy)，起草了有关集体谈判和劳动纠纷的法律。[③]而21世纪初期，中东欧国家的三方社会对话很少能促使正式社会协议的签订，但是即使这样的失败尝试也为社会伙伴提供了交流观点和促进学习的机会。[④]

按照中东欧国家社会伙伴在劳动管制制度改革中的参与程度和发展路径，中东欧国家可分为以下三类：

第一，社会伙伴参与程度不高，在金融危机之后更加弱势。例如，在金融危机后，罗马尼亚和匈牙利政府再次彻底改革了社会对话机构。两国三方社会对话机构关注的问题扩大至更广泛的社会利益，进一步削弱了其代表性。三方社会对话机构的咨询职能减弱，并且某些权力也丧失了，如制定有约束力的最低工资提案的权力。罗马尼亚和匈牙利政府设立了其他咨询机构，但其职权范围仍然不够明确。在

---

① ORENSTEIN M A, HALE L E. Corporatist renaissance in post-communist Central Europe? [M] //CANDLAND C, SIL R. The politics of labor in a global age: continuity and change in late-industrializing and post-socialist economies. Oxford: Oxford University Press, 2001: 258-282.

② IANKOVA E, TURNER L. Building the new Europe: Western and Eastern roads to social partnership [J]. Industrial Relations Journal, 2004, 35 (1): 85.

③ IANKOVA E A. Multi-level bargaining during Bulgaria's return to capitalism [J]. Industrial and Labor Relations Review, 2000, 54 (1): 115-137.

④ GARDAWSKI J, MEARDI G. Keep trying? Polish failures and half-successes in social pacting [M] //POCHET P, KEUNE M, NATALI D. After the Euro and enlargement: social pacts in the European Union. Brussels: ETUI and OSE, 2010: 371-394.

匈牙利，这些变革由青年民主主义者联盟（FIDESZ）政府推动，而在罗马尼亚，这些变革则是由政府出台的备受质疑的《社会对话法》（Social Dialogue Act）所规定。这些三方社会对话机制方面的改革对罗马尼亚和匈牙利的劳动管制制度发展构成了沉重打击，使社会伙伴与政府之间的权力天平更加向后者倾斜。这在罗马尼亚尤为明显，自改革开始以来，最低工资的水平要么被冻结，要么被政府单方面设定。①

第二，社会伙伴参与程度较高，在加入欧盟后减弱。这个类型主要是指斯洛文尼亚。与其他中东欧国家相比，斯洛文尼亚拥有特别强大和有影响力的社会伙伴，自20世纪90年代初以来，斯洛文尼亚的社会伙伴一直积极参与社会保障体系的建立。斯洛文尼亚的社会伙伴的高度参与主要基于如下有利条件：一是工会和雇主组织的成员众多，组织良好；二是全民投票规则使工会具有强大的动员能力，可以否决不利的立法。从斯洛文尼亚的例子可以看到，强有力的社会伙伴的支持对于劳动管制制度改革至关重要。这些改革在很大程度上反映了工会的利益导向，即针对劳动力市场风险的高水平保障。2004年，斯洛文尼亚加入欧盟，斯洛文尼亚民主党上台，承诺进行自由化改革，缩减了社会伙伴的权力。Krašovec和Luzar（2013）指出，斯洛文尼亚政府单方行为的趋势日益明显，政府趋于采取短期紧急措施，并且试图减少社会伙伴对改革的干预、避免公众对改革的审查。②

第三，社会伙伴参与程度不高，在金融危机时期有所提升。在部分中东欧国家，金融危机之初三方社会对话活动增加，双边和三边社

① CHIVU L，CIUTACU C，DIMITRIU R，et al. The impact of the legislative reforms on industrial relations in Romania［EB/OL］.［2024-09-22］. https://www.ilo.org/sites/default/files/wcmsp5/groups/public/@europe/@ro-geneva/@sro-budapest/documents/publication/wcms_219711.pdf.

② KRAŠOVEC P，LUZAR B. Slovenia：impact of the crisis on industrial relations［EB/OL］.（2013-06-17）［2024-09-22］. http://eurofound.europa.eu/observatories/eurwork/comparative-information/national-contributions/slovenia/slovenia-impact-of-the-crisis-on-industrial-relations.

会对话的日趋频繁让人们感觉到了社会对话的复兴[①]，然而，大多数中东欧国家政府却轻易舍弃了这来之不易的三方协商。例如，2009年爱沙尼亚政府在准备出台新的更灵活的《雇佣合同法》(Employment Contract Act) 的过程中，却废除了2008年签订的《关于对失业人员进行再培训和援助的协定》(Agreement on Retraining and Assistance to the Unemployed)。[②]在拉脱维亚，2008年关于紧缩措施的三方协议被认定为过于乐观，政府认为必须出台其他削减措施做补充，社会伙伴对此提出了严厉批评。[③]在波兰和保加利亚，经济形势恶化之初，政府的无所作为使得工会和雇主就反危机措施进行双边谈判。波兰的社会伙伴提出了社会保障以及其他社会经济领域的政策措施清单，并提交给了政府，但是随着经济形势的好转，波兰政府违背了最初的承诺，其危机应对措施侧重增强工作时间的灵活性，而无视早先的协议，这一做法激怒了工会。相比之下，保加利亚政府以较大力度实施了社会保障改革措施，但政府未能及时偿还对私营企业的债务，导致私营企业的债务连连上升，进一步恶化了该国的经济环境。[④]总体来说，这些国家的社会对话在本质上都没有太大改善。

在部分中东欧国家，金融危机时期出现短暂的社会对话复兴：一方面，是因为经济形势日益恶化；另一方面，是由于极端的选举动荡以及在部分国家存在在野党拥护社会原则的情况。中东欧国家政府试图通过社会对话的方式来说服公众相信政府正在积极寻求反危机补救

① CZARZASTY J. Poland: government accepts anti-crisis package submitted by social partners [EB/OL]. [2024-09-22]. https: //www. eurofound. europa. eu/publications/article/2009/government-accepts-anti-crisis-package-submitted-by-social-partners.

② GONSER M. How hard a blow for the collective representation of labour interests? The Baltic industrial relations and the financial crisis [EB/OL]. [2024-09-22]. http: //www.emecon.eu/current-issue/gonser/.

③ KALLASTE E, WOOLFSON C. Negotiated responses to the crisis in the Baltic countries [J]. Transfer European Review of Labour and Research, 2013, 19 (2): 253-266.

④ BERNACIAK M. Beyond the CEE black box: crisis and industrial relations in the new EU member states [EB/OL]. [2024-09-22]. https: //papers. ssrn. com/sol3/papers. cfm?abstract_id=2647947.

措施，并且让公众相信其政策是基于更广泛的社会妥协做出的。在实施了一些针对性很差的反危机措施导致政府公信力进一步丧失之后，“公关社团主义”（PR Corporatism）应运而生，试图提高政府的声望。这项策略在波兰是成功的，2010年波兰公民纲领党-波兰人民党联盟得以连任，这是1989年之后的第一次。[①]但是，“公关社团主义”也仍然未能真正提高中东欧国家的社会对话质量。自金融危机初期社会对话温和复兴以来，大多数中东欧国家的三方社会对话一直被社会伙伴与政府之间的争端打断，政府不断寻求新的方式来减少社会伙伴的干预，并削弱社会伙伴对劳动管制制度改革的影响。

基于上文分析，不同利益相关者对中东欧国家劳动管制制度发展的影响，见表2-1。

表2-1　**不同利益相关者对中东欧国家劳动管制制度发展的影响**

利益相关者主体		影响方式	改革倾向	影响程度	影响评价
国际利益相关者	欧盟	指导建议； 促进相互学习机制； 资金资助	自由主义导向的改革	大	负面影响
	世界银行	政策建议； 贷款； 技术援助战略； 多学科战略	自由主义导向的改革	大	负面影响
	国际货币基金组织	贷款援助	自由主义导向的改革	大	负面影响

① BERNACIAK M. Social dialogue revival or PR corporatism? Negotiating anti-crisis measures in Poland and Bulgaria [J]. Transfer, 2013, 19 (2): 239-251.

续表

利益相关者主体		影响方式	改革倾向	影响程度	影响评价
国际利益相关者	OECD	政策建议	自由主义导向的改革	小	影响不显著
	ILO	技术咨询； 政策建议； 具有约束力的指令	中立	小	影响不显著
	WHO	医疗保健领域的技术援助	中立	小	影响不显著
国内利益相关者	左翼政党	无明确劳动与社会保障改革战略	模棱两可	大	负面影响
	右翼政党	劳动与社会保障自由化战略	自由主义导向的改革	大	负面影响
	社会伙伴	三方社会对话机制	保守主义导向的改革	有限	影响不显著

第四节　中东欧国家工会发展的战略选择

由于工会在中东欧国家劳动管制体系中的重要作用，在此我们对其战略选择行为进行深入分析。中东欧国家低水平的工会覆盖率以及薄弱且分散的集体谈判是人们的普遍印象。[①]20世纪90年代体制转型以来，绝大多数中东欧国家的工会会员人数出现急剧下降，工会所依赖的资源一直减少，导致其工会化率低于大多数西欧国家。其集体谈

① BLANCHFLOWER D, FREEMAN R B. The attitudinal legacy of communist labor relations [J]. Industrial and Labor Relations Review, 1997, 50 (3): 438-459.

判覆盖水平也逐渐下降，覆盖的劳动力比例相对较低。进入21世纪，中东欧国家的工会显示出复苏的迹象。虽然工会化和集体谈判覆盖率仍然很低，但工会议价能力有所增强，并在金融危机期间成功保护了其会员。加入欧盟后，相关的制度调整进一步加强了工会的作用。①随着转型的深入，中东欧国家的工会面临着多重挑战。工会必须改革其内部结构，应对经济冲击，优化劳动力市场结构，应对欧盟和跨国公司等国际机构的影响。全球金融危机和新自由主义的欧洲化进程使得中东欧国家的工会面临着更艰难的境地。②

这一系列的背景条件使得中东欧国家的工会和劳动关系的转型为比较劳动关系理论的发展提供了天然的实验场所。中东欧国家政府对劳动关系问题的处理方式存在明显的差异，不同国家的雇主-工会战略模式也有着极大的区别。但是，在相同的历史背景和国际趋势下，尽管各种模式的发展呈现出相同的特征和战略路径，不同的模式也有着不同的效果。因此，本节从以下五个方面分析中东欧国家的工会在面临挑战时所做的战略选择：会员招募；集体谈判和抗议活动；工会重组与合作；政治参与和三方协商；国际合作。总体来说，中东欧国家的工会在面对复杂的国际国内形势和日益多元化的劳动力市场时做出多种努力，并取得了一定的成绩。

一、会员招募是中东欧国家的工会优先考虑的事项

鉴于工会自转型以来所经历的大量会员损失，招募会员成为中东欧国家的工会优先考虑的事项。这使得工会面临双重任务：一方面，

---

① IVLEVS A，VELIZIOTIS M. What do unions do in times of economic crisis? Evidence from Central and Eastern Europe [J]. European Journal of Industrial Relations，2017，23 (1)：81-96.

② STAN L，ERNE R. Is migration from Central and Eastern Europe an opportunity for trade unions to demand higher wages? Evidence from the Romanian health sector [J]. European Journal of Industrial Relations，2016，22 (2)：167-183.

工会必须扩充其会员基础，通过制定新的战略吸引工人；另一方面，工会也要确保自身能充分代表新老会员的利益。

不同劳动关系类型的国家分别面临着不同的问题。在这方面，斯洛文尼亚是中东欧国家中的例外。鉴于已经相对较高的工会密度和广泛的集体谈判覆盖面，招募新成员不是该国工会关注的优先事项。斯洛文尼亚的工会主要关注灵活就业工人的工资和工作条件是否符合劳动立法和集体协议的规定。Mrozowicki等（2013）指出斯洛文尼亚工会主要在零售业等非典型就业比例较高的部门开展一些活动，例如，动员民众反对“迷你工作”计划，这导致在全民投票中否决了“迷你工作”提案。①

相比之下，波罗的海国家的工会力求扩大其会员基础，但资源的严重缺乏使这些工会无法开展大规模的组织活动，导致其工会密度一直是欧盟最低的。在21世纪初期，爱沙尼亚最大的工会组织——爱沙尼亚工会联合会（Estonian Trade Union Confederation，EAKL）——失去了30%的会员，而拉脱维亚自由工会联合会（Free Trade Union Confederation of Latvia，LBAS）会员减少了29%。在金融危机期间，立陶宛、拉脱维亚和爱沙尼亚的工会都举行了反紧缩抗议活动，并试图保护灵活就业工人的工作岗位和工作条件，但仍然无法扭转工会覆盖率继续下跌的趋势。鉴于波罗的海国家劳工组织的长期疲软，斯堪的纳维亚工会组建了波罗的海组织学会（Baltic Organizing Academy，BOA）——一个由北欧、波兰和波罗的海工会组成的组织，旨在帮助波罗的海国家的工会进行会员招募活动，并协助这些国家运输业、工业和服务业的工会组织活动。在金融危机前期，罗马尼亚超过半数的工会进行了一些尝试，帮助一些签订非标准就业合同的弱势工人恢复

① MROZOWICKI A，ROOSALU T，SENČAR T B. Precarious work in the retail sector in Estonia，Poland and Slovenia：trade union responses in a time of economic crisis [J]. Transfer，2013，19（2）：276-278.

其合法就业地位。[①]

与波罗的海国家的工会相比，维谢格拉德集团国家的工会拥有的资源更多，这使得它们可以更主动地开展行动。例如，波兰工会在招募会员方面特别活跃，在强调就业不稳定问题方面也非常成功，它们强烈批评越来越多的企业使用劳务合同而非标准劳动合同。激进联盟“工人倡议”（Inicjatywa Pracownicza）称劳务合同为“垃圾合同”，并被大众认可。[②]斯洛伐克工会试图通过诉讼和大众媒体等渠道改善非典型就业工人的工作条件。[③]

即便困难重重，但是仍有证据表明工会能有效地保护其成员免受经济衰退的影响，并且自21世纪初以来工会的影响力一直在增强。这改善了非工会成员对工会的看法，吸引了新成员加入。[④]

二、借助集体谈判和抗议活动增强工会影响力

集体谈判是劳动关系制度的重要支柱。虽然中东欧国家具备集体谈判机构和制度，但与西方国家相比其实际影响有限。金融危机期间该地区的政府紧缩政策给其脆弱的集体谈判结构带来了额外的压力。

斯洛文尼亚是中东欧国家中唯一一个多雇主集体谈判强有力的国家，98%以上的劳动力受集体协议约束。其公共部门既有部门集体协

① VARGA M. Post-communist trade unions and precarious work in Central-Eastern Europe ［M］// SUSAN J，SCHURMAN S J，EATON A E. Trade union organizing in the informal economy：a review of the literature on organizing in Africa，Asia，Latin America，North America and Western，Central and Eastern Europe. New Brunswick：Rutgers University Press，2011：67-69.

② MROZOWICKI A，MACIEJEWSKA M. Conflicts at work in Poland's new capitalism：worker resistance in a flexible work regime ［M］// GALL G. New forms and expressions of conflict at work. Basingstoke：Palgrave Macmillan，2013：191-211.

③ KAHANCOVÁ M，MARTIŠKOVÁ M. Bargaining for social rights：reducing precariousness and labour market segmentation through collective bargaining and social dialogue (BARSORI)［EB/OL］.［2024-09-22］. http：//archive.uva-aias.net/uploaded_files/regular/BARSORIreportSlovakia-1.pdf.

④ IVLEVS A，VELIZIOTIS M. What do unions do in times of economic crisis？ Evidence from Central and Eastern Europe ［J］. European Journal of Industrial Relations，2017，23 (1)：81-96.

议，也有跨部门集体协议，而在私营部门2005年废除跨部门协议后，其集体谈判主要在部门层面进行，通常由公司层面的协议加以补充。波罗的海国家的集体谈判覆盖率最低，几乎只在公共部门和大型国有企业内能够达成协议。集体谈判的低覆盖率导致人们对集体谈判机构的信任度较低，2012年爱沙尼亚的一项调查显示，只有20%的员工相信集体协议工资对他们有利。[①]与波罗的海国家相比，维谢格拉德集团国家的集体谈判覆盖率稍高，斯洛伐克和罗马尼亚的部门协议也较为频繁。[②]

此外，中东欧国家的工会活动较为缺乏，罢工频率相对较低。除了一些引人注目的事件[③]之外，其工会十分平静，甚至比拉丁美洲的劳工运动更加平静。由于集体抗议方式的缺乏和无效，中东欧国家的人民更倾向于以个人的方式来表达不满，如抗议投票、放弃选举等。在加入欧盟之后，该地区民众出现了大规模的劳务输出，反对本地区就业前景不佳以及恶劣的工作条件，这被称为“工人用脚投票”。[④]拉脱维亚、斯洛伐克和波兰的很大一部分劳动力迁移到了西方，导致本土的劳动力短缺，这使得劳动者的议价能力增强，工会活动变得更加频繁。

然而，当欧盟新老成员国之间的罢工率差距开始缩小时，金融危机爆发，改变了欧洲的经济环境和政策融合趋势。中东欧国家所经历的经济衰退及其政府出台的一系列反危机政策都对集体谈判产生了相当大的影响，呈现出两极化发展特征。一方面，部分国家的集体谈判

---

① OSILA L, MASSO M. Estonia: the impact of crisis on industrial relations [EB/OL]. [2024-09-22]. http: //www.eurofound.europa.eu/eiro/studies/tn1301019s/ee1301019q.htm.

② VISSER J. Database on institutional characteristics of trade unions, wage setting, state intervention and social pacts in 51 countries between 1960 and 2014 [EB/OL]. [2024-09-22]. http: //archive.uva-aias.net/207.

③ 例如，波兰20世纪80年代初的Solidarność运动，斯洛文尼亚20世纪90年代初的总罢工。

④ MEARDI G. Social failures of EU enlargement: a case of workers voting with their feet [M]. New York: Routledge, 2012: 1.

制度改革增强了工会的议价能力。例如，拉脱维亚于2008年进行了劳动争议调解和仲裁制度的改革，加大了调解力度。在金融危机之前，克罗地亚、保加利亚的集体协议覆盖面很小，危机期间集体协议覆盖面扩大。[①]在一些受金融危机影响较小的国家，工会和企业积极商讨短期工作计划和重组措施，使得集体谈判增多。但是，这些集体谈判通常给弱势劳动者带来负面影响。[②]另一方面，大部分中东欧国家政府借此机会调整了集体谈判的制度和程序，不仅削弱了工会的地位，还使得集体谈判的权力下放。例如，在爱沙尼亚，集体协议的数量下降了近一半，而斯洛文尼亚集体协议违规事件的数量是金融危机前的5倍。在罗马尼亚，2011年颁布的《社会对话法》（Social Dialogue Act）废除了私营部门的国家协议，重组了部门的集体谈判机构并提高了谈判标准。这些变化使其集体谈判几乎陷入停滞，导致集体谈判覆盖率从80%下降到20%。[③]在匈牙利，2013年1月生效的新劳动法（Labour Code）对罢工权进行限制，对工会活动参与者提供有限保护，并允许集体协议不用完全遵照劳动法。立陶宛2009年改革之后，集体协议在解雇通知期限和遣散费等方面对雇员的保护水平甚至低于2002年劳动法的保护水平。[④]

虽然工会活动和集体谈判在金融危机期间受到政府限制，但研究表明，中东欧国家的工会成员比非工会成员失业或工资减少的可能性更小，这一点在2009年国内生产总值下降约15%的波罗的海国家特别显著。经济衰退使得中东欧国家的工会的法律监督和福利提供职责

---

① EUROFOUND. Collective bargaining in Europe in the 21st century ［M］. Luxembourg: Publications Office of the European Union，2015：28.

② MYANT M. The impact of the economic crisis on collective bargaining in the Czech Republic ［J］. Transfer，2013，19（2）：185-194.

③ VISSER J. Database on institutional characteristics of trade unions，wage setting，state intervention and social pacts in 51 countries between 1960 and 2014 ［EB/OL］. ［2024-09-22］. http：//archive.uva-aias.net/207.

④ MAGDA I. Do trade unions in Central and Eastern Europe make a difference? ［EB/OL］. ［2024-09-22］. https：//wol. iza. org/uploads/articles/360/pdfs/do-trade-unions-in-central-and-eastern-europe-make-a-difference.pdf? v=1.

更突出，向工会成员提供物质支持，通过集体谈判增加国家对失业人员的额外支持，这有助于提升工会的形象以及工人对工会的认可。[①]另外有研究指出，工会成员更有可能减少工作时间并降低工资，这表明存在“让步谈判”[②]。例如，Glassner（2013）在斯洛伐克、捷克、波兰和匈牙利开展调查，发现确实存在让步谈判，这些国家的工会的主要目标是保障其成员在金融危机期间不被解雇。[③]

三、工会通过重组与合作以增强工会实力

在分析西欧和美国工会的复兴战略时，Frege和Kelly（2003）认为合并和内部重组可以帮助工会实现规模经济，并通过减少竞争来增强工会实力。[④]中东欧国家的工会多元化现象虽然非常普遍，但合作情况也逐渐增多。例如，波罗的海国家的工会结构多种多样，但通常存在合作关系。在拉脱维亚，LBAS是唯一的国家层级工会，其他重要的工会都附属于它。爱沙尼亚的工会主要分为代表体力劳动者的EAKL和代表白领的TALO。立陶宛工会根据意识形态差异分为三个，但这三个工会在很多领域都是合作关系。在保加利亚，“老派”工会KNSB和“新派”工会Podkrepa之间的分歧仍然存在，但这两个工会通常有着类似立场并常发起联合抗议行动。罗马尼亚工会的结构更加分散，五个工会组织，反映了不同的意识形态根源，但通常能够合作。[⑤]

维谢格拉德集团国家的工会的合作情况各不相同。在捷克和斯洛

---

① CROUCHER R，RIZOV M. Union influence in post-socialist Europe ［J］. Industrial and Labor Relations Review，2012，65（3）：630-650.

② 以工资减少或工作时间减少作为谈判筹码保障工人不被解雇。

③ GLASSNER V. Central and Eastern European industrial relations in the crisis：national divergence and path dependent change ［J］. Transfer，2013，19（2）：155-169.

④ FREGE C，KELLY J. Union strategies in comparative context ［M］// FREGE C，KELLY J. Varieties of unionism：strategies for union revitalization in a globalizing economy. Oxford：Oxford University Press，2003：31-44.

⑤ WP. National industrial relations ［EB/OL］.［2024-09-22］. http：//www.worker-participation.eu/National-Industrial-Relations/Countries.

伐克，捷克斯洛伐克工会联合会（ČSKOS）的继任者ČMKOS和KOZ SR是最强大的工会。它们的竞争者，如斯洛伐克的基督教民主组织NKOS或ASO的会员人数明显较少。而波兰工会组织长期以来一直存在着冲突，主要集中于独立的工会NSZZ与“老派”工会OPZZ之间。近年来，冲突变得不那么明显，两个工会在企业层面和国家抗议行动中常进行合作。[①]在匈牙利，前政权的“继承派”工会与“反对派”工会之间的分歧也非常明显，工会间的竞争以及不同的政党属性常常使得“新”“老”工会之间的合作变得不可能。[②]

在金融危机期间，出于反对紧缩政策的共同目的，一些工会加强了合作。波兰的主要工会组织共同抗议劳动力市场的过度灵活性，并采取了一系列反危机政策措施。立陶宛和罗马尼亚的工会承诺对组织进行调整，以抗议政府紧缩计划。2013年匈牙利的三个“老派”工会MSZOSZ，ASZSZ和SZEF宣布合并。[③]这表明在这些地区工会之间进行更紧密的合作大有可能。

四、通过政治参与和三方协商共同制定政策

中东欧国家的工会和政党的合作程度取决于双方的力量是否均衡。斯洛文尼亚的例子表明，如果双方的权力资源大致相等，那么，党派联盟是可以实现的。南斯拉夫社会主义联邦共和国的工会形成了庞大的利益集团，拥有大量选民，因此不容忽视，政党和工会通过三

① MROZOWICKI A，MACIEJEWSKA M. Conflicts at work in Poland's new capitalism：worker resistance in a flexible work regime［M］// GALL G. New forms and expressions of conflict at work. Basingstoke： Palgrave Macmillan，2013： 191-211.

② GlASSNER V. Central and Eastern European industrial relations in the crisis： national divergence and path dependent change［J］. Transfer，2013，19（2）： 155-169.

③ WP. Hungary trade unions［EB/OL］.［2024-09-22］. http：//www.worker-participation.eu/National-Industrial-Relations/Countries/Hungary/Trade-Unions.

方协议和社会契约共同制定政策。[1]

除斯洛文尼亚外，其他中东欧国家的社会对话虽然不起眼，但仍然发挥一定的作用。中东欧国家的三方协商通过让工会和企业代表参与政策讨论来维护社会稳定，它使得建立“一种新的社会动荡最小化的资本主义秩序”成为可能。[2]转型初期，工会一直努力引起政府对重要社会问题的关注。例如，1991年，保加利亚工会和国家签署了“和平过渡民主政治协定”，还参与起草了国家集体谈判和争端解决的法律。在波兰，1992年罢工浪潮之后的谈判促进达成“转型中的国有企业公约”，涉及国企私有化改革进程。

2008年金融危机导致三方活动增加。斯洛伐克政府成立了一个特别谈判机构——经济危机委员会，以讨论未来的政策方向。斯洛文尼亚政府与经济及社会理事会（ESS）内的劳工伙伴就公共部门的紧缩措施进行了讨论，并以三方协议的形式宣布。保加利亚的工会和雇主协会发起了双方会谈，随后提出了一份联合政策提案。波兰重新赋予社会对话以合法地位，并就反危机措施开展了一系列的谈判，达成了自20世纪90年代以来最全面的三方协议。[3]三方会谈日益增多，一些学者宣称该地区出现了“社会对话的复兴”。[4]

尽管开端形势良好，但是政府忽略了来之不易的三方妥协。在波罗的海国家，关于逐步削减工资的协议让位于全面的紧缩政策。[5]在

① LUŽAR B. Capacity building for social dialogue at sectoral and company level: Slovenia, National Report, European foundation for the improvement of living and working conditions［EB/OL］.［2024-09-22］. http://edz.bib.uni-mannheim.de/daten/edz-ma/esl/07/ef072213en.pdf.

② IANKOVA E, TURNER L. Building the new Europe: Western and Eastern roads to social partnership［J］. Industrial Relations Journal, 2004, 35（1）: 85.

③ MEARDI G, TRAPPMAN V. Between consolidation and crisis: divergent pressures and sectoral trends in Poland［J］. Transfer, 2013, 19（2）: 195-204.

④ CZARZASTY J. Poland: government accepts anti-crisis package submitted by social partners［EB/OL］.［2024-09-22］. http://www.eurofound.europa.eu/eiro/2009/06/articles/pl0906019i.htm.

⑤ GONSER M. How hard a blow for the collective representation of labour interests? The Baltic industrial relations and the financial crisis［EB/OL］.［2024-09-22］. http://www.emecon.eu/current-issue/gonser/.

波兰和保加利亚，政府违背了其最初的承诺，只是部分地采纳了工会提议。中东欧国家政府为了证明它们仍然积极回应社会提议，进一步扩大了三方协商的范围，以掩盖它们有选择地实施政策。由此产生的“公关社团主义”（PR Corporatism）帮助政府在困难时期保持社会支持率，但仍无助于社会对话。[①]

中东欧国家的工会越来越意识到直接参与政治的不利之处，也意识到三方协商的效果有限，因此它们刻意与政党保持距离，试图通过开展其他公共活动，如反对紧缩政策、反对劳动力市场管制的放松以及反对社会排斥等活动来提高其公众知名度。例如，2012年捷克工会举行了自1989年以来最大规模的示威活动，聚集了大约10万人，抗议紧缩政策。波兰工会联合起来开展了倡议提高最低工资标准的运动，并抗议某些非典型就业形式。匈牙利的消防员和执法工会对政治团体感到失望，该工会创办了一个独立的意见交流平台，以刺激政治和经济辩论。[②]

五、与外国劳工组织和欧盟工会展开国际合作

在传统认知中，国家层面的社会对话和集体谈判是工会最主要的行动领域。然而，在过去的几十年里，中东欧国家的工会越来越意识到传统的手段和影响渠道可能不足以捍卫其成员的利益。鉴于国际化的极大发展，中东欧国家的工会将活动扩展到国家范围之外，开辟了与其他国家的工会建立联盟的新途径。

中东欧国家的工会有一种特别强烈的“走向国际”的动力。自转型以来，中东欧国家遵循以出口为导向的经济增长模式，其特点是对

---

① BERNACIAK M. Social dialogue revival or “PR Corporatism”? Negotiating crisis measures in Poland and Bulgaria [J]. Transfer, 2013, 19 (2): 239-251.

② NEUMANN L. Hungarian unions: responses to political challenges [J]. Management Revue, 2012, 23 (4): 369-385.

海外贸易和外国投资的高度开放。外国机构，特别是欧盟和大型跨国公司对中东欧国家的社会经济结构发展产生了重大影响。随着国际化程度的进一步加深，影响中东欧国家劳动力的关键决策是在欧盟层面或在国外的公司总部进行的。为了参与决策制定过程或获取相关信息，中东欧国家的工会乐于参与国际活动和组织。

20世纪90年代初期，欧洲工会联合会（European Trade Union Confederation，ETUC）逐渐向中东欧国家的工会开放，在1991年建立了欧洲工会论坛，将东西方的工会联合起来，并且自1996年开始接纳中东欧国家的工会作为分支机构。[①]尽管由于人力和财力限制，中东欧国家的工会无法积极参与ETUC的所有运作，但它们已将ETUC视为在欧盟层面的主要利益代表。中东欧国家的工会领导也已经融入ETUC的组织结构中，波兰工会Solidarność的约瑟夫·尼米克（Józef Niemiec）于2003年成为ETUC联邦秘书，并于2011年成为副秘书长。此外，西欧工会采取了一些针对中东欧国家的支持行动，涉及建筑、农业、银行和保险等部门，旨在帮助中东欧国家的工会提升能力。[②]

对于西欧的工会担心的恶性价格和工资竞争，中东欧国家的工会也是反对的，它们认为这种不公平竞争应该避免，本国工人应享受相同工资待遇。2006年中东欧国家的工会参与了服务指令[③]（也被称为Bolkestein指令）的反对活动以表现其反劳动力倾销的立场。除反对Bolkestein指令外，中东欧国家的工会还参与了针对移民工人的跨境活动，与接收国工会签署了合作协议，共同打击劳动力倾销和针对员

---

① DEGRYSE C，TILLY P. 1973-2013：40 years of history of the European trade union confederation [M]. Brussels：ETUI，2013：167.

② EUROPEAN COMMISSION. Industrial relations in Europe 2012 [R]. Publications Office of the European Union，2013：18.

③ 这个指令支持中东欧国家的公司和自营职业者以较低的价格在原欧盟成员国中提供服务。

工的剥削行为。

公司层面的跨境合作在维谢格拉德集团国家尤为重要。由于FDI的流入，这些国家的产业基础重新焕发活力，不像波罗的海国家经历了大规模的去工业化。另外，与斯洛文尼亚保持对其企业的所有权不同，维谢格拉德集团国家的制造业主要由外国投资者控制，这导致维谢格拉德集团国家和西欧地区之间的高度相互依赖。尽管利益分配的冲突性很强，但是两个地区的工会通常能做到抛开短期利益而开展互利的活动。例如，在汽车行业，这些国家的工会始终没有以降低工人工资为代价来换取组织援助。[①]欧洲工作理事会（European Work Councils，EWCs）的存在改善了新老成员国工会之间的沟通，这使得中东欧国家的工会有机会获得可用于当地谈判的公司事务信息，甚至通过公司总部的直接干预来规避地方管理，改善工作条件。[②]

总而言之，与外国劳工组织和欧盟工会的联系使中东欧国家的工会丰富了经验并重建了资源。通过参与欧盟层级的运动，中东欧国家的工会掌握了新的抗议形式，并为国家层面的谈判积累了新的论据。得益于西欧工会提供的额外信息和帮助，中东欧国家公司层级的工会提升了它们在与雇主谈判中的地位。尽管在东西欧国家之间存在利益分配的冲突，但两个地区的工人利益仍可以调和。

第五节 小结

本章对中东欧国家劳动管制中的利益相关者进行分析，各方利益

---

① BERNACIAK M. Cross-border competition and trade union responses in the enlarged EU: evidence from the automotive industry in Germany and Poland [J]. European Journal of Industrial Relations, 2010, 16 (2): 199-135.

② MEARDI G. Short circuits in multinational companies: the extension of European Works Councils to Poland [J]. European Journal of Industrial Relations, 2004, 10 (2): 161-178.

相关者之间的相互作用促进了中东欧国家不同劳动管制体系的形成。第一个重要角色是政党，政党作为主要的决策者，是劳动与社会保障制度形成中最重要的角色，位于以利益相关者为中心的机制的核心。第二个重要角色是国家官僚机构，国家官僚机构是以国家为中心的福利制度的倡导者，强调国家的结构和官僚的决策活动是导致劳动和社会保障制度跨国差异的主要原因。第三个重要角色是社会伙伴，社会伙伴可以在重组福利国家以及社会经济成果方面发挥关键作用，它们是立法机构以外调整机制中的关键利益相关者。无论社会伙伴是与政府结盟还是与政府对立，都会对制度发展产生重要影响。第四个重要角色是国际利益相关者，如欧盟（European Union，EU）、国际货币基金组织（International Monetary Fund，IMF）、世界银行（World Bank，WB）、经济合作与发展组织（Organisation for Economic Co-operation and Development，OECD）和国际劳工组织（International Labour Organization，ILO）等都对中东欧国家社会政策产生深远影响，这些组织利用自己的力量干预中东欧国家社会政策的制定，起到了不可忽视的重要作用。

由于中东欧国家的工会在劳动管制体系形成中的重要作用，本章在第四节中专门对其战略选择行为进行分析。中东欧国家的工会扩充其会员基础并探索切实保障会员利益的方式成为其首要任务。除了集体谈判和罢工等途径外，中东欧国家的工会还通过国内工会合作、促进三方协商以及国际合作等方式维护其成员利益。与国内合作相比，中东欧国家的工会更愿意走向国际，开展与西欧国家的工会和国际组织的合作，并积极汲取经验，获得支持。金融危机的爆发给基础薄弱的中东欧国家的工会的发展造成了极大阻碍，但总体来说，中东欧国家的工会并没有传统观念中认为得那么薄弱且无关紧要，它们能够适应时代变化，有效代表其成员利益，获得一定程度的发展。

本书通过对中东欧国家社会保障制度改革中的利益相关者及其相互作用进行分析，主要得出如下结论：

第一，国际利益相关者通过不同方式对中东欧国家社会保障制度产生影响，影响程度不同。加入欧盟的压力使得各候选国政府不得不按照欧盟的框架构建其社会保障体系，但是正式成为欧盟成员国之后，欧盟对中东欧国家社会保障制度改革的影响却随之降低。世界银行和国际货币基金组织主要通过贷款援助的方式对中东欧国家的社会保障制度改革提出要求。世界银行的政策建议通常与贷款援助结合起来实施，以贷款援助作为促使社会保障制度改革按照预期进行的重要手段，条件策略更是产生了巨大的连锁效应；国际货币基金组织则通过贷款援助更进一步促进了中东欧国家社会保障制度改革的自由化、私有化进程。经济合作与发展组织、国际劳工组织和世界卫生组织等国际组织通常通过政策建议、技术咨询的方式干预中东欧国家社会保障制度改革，但与欧盟、世界银行和国际货币基金组织等机构相比，其影响力较为有限。

第二，政党是社会保障制度改革中最重要的角色，位于利益相关者机制的核心。不同于传统观念中的左翼政党和右翼政党的执政理念，左翼政党在中东欧国家社会保障制度改革中未能坚定其立场，也未能证明其民主价值观的承诺，反而在国际利益相关者和社会伙伴施加的双重压力下呈现出“表里不一”的状态，如罗马尼亚的中左翼政府表面上提倡保障劳动者的利益，但实际上实行弱化社会保障制度的长期经济政策。中东欧国家右翼政府与国际利益相关者价值取向较为一致，因此右翼政府在进行社会保障制度改革方面显得更加积极和坦荡，自转型初期开始便通过各种举措来实行社会保障自由化战略。

第三，社会伙伴在大多数中东欧国家社会保障制度改革中作用较为有限。体制转型初期，除斯洛文尼亚外，中东欧国家社会伙伴在社会保障制度改革中未能充分发挥其作用。金融危机期间，部分中东欧国家社会对话出现了一定程度的复兴，但是政府在社会保障制度改革中的强势地位使得社会伙伴依旧弱势。即便是拥有强大社会伙伴传统的斯洛文尼亚，其政府在加入欧盟之后和金融危机之后也出现了政府单方行为。此外，政府还总是采用各种方式来削弱社会伙伴对社会保障制度改革的影响。

中东欧国家是共建“一带一路”的重要参与者，在此背景下，了解其社会保障制度的发展及其形成原因，对于中国“走出去”的企业在当地享有和谐的营商环境以及避免劳资冲突的发生至关重要。跨国企业除需要遵守当地法律法规外，还需要了解当地法律法规出台过程中涉及的各利益相关方，并积极维护与各方的良好关系。在中东欧国家社会保障制度自由主义倾向愈发明显的背景下，了解其社会保障制度形成过程，将有利于为中国企业和劳动者“走出去”提供强有力的支撑，保障中国企业和劳动者的合法权益。

第三章

社会伙伴关系模式的劳动与雇佣管制体系：基于斯洛文尼亚的案例研究

本章对斯洛文尼亚劳动与雇佣管制进行了回顾和梳理，探讨了斯洛文尼亚在劳动与雇佣法领域社会对话面临的挑战以及在经济衰退之后重振社会对话的努力。本章首先对斯洛文尼亚的经济和社会背景进行回顾，并对其劳动关系主体与现状进行简单介绍，继而基于利益相关者视角对斯洛文尼亚劳动关系体系发展中社会对话机制面临的挑战以及社会对话机制发挥的作用进行分析，社会对话机制的发展分为三个阶段。第一阶段是转型初期至金融危机前，社会对话机制在斯洛文尼亚劳动关系发展中发挥了强有力的作用，形成了社会伙伴关系模式的劳动关系体系。第二阶段是金融危机期间，斯洛文尼亚劳动关系体系出现自由主义倾向，社会伙伴与政府之间的关系趋于紧张。第三阶段是金融危机后，社会伙伴为恢复原先的社会对话局面而做出了巨大的努力，但是仍然难以恢复以前的信任关系。斯洛文尼亚劳动关系三个阶段的发展体现出政党、工会和雇主组织等利益相关者相互作用的过程。

第一节　斯洛文尼亚劳动与雇佣管制发展背景

自1989年体制转型以来，斯洛文尼亚是唯一形成社会伙伴关系模式的中东欧国家。斯洛文尼亚的工会密度很高，大多数雇员都受集体协议约束，多雇主谈判占主导地位。尽管近年来在集体谈判领域存在权力下放的趋势，但斯洛文尼亚的集体谈判仍然有着与其他中东欧国家不同的特征。为了更好地了解在斯洛文尼亚劳动与雇佣法领域工会等社会伙伴以及其他利益相关者所发挥的作用，本节首先对斯洛文尼亚的经济、劳动力市场及政治背景进行梳理。

一、宏观经济背景

斯洛文尼亚向市场经济转型的过程、加入欧盟以及欧元区的过程都较为顺利。根据欧盟统计局（Eurostat）的数据，1993—2008年斯洛文尼亚GDP的平均年增长率近4.5%。人均收入从不到西欧平均水平的一半上升到2009年欧盟27国平均水平的90%左右。自21世纪初以来，斯洛文尼亚的公共财政只有轻度恶化。公共债务很少超过GDP的27%，1995—2008年的平均年度预算和经常项目赤字（Current Account Deficits）分别占GDP的2.5%和1.5%。[①]低失业率、相对较高的就业率和强大的社会安全网支撑了其多年来的强劲增长。有学者指出，推动斯洛文尼亚社会经济发展的因素主要有三个：以现有制度为基础的逐步转型[②]、成功的竞争性新社团主义以及技术密集型的国内生产[③]。

尽管如此，前体制仍然遗留下了国有银行和企业的贷款和管理实践等问题，这些国有银行和企业发展成为斯洛文尼亚版的国家管理资本主义（State-managed Capitalism）。[④]低效和不完全的私有化进程使包括银行在内的一半经济体保留于国家手中，并遗留了严重的公司治理问题。另外，随着加入欧盟后的低息贷款涌入，斯洛文尼亚本来就不稳定的均衡局面崩溃。低利率和外国资金流入导致贷款增加。国有银行向企业提供了大量贷款，但没有进行适当的风险评估，并且担保抵押品不足，这加剧了房地产、建筑业和股票市场的

---

① EUROSTAT. National accounts ［DB/OL］. ［2021-01-15］. https://ec.europa.eu/eurostat/web/rss/slovenia_en.

② MENCINGER J. Transition to a national and a market economy: a gradualist approach ［M］// MRAK M, ROJEC M, SILVA-JÁUREGUI C. Slovenia: from Yugoslavia to the European Union. Washington DC: World Bank, 2004.

③ BOHLE D, GRESKOVITS B. Capitalist diversity on Europe's periphery ［M］. Ithaca, NY: Cornell University Press, 2012.

④ GUARDIANCICH I. Slovenia: the end of a success story? When a partial reform equilibrium turns bad ［J］. Europe-Asia Studies, 2016, 68 (2): 205-231.

泡沫。

在2008年金融危机期间，银行流动资金不足，减少了对国内公司的贷款。国内公司因为金融危机遭受了损失，多次破产暴露了抵押品质量低下的问题，并导致银行资产恶化，欧洲中央银行（European Central Bank，ECB）于2011年底进行了干预。与其他欧元区国家一样，斯洛文尼亚的银行危机引发了主权债务紧急情况。[①]2009年GDP下降了近8%，经过小幅复苏后，斯洛文尼亚在2012—2013年再次陷入经济衰退。由于自动稳定机制、短期反危机措施、偿债和向银行系统注资，2014年债务占GDP比率增长了两倍多，达到80.8%。[②]由于企业严重的债务负担[③]、成本竞争力下降和信贷紧缩，斯洛文尼亚的复苏花了很长时间。2012—2017年，斯洛文尼亚GDP大幅增长12.1%，高于同期欧盟7.4%的平均增长率。复苏可归因于对市政基础设施的投资（由欧盟结构基金EU Structural Funds共同资助），以及消费和出口的增长。

二、劳动力市场背景

在金融危机期间，劳动力市场的反应则是失业率上升、就业率下降、工作时间缩短以及工资增长放缓。2008—2013年，15~64岁人口的就业率从68.6%下降到63.3%。大多数失业发生在私营部门，而公共部门则通过削减工资来适应。[④]失业率自2008年以来翻了一番以上，2013年达到10.1%的峰值，之后逐渐下降。由于Pahor政府的反

① PISANI-FERRY J. The Euro crisis and its aftermath［M］. Oxford：Oxford University Press，2014.

② IMAD. Development Report 2014［R］. Ljubljana：Institute for Macroeconomic Analysis and Development，2014.

③ DAMIJAN J P. Corporate financial soundness and its impact on firm performance：implications for corporate debt restructuring in Slovenia［J］. Post Communist Economies，2017，30（1）：1-37.

④ IMAD. Development Report 2014［R］. Ljubljana：Institute for Macroeconomic Analysis and Development，2014.

危机措施（临时裁员[1]和缩短工作时间），失业率低于欧元区平均水平。

青年失业问题尤为严重。由于建筑等劳动密集型行业的萎缩，针对青年人（15~24岁）的就业容纳量下降幅度最大。劳动密集型产业的衰退导致受教育程度较低的群体失业率上升。而需要熟练劳动力的部门数量也减少，并采取了囤积劳动力的措施。[2]青年群体失业情况最糟糕的部分原因在于很多青年签订的都是固定期限劳动合同，而许多此类合同在危机期间没有续签。2008—2014年由于雇主难以承担雇佣成本，学生工作岗位（Student Jobs）从4.2万个减少到2.6万个。2009—2014年，长期失业率几乎翻了一番，而2008—2014年未就业或未接受教育培训的青年（Not in Employment or Education and Training，NEET）比例也有所增加。2014年，斯洛文尼亚的未申报工作率在欧盟最高。[3]而且斯洛文尼亚劳动力市场分割日益严峻。近75%的15~24岁青年从事的是固定期限工作（这些合同中有80%来自学生工作岗位），而欧盟的平均水平是43.4%；在青年女性中，这一比例甚至为86.4%。[4]

最低工资争议不断。在成本竞争力已经下降的情况下，最低工资上涨了23%。2014年斯洛文尼亚的最低工资与平均工资总额之比为51.2%，是欧盟的最高水平。这给劳动密集型产业带来了困难。[5]基于指数化而非生产率考虑的最低工资算法受到了欧盟委员会质疑，并再次成为2015年国别建议（Country-Specific Recommendations，CSR）

---

① temporary lay-offs，临时下岗。

② IMAD. Development Report 2014 [R]. Ljubljana: Institute for Macroeconomic Analysis and Development，2014.

③ EUROPEAN COMMISSION. Undeclared work in the European Union: report [R]. Brussels: European Commission，2014.

④ IMAD. Development Report 2014 [R]. Ljubljana: Institute for Macroeconomic Analysis and Development，2014.

⑤ IMAD. Development Report 2015 [R]. Ljubljana: Institute for Macroeconomic Analysis and Development，2015.

的优先事项。[①]

随着经济逐步复苏，斯洛文尼亚的就业状况逐渐好转。2017年，斯洛文尼亚总失业率为6.6%，欧盟平均水平为7.6%，斯洛文尼亚所有类别的失业率都低于欧盟平均水平。各类失业率略有下降，青年失业率下降幅度最大，与上一年相比下降了9.4%，至2017年下降11.2%。2012—2017年，女性就业比例有所增加（+4.3%），2017年达到71.2%。2018年，斯洛文尼亚失业率创下2009年以来的最低纪录。

三、政治背景

斯洛文尼亚的经济衰退恰逢严重的政治不稳定局面，连续四届政府共在任五年。2004年斯洛文尼亚加入欧盟后困难的局面完全显现，右派保守派和左派自由派之间的政治斗争使得跨议会合作几乎不可能。

2008—2012年，由社会民主人士党（Social Democrats，SD）领袖Borut Pahor领导的第九届斯洛文尼亚政府低估了金融危机的严重性。起初，政府成功地采取短期反危机措施，使经济衰退的速度放缓，并且能够与社会伙伴和平地商讨对策。然而，由于预算情况恶化，欧盟理事会（European Council）于2009年12月启动了针对斯洛文尼亚的超额赤字程序（Excessive Deficit Procedure）。斯洛文尼亚“撤退战略2010—2013”（Slovenian Exit Strategy 2010—2013）提出了一项具有颠覆性的结构和体制调整计划。[②]在这个过程中，由于工会和雇主都放弃了三方谈判，政府与社会伙伴之间的关系变得紧张。关于养老金和劳动力市场改革的公投显示Pahor政府失去民心。随着危

---

① COUNCIL OF THE EU. Council Recommendation of 14 July 2015 on the 2015 National Reform Programme of Slovenia and delivering a Council Opinion on the 2015 Stability Programme of Slovenia，2012-2016［R］. Brussels：Council of the EU，2015.

② GOVERNMENT RS. Slovenian Exit Strategy 2010-2013［R］. Ljubljana：Government of the Republic of Slovenia，2010.

机加深，退休者民主党（Democratic Party of Retirees of Slovenia，DeSUS）和真理党（Zares）放弃了联盟。

2012年Janez Janša领导第十届政府。尽管经济衰退仍在持续，但政府在时任劳动、家庭、社会事务和平等机会部长的指导下成功地重启了社会对话。Janša政府最终屈服于反对财政整顿和反对腐败的罢工和示威活动，四项重大成就让人印象深刻：与公共部门工会签署了一项协议，该协议削减了工资并改善效率低下的情况；引入了新的养老金改革，使养老金系统的财政稳定至2020年前后；采取了一系列减少劳动力市场分割的措施；社会伙伴阐述了新社会契约的基本观点。

2013年斯洛文尼亚积极党（Positive Slovenia）Alenka Bratušek成立了第十一届政府。虽然Bratušek执政期间的社会对话没有取得重大突破（如试图订立新的社会契约但失败了），但这个政府确实挽救了银行系统（从而避免了诉诸国际救助）并启动了私有化计划。由于内部纠纷，Bratušek于2014年5月5日提交辞呈，2014年7月参加选举。

2014年Miro Cerar（2015年更名为现代中间党（Modern Centre Party，SMC）的党主席）出任第十二届斯洛文尼亚政府总理。尽管开局艰难，但随着经济复苏超出预期，联盟仍团结一致。时任劳动、家庭、社会事务和平等机会部长Anja Kopac Mrak设法与社会伙伴就学生就业岗位改革达成共识，并最终订立2015—2016年的社会协议。尽管如此，社会伙伴之间的关系仍然紧张，而公众对政府机构的信任感仍然不强。

第二节　斯洛文尼亚劳动关系体系

政府、工会、雇主组织和三方机构等主体在管理劳动关系结构、工作条件以及在协调劳动争议方面发挥着关键作用。本节对斯洛文尼亚劳动与雇佣法领域的主要利益相关者以及劳动关系体系进行介绍。[①]

一、公共机构

国家参加关于经济和社会问题的国家层面三方协商或谈判。此外作为雇主，国家积极参与公共部门的劳动关系事宜，包括公务员制度（中央、区域和地方各级的国家行政部门）、公共社会服务（如工作健康和安全、教育和儿童保育）以及工业或商业企业领域（如邮政和铁路）。

劳动、家庭、社会事务和平等机会部（The Ministry of Labour, Family, Social Affairs and Equal Opportunities, Ministrstvo za delo, družino, socialne zadeve in enake možnosti）主要负责社会对话和工作条件相关的具体事务，包括工作健康和安全。其目标是通过立法提供必要的法律框架，信息、咨询和争议解决服务，以及最低限度的雇员保护。

斯洛文尼亚共和国劳动监察局（The Labour Inspectorate of the Republic of Slovenia）监督有关劳动关系、工资和其他就业收入、国内外雇员雇佣、雇员参与企业管理、罢工和工作安全等相关法律法规和集体协议的执行情况。

① EUROFOUND. Working life in Slovenia［EB/OL］.［2024-09-22］. https://www.eurofound.europa.eu/country/slovenia.

二、工会

斯洛文尼亚共和国宪法（Constitution of the Republic of Slovenia）规定了工会代表权。宪法第76条规定，工会的组织和工作以及工会成员是自由的。因此，在加入工会的权利方面没有立法限制。斯洛文尼亚《工会代表法》（Law on Representativeness of Trade Unions）（1993）对工会的代表性做出规定。该法第6条规定了代表性的标准，根据该标准，具有代表性的工会必须是民主制的，允许自愿加入，在过去六个月中一直活跃，独立于政府机构和雇主，主要通过工会会费和其他自有的来源提供资金，并且拥有一定数量的成员（在特定分支机构、部门或职业中至少占10%的雇员；对于一个独立的非附属工会，这一要求为15%）。

斯洛文尼亚最主要的工会有：斯洛文尼亚自由工会协会（Association of Free Trade Unions of Slovenia，ZSSS）是最大的工会组织；公共部门工会联合会（Confederation of Public Sector Trade Unions，KSJS）；斯洛文尼亚工会联合会（Confederation of Trade Unions of Slovenia，Pergam）；斯洛文尼亚工会联合会90（Confederation of Trade Unions 90 of Slovenia，Konfederacija 90）；斯洛文尼亚新工会独立联合会（Independent Confederation of New Trade Unions of Slovenia，KNSS）；斯洛文尼亚工人工会——团结工会联盟（Union of Workers' Trade Unions of Slovenia-Solidarity，Solidarnost）；斯洛文尼亚工会联盟（Slovene Union of Trade Unions，Alternativa）。具体情况见表3-1。

表3-1　　　　　　斯洛文尼亚主要的工会组织

全称	缩写	成员数量（2015）	是否参与集体谈判
斯洛文尼亚自由工会协会（Zveza Svobodnih Sindikatov Slovenije）	ZSSS	150 000	是
公共部门工会联合会（Konfederacija Sindikatov Javnega Sektorja Slovenije）	KSJS	73 400	是
斯洛文尼亚工会联合会（Konfederacija Sindikatov Slovenije Pergam）	Pergam	72 000	是
斯洛文尼亚工会联合会90（Konfederacija Sindikatov 90 Slovenije）	Konfederacija 90	36 000	是
斯洛文尼亚工人工会——团结工会联盟（Zveza delavskih sindikatov Slovenije - Solidarnost）	Solidarnost	3 100	是
斯洛文尼亚工会联盟（Slovenska zveza sindikatov Alternativa）	Alternativa	3 100	是
斯洛文尼亚新工会独立联合会（KNSS - NEODVISNOST，Konfederacija novih sindikatov Slovenije）	KNSS	19 000	是

资料来源：EUROFOUND. Working life in Slovenia［EB/OL］.［2021-03-12］. https：//www.eurofound.europa.eu/country/slovenia#actors-and-institutions.

三、雇主组织

雇主组织的代表性不受某部单独法律制约。然而，《集体谈判法》（Law on Collective Bargaining）（Zakon o kolektivnih pogodbah，Uradni list of the Republic of Slovenia，No.43/2006）间接对此做出规定，该法第12条规定，当一项或一项以上集体协议达成时，应代表性工会和一个或多个代表性雇主组织其中一方的要求，劳工部长可将集体协议扩大到协议所涵盖活动范围的所有雇主。在这种情况下，雇主组织成员必须在扩展覆盖的所有公司中拥有超过一半的雇员。

斯洛文尼亚最主要的跨部门雇主组织有：斯洛文尼亚工商会（Chamber of Commerce and Industry of Slovenia，GZS）；斯洛文尼亚雇主协会（Association of Employers of Slovenia，ZDS）；斯洛文尼亚商会（Slovenian Chamber of Commerce，TZS）；斯洛文尼亚工艺和小型企业商会（Chamber of Craft and Small Businesses of Slovenia，OZS）；斯洛文尼亚手工业和小型企业雇主协会（Association of Employers in Craft and Small Business of Slovenia，ZDOPS）。具体情况见表3-2。

表3-2　　**斯洛文尼亚主要的雇主组织**

全称	缩写	成员数量（2015）	是否参与集体谈判
斯洛文尼亚工商会（Gospodarska zbornica Slovenije）	GZS	7 500	是
斯洛文尼亚雇主协会（Združenje delodajalcev Slovenije）	ZDS	1 400	是
斯洛文尼亚商会（Trgovinska zbornica Slovenije）	TZS	5 900	是
斯洛文尼亚工艺和小型企业商会（Obrtno-Podjetniška zbornica Slovenije）	OZS	30 000	是
斯洛文尼亚手工业和小型企业雇主协会（Združenje delodajalcev obrti in podjetnikov Slovenije）	ZDOPS	20 000	是

资料来源：EUROFOUND. Working life in Slovenia［EB/OL］.［2021-03-12］. https：//www.eurofound.europa.eu/country/slovenia#actors-and-institutions.

斯洛文尼亚雇主协会（Association of Employers of Slovenia，ZDS）是斯洛文尼亚第一个代表和保护雇主利益的自愿经济协会。超过1 000个ZDS成员雇用了私营部门一半以上的雇员，占斯洛文尼亚总经济的一半以上。2006年取消斯洛文尼亚工商会（GZS）的强制性会员资格时，雇主组织的成员数量经历了其最大幅度的下降，两年后，下降幅度达到55%。

四、三方机构

1994年4月，斯洛文尼亚经济及社会理事会（The Economic and Social Council of Slovenia，ESS）根据关于私营部门薪酬政策的三方协议设立。通过这项协议，斯洛文尼亚政府、雇主组织和工会建立了一个三方合作中央机构。ESS为斯洛文尼亚成功实施基本经济和社会改革、与欧盟（European Union）的衔接以及融入国际经济做出重大贡献。此外，它还有助于实现社会正义和社会和平，这被视为经济成功发展的关键。ESS的活动领域主要涉及劳动关系、工作条件、劳工立法、社会权利和就业政策；涉及雇员及其家庭利益的更广泛的经济和社会问题；雇主的利益和政府政策。

ESS的主要角色是顾问，ESS可以参与立法和其他文件的编写，并可以就不同事项——如工作文件和文件草案（如国家预算和预算备忘录）——发表其观点。此外，ESS还具有准谈判职能（尽管不是传统意义上的集体谈判），这表示社会协议、薪酬政策协定和其他三方协议是在其框架内谈判的。2017年1月《ESS议事规则》（Rules of Procedure of the ESS）经过修订通过，三方各有8名成员代表，这表示工会有了更多的席位。

五、工作场所级员工代表

在公司一级，有双重代表渠道：公司工会和工人理事会/工人受托人（Works Councils/Workers' Trustees）。工人理事会成员可以是受雇于公司至少12个月的任何雇员。与工会相比，工人理事会一般不参与公司层级的集体谈判。工人理事会可在雇员人数超过20人的公司成立。2009年Eurofound欧洲公司调查（European Company Survey，ECS）显示，工会谈判代表（Trade Union Shop Stewards）在斯洛文尼亚的双渠道系统中发挥着突出的作用。调查结果还表明，如果存在双重代表形式，工会往往更注重集体谈判，而工人理事会则大多参与信息获取和协商。在斯洛文尼亚，工人理事会和工会之间有管辖权的划分。立法规定，雇员参与管理的权利不得侵犯工会和雇主组织保护其成员利益的权利和义务。

2009年Eurofound报告还指出，斯洛文尼亚的雇员代表结构如下：工会的单渠道代表比例最高，23%的组织覆盖25%的雇员；双渠道代表最为普遍，15%的组织拥有39%的雇员；工人理事会作为单渠道代表机构较为罕见，主要存在于较小的公司中，4%的组织覆盖2%的雇员。

第三节　利益相关者在斯洛文尼亚劳动与雇佣管制发展中的作用

斯洛文尼亚劳动关系体系的发展得益于转型前末期形成的强大工会运动传统，这一传统在转型后仍然存在。在斯洛文尼亚加入欧元区之后，社会对话开始恶化，并在金融危机期间停滞不前，社会伙伴的作用随后被削弱。在金融危机期间及危机结束之后，社会伙伴为恢复社会对话和信任做出了巨大努力。

一、斯洛文尼亚劳动关系发展概况

转型初期，斯洛文尼亚工会密度一直维持在较为稳定的水平。加入欧元区后，由于劳动力市场结构的变化，工会会员人数持续下降，并在金融危机期间进一步减少。2003年斯洛文尼亚工会密度为43.8%，2008年下降至26.6%，2013年为21.2%，此后工会密度维持在20%左右。[①]工会密度下降导致会员费收入大幅度减少，工会工作人员数量减少，工会专业能力受损。在工会会员人数减少和工会密度下降的情况下，并没有出现工会合并的情况。相反，日益加剧的分裂使得谈判更加困难。2015年末，斯洛文尼亚共有8个工会联合会和多达39个符合代表性标准的独立工会。[②]

雇主方面面临着类似的问题，雇主组织的成员资格由强制变为自愿，组织密度逐渐下降，雇主倡导更激进、更有利于商业活动的立场。[③]雇主组织密度从金融危机前的80%~90%下降至后来的60%左右。这限制了集体协议的自动扩展，并且随着其会员人数减少，雇主组织聘请专家的能力下降。而且雇主组织也出现了代表性和分散性的问题，其权力平衡经常被打破。与工会相比，雇主组织更难在斯洛文尼亚经济及社会理事会（The Economic and Social Council of Slovenia，ESS）[④]中采取共同立场。由于涉及多方利益，中小企业代表（如

---

① MRČELA A K. Slovenia: working life country profile [EB/OL]. [2024-09-22]. http://www. eurofound. europa. eu/observatories/eurwork/comparative-information/national-contributions/slovenia/slovenia-working-life-country-profile.

② EUROFOUND. Working life in Slovenia [EB/OL]. [2024-09-22]. https://www.eurofound.europa.eu/country/slovenia#actors-and-institutions.

③ KOPAČ M A. Social dialogue faces new challenges [M] // KAVČIČ F, BERLEC N. Ekonomsko-socialni svet 2004-2014 (Ob dvajseti obletnici delovanja). Ljubljana: Uradni list Republike Slovenije, 2014: 61-64.

④ 1994年4月根据关于私营部门工资政策的三方协议，斯洛文尼亚政府、雇主组织和工会设立了斯洛文尼亚经济及社会理事会（ESS）三方合作中央机构。

OZS）与大型企业代表（如GZS，ZDS）之间有时会产生分歧。

斯洛文尼亚的“集体劳动关系危机”并不仅仅由经济衰退所驱动，它还是转型以来不断发展的自由化进程的一部分。在金融危机爆发之前，斯洛文尼亚在欧盟国家中是集体协议覆盖率最高的国家之一。2007年，大约96%的劳动人口被集体协议覆盖。在金融危机的影响下，集体协议的覆盖率下降至65%~75%，集体谈判减少，亲商立场更加凸显，主要有两个趋势。第一，雇主组织密度的下降带来了挑战。因为集体协议要求雇主组织密度达到50%以上才能自动扩展，因此扩展集体协议变得更加困难。[①]第二，在金融危机期间终止了私营部门的若干集体协议，如建筑业以及化学和塑料业等的集体协议。[②]斯洛文尼亚最大的工会组织斯洛文尼亚自由工会协会（ZSSS）认为，雇主是想在公司层面达成更不利于雇员的协议的，以牺牲雇员利益为代价来增强公司的盈利能力。一些终止的部门协议确实被公司一级的协议取代，但权力下放的趋势其实在金融危机之前已经开始，如2005年就撤销了跨部门一般集体协议。Stanojević和Mrčela（2014）基于金属、电子和化学行业的研究结果同样证明了集体谈判领域权力逐步下放的过程，表现为集体协议的期限缩短、协议条款的取消更为频繁，以及部门协议中部分条款被废除的情况越来越多。[③]2007—2010年，违反集体协议的情况增长了5倍以上。[④]这些情况表明，尽管有很强的集体谈判和社会伙伴关系传统，但斯洛文尼亚正逐渐偏离

① STANOJEVIĆ M. Conditions for a neoliberal turn： the cases of Hungary and Slovenia［J］. European Journal of Industrial Relations，2014，20（2）：97-112.

② MRČELA A K. Slovenia： working life country profile［EB/OL］.［2024-09-22］. http：//www. eurofound. europa. eu/observatories/eurwork/comparative-information/national-contributions/slovenia/slovenia-working-life-country-profile.

③ STANOJEVIĆ M，MRČELA A K. Social dialogue during the economic crisis： the impact of industrial relations reforms on collective bargaining in the manufacturing sector：Slovenia［R］. Manchester： Manchester University，2014.

④ KRAŠOVEC P，LUZAR B. Slovenia： impact of the crisis on industrial relations［EB/OL］.［2024-09-22］. http： //eurofound.europa.eu/observatories/eurwork/comparative-information/national-contributions/slovenia/slovenia-impact-of-the-crisis-on-industrial-relatio- ns.

原有的社会伙伴关系模式。

二、转型初期至金融危机前

斯洛文尼亚的劳动关系在19世纪70年代确立，工会合法化。第二次世界大战后，工会被集中管理，实行强制性会员制，当时并没有雇主组织。1991年体制转型后，斯洛文尼亚重建了劳动关系体系，并且独树一帜地发展了“竞争性新社团主义”（Competitive Neo-Corporatism）。[①]这在两个层面产生了有益的影响。在微观层面，自1993年以来，公司中存在双重代表渠道，工人理事会和工会共享权限。[②]管理者和劳动者在公司和部门层面形成了“生存联盟”，通过双边集体协议进行非冲突性的微观层面交流。通过高质量的工作保障、对解雇的限制和工资保障来补偿工作强度和灵活性，以保持竞争力。[③]

在宏观层面，社会伙伴可通过1994年成立的ESS发挥咨询——有时甚至是准立法——的作用。即使ESS没有国家立法的支持，而仅仅依托三方协议，它仍然拥有相当大的权力。国民议会只有在ESS成员就社会经济立法进行辩论后才能讨论。ESS有权着手起草新立法或修订现行法律，可以就立法草案、预算备忘录和国家预算提出意见和立场，还会商定诸如每年或每两年起草一次的社会契约等重要文件。[④]自此，有利于保持竞争力和经济稳定的三方社会契约走向制度

---

① STANOJEVIĆ M. Conditions for a neoliberal turn: the cases of Hungary and Slovenia [J]. European Journal of Industrial Relations, 2014, 20 (2): 97-112.

② EUROFOUND. Employee representation at establishment level in Europe, European Company Survey 2009 [R]. Dublin: European Foundation for the Improvement of Living and Working Conditions, 2011.

③ [1] CROWLEY S, STANOJEVIĆ M. Varieties of capitalism, power resources, and historical legacies: explaining the Slovenian exception [J]. Politics and Society, 2011, 39 (2): 268-295. [2] STANOJEVIĆ M. The rise and decline of Slovenian corporatism: local and European factors [J]. Europe-Asia Studies, 2012, 64 (5): 857-77.

④ STANOJEVIĆ M. Social pacts in Slovenia [M] // POCHET P, KEUNE M, NATALI D. After the Euro and enlargement: social pacts in the EU. Brussels: ETUI and OSE, 2010: 317-344.

化，这是经济和社会政策集体谈判的结果，明确了政府和社会伙伴的责任和义务。[①]ESS每月至少举行一次会议，通常各方代表都会抱着合作的态度来参加会议并力求达成共识。在加入欧元区之后，社会对话开始恶化，其作用随后被削弱。

斯洛文尼亚社团主义共识意识的削弱始于金融危机之前，就在2004年年中Janez Janša右翼保守派政府当选之后。这个斯洛文尼亚民主党（Slovenian Democratic Party，SDS）领导的政府承诺进行彻底的改革，包括放松劳动力市场管制、统一税收制度和促进非国有化方面的改革。工会没有参与决策，于2005年11月举行了大规模示威游行，政府最终没有实施改革。自此，政府虽然在公共项目方面投入巨大，并向公共部门支付了更高的工资，但政府的人气从未恢复。

三、金融危机期间

在2008—2013年金融危机期间，斯洛文尼亚的社会对话恶化。Stanojević等（2014）研究发现，虽然社会伙伴称与冲突相比各方更倾向于合作，但实际上有些部门已不再进行社会对话。[②]自金融危机爆发以来，社会对话恶化，雇主违反集体协议的行为增多、罢工次数增加、政府单方面干预公共部门工作条件的情况增加。Stanojević等（2016）指出，在金融危机期间，虽然斯洛文尼亚的劳动关系结构没有发生重大变化，但是其权力关系以及劳动关系系统的性质都有明显变化的迹象。[③]

---

① STANOJEVIĆ M. Social pacts in Slovenia［M］// POCHET P，KEUNE M，NATALI D. After the Euro and enlargement：social pacts in the EU. Brussels：ETUI and OSE，2010：317-344.

② STANOJEVIĆ M，KANJUO M A. Social dialogue during the economic crisis：the impact of industrial relations reforms on collective bargaining in the manufacturing sector［R］. Slovenia：University of Ljubljana，EU Commission，2014.

③ STANOJEVIĆ M，KANJUO M A，BREZNIK M. Slovenia at the crossroads：increasing dependence on supranational institutions and the weakening of social dialogue［J］. European Journal of Industrial Relations，2016，22（3）：281-294.

2008年社会民主人士党（Social Democrats，SD）Borut Pahor领导的中左翼政府上台，低估了金融危机的严重性。起初，政府成功地采取短期反危机措施，包括临时裁员和缩短工作时间，保留了大约2.5万个岗位，使经济衰退的速度放缓，并且政府能够与社会伙伴和平地商讨对策。然而，由于预算情况恶化，斯洛文尼亚经济衰退速度加快。欧盟理事会（European Council）于2009年12月启动了针对斯洛文尼亚的超额赤字程序（Excessive Deficit Procedure）。

在经济衰退期间，斯洛文尼亚政府对劳动力市场改革的态度发生了很大变化，试图增强劳动力市场的灵活性。2010—2013年斯洛文尼亚以“灵活性和社会凝聚力”（Flexicurity and Social Cohesion）为标题的“撤退战略”（Exit Strategy）包括12项新的立法，涉及劳动力市场、养老金、长期护理和医疗保健方面的改革，以及消除贫困和社会排斥的措施。其中，《雇佣关系法》（Employment Relationships Act，ZDR-1）稍微放宽了解雇条件并降低非工资劳动力成本，旨在增强灵活性。《迷你工作法》（Mini-Jobs Act）旨在统一固定期限合同，签署固定期限合同的人中，青年占据大多数。《养老金和残疾保险法》（Pension and Disability Insurance Act，ZPIZ-2）涉及领取权限变化，成为争论的焦点。[①]正是这套“组合式”解决方案导致了谈判的最终破裂，工会抗议，雇主组织不满，政府与社会伙伴之间的关系变得紧张。

时任总理Pahor和时任劳动、家庭、社会事务和平等机会部长Ivan Svetlik起初认为工会会同意该计划，但工人运动增加。而雇主不满的导火索是政府通过的《最低工资法》（The Minimum Wages Act，ZMP），该法大幅提高了最低工资标准，雇主强烈反对，并立即抵制

① GOVERNMENT R S. Slovenian Exit Strategy 2010-2013 [R]. Ljubljana: Government of the Republic of Slovenia, 2010.

三方谈判，从而结束了和平的社会对话。斯洛文尼亚的事实证明，劳资双方在劳动合同、青年就业和养老金改革方面是难以调解的。《雇佣关系法》（ZDR-1）被撤销，但政府继续推行了其他法律，并呈交国民议会（National Assembly）。各方利益相关者，包括养老金领取者、学生组织、工会以及斯洛文尼亚民族党（Slovene National Party，SNS）和斯洛文尼亚民主党（Slovenian Democratic Party，SDS），于2011年6月5日进行了关于劳动力市场和养老金改革的“超级公投”（Super-Referendum），使改革陷入僵局。公投结果显示劳动力市场和养老金法案被否决，Pahor政府结束。这在金融危机最严重的时候开启了政治动荡局面。[①]

经济形势要求通过集体协议增强劳动力市场灵活性，并增强社会伙伴在雇佣关系方面的作用，这两点随后成为2012年2月重新掌权的Janša政府及其劳动、家庭、社会事务和平等机会部长Vizjak改革议程的一部分。社会对话被小心地重启，这一届政府设法与社会伙伴就一年前失败的改革达成协议。Janša政府赋予雇主组织和工会更大的权力，于2012—2013年赋予ESS在《雇佣关系法》（ZDR-1）改革中的立法权。因此，社会伙伴在双边层面和公司一级的谈判中享有更大的回旋余地，这起到了积极的作用。时任劳动、家庭、社会事务和平等机会部长Vizjak改变了与ESS的沟通方式，宣布他将亲自主持谈判。尽管经济衰退仍在持续，但政府在Vizjak的指导下成功地重启了社会对话。Janša政府的许多决策被认为是有利于社会对话的。首先，Janša政府重建信任并将ESS重新置于中心位置，并指出解决危机的成效与决策时达成的共识程度有关。其次，Vizjak是一位经验丰富的谈判者。他主持了大多数ESS会议，包括大约240个小时关于养老金

① GUARDIANCICH I. Pension reforms in Central，Eastern and Southeastern Europe：from post-socialist transition to the global financial crisis［M］. London：Routledge，2013.

和劳动力市场改革的会议。最后，内阁有一个明确的优先事项清单，包括养老金改革、减少劳动力市场分割以及就社会契约达成一致。此外，在危机背景下，工会意识到它们不能诉诸公投，担心在保守政府下的谈判破裂将使它们付出沉重代价，工会愿意为妥协承担责任。因此，国民议会事实上将劳动力市场改革委托给ESS。在外部欧洲机构的压力下，议会成员同意不对社会伙伴起草的任何法律提出修订意见。

在这样的背景下，新《雇佣关系法》（ZDR-1）通过，就派遣员工的配额比例、通知期、遣散费、工作时间规定、加班限制等进行规定。在通过新《雇佣关系法》（ZDR-1）之后，社会伙伴签署了8项新的集体协议，这些集体协议总体来说较为强调灵活性、减少劳动力市场分割以及控制成本等。例如，所有集体协议都规定了额外工作情况，即雇员需要执行劳动合同之外的临时工作任务。若干集体协议允许规模较小的企业与雇员签订固定期限劳动合同的时间超过法律规定的限制。在某些情况下，集体协议延长了加班、夜班或全日制工作的时限。集体协议中派遣员工的比例定为50%，远远高于法律规定的25%。部分集体协议将遣散费降低至每五年补偿一个月工资。①

此外，Janša政府与公共部门工会联合会（KSJS）签署了一项协议，涉及削减公务员的工资和特权，以及改善效率低下等问题；引入了新的养老金改革，使养老金系统的财政稳定至2020年前后；采取了一系列减少劳动力市场分割的措施等。在此背景下，劳动关系出现重大重组，Janša政府为未来的社会契约奠定了基础。

---

① ［1］IMAD. Development Report 2014［R］. Ljubljana：Institute for Macroeconomic Analysis and Development，2014. ［2］IMAD. Development Report 2015［R］. Ljubljana：Institute for Macroeconomic Analysis and Development，2015.

四、金融危机后

金融危机期间，政府应对危机的措施不算成功，三方机构的僵局使得局面进一步僵化，由此导致的社会和财政成本巨大，2013年之后情况才有所改善。ESS以及欧洲学期机制（European Semester Cycles）使得政策制定变得更加顺利，随后政府还制订了一些结构改革的计划。然而，2013年金融危机后社会对话机制发挥的作用也并不理想。

2013年3月上台的中左翼Bratušek政府主要关注财政紧急事件和银行危机。虽然Bratušek执政期间的社会对话没有取得重大突破，例如，试图订立新的社会契约但失败了，劳动力市场和养老金领域都没有发生重大变化，但这届政府确实挽救了银行系统，并启动了私有化计划。2013年通过的劳动法律，试图进一步降低劳动力市场分割程度、增强劳动力市场灵活性并提升雇员法律保障水平，但是由于改革时间较短，而且经济环境普遍改善，这些影响难以被量化。①尽管如此，还是出现了一些趋势，比如，雇主缴费减少、长期合同的灵活性增强以及临时雇佣成本增加等原因，使得长期合同相对于固定期限合同的比例有所提升。另外，就业保护立法（Employment Protection Legislation，EPL）指数②得分下降。2012—2013年，正规合同管制子指数得分从2.39分降至1.99分，临时合同管制子指数得分也略有下降，集体解雇管制子指数得分维持在3.38分，高于OECD的平均值2.9分。

---

① [1] IMAD. Development Report 2014 [R]. Ljubljana: Institute for Macroeconomic Analysis and Development, 2014. [2] IMAD. Development Report 2015 [R]. Ljubljana: Institute for Macroeconomic Analysis and Development, 2015.

② 就业保护立法（Employment Protection Legislation，EPL）指数是OECD开发的测量劳动力市场管制严格程度的指数，包括正规合同管制、临时合同管制和集体解雇管制三个子指数。其得分为0~6分，分数越高表示劳动力市场管制越严格。

在金融危机最严重的时期（2011—2013年），政府、社会伙伴和国民议会之间的关系在筹备国家改革方案（The National Reform Programme，NRP）期间十分紧张，政府只给国民议会和社会伙伴短暂的时间，让它们就拟议的一系列措施发表意见。Miro Cerar中左翼政府于2014年9月接任以后，金融危机逐步缓解，社会经济已逐渐恢复正常，政府与社会伙伴之间的合作增加。2015年初，政府与社会伙伴签署了《2015—2016年社会协议》（Social Agreement 2015—2016），这是上一次社会协议到期6年后的第一个社会协议。该协议涵盖12个领域，其中列举了多达140个目标，涉及金融、可持续经济发展、公共部门、医疗保健、工资、劳动力市场、养老以及社会对话等多个方面。社会协议重申了ESS在国家三方机制中的核心作用。政府保证在2020年之前为该机构运作提供适当支持，并承诺让社会伙伴更好地参与欧洲学期的关键战略文件起草工作。人们对社会对话恢复正常抱有希望。虽然各方对《2015—2016年社会协议》总体上是肯定的，但社会伙伴之间的信任尚未完全恢复，关于最低工资的争论证实了这一点。工会通过请愿书于2015年9月单方面向国民议会递交了重新计算最低工资的提案，经过短暂的协商，议会批准了该提案。尽管涉及的金额微不足道，但过程和结果激怒了雇主方。雇主方指责政府和工会“双边”重新界定最低工资，违反了《2015—2016年社会协议》。[①]所有雇主组织在2015年12月之前退出有关《最低工资法》（ZMP）的协议。

2018年是政治动荡的一年，Cerar于3月中旬辞职，Marjan Šarec领导的新政府于9月成立。社会伙伴们对新政府寄予厚望。2018年最重要的议题是公共部门的工资谈判。经过长时间的谈判和一波又一波

① MRČELA A K. Slovenia: New Social Agreement 2015-2016［R/OL］.［2024-09-22］. http://www.eurofound.europa.eu/observatories/eurwork/articles/industrial-relations/slovenia-new-socialagreement-2015-2016.

的罢工，Šarec政府和公共部门工会终于在2018年年底就废除2012年《财政平衡法》（Fiscal Balance Act）规定的工资和大部分成本紧缩措施达成了协议，承诺在卫生、社会、公共和基础设施部门投资近20亿欧元。通过这项协议，政府避免了2019年年初已经宣布的大规模公务员罢工。然而，一方面，斯洛文尼亚5个雇主组织的主要代表认为，拟议的解决办法可能对经济产生不利影响。另一方面，公共和私营部门工会已经就业务合作达成了协议，需要社会伙伴尽快在私营部门达成共同工资协议。但在私营部门，社会对话并不那么成功。社会伙伴未能就2018年年底到期的新部门集体协议开展重新谈判，这意味着5万多名雇员将得不到集体协议的任何保障。2018年12月，最大的工会联合会ZSSS组织了一次总罢工，要求提高所有雇员的工资。雇主组织提议缔结一项新的社会协议，确定新的工资模式，并应对未来的关键挑战，如数字经济的发展和人口老龄化等。总体来说，社会对话有所恢复，但是所发挥的作用难以恢复到金融危机前的水平。

第四节　小结

与其他中东欧国家相比，斯洛文尼亚是唯一的劳动关系可以归类为社会伙伴关系模式的国家。转型初期，斯洛文尼亚的工会密度很高，大多数雇员都被集体协议覆盖，多雇主谈判占主导地位。尽管后来出现集体谈判权力下放的趋势，但在所有中东欧国家中，斯洛文尼亚仍然是唯一接近新社团主义模式（Neo-Corporatist Model）的国家。

而在斯洛文尼亚加入欧元区之后，社会对话开始恶化，并在金融危机期间停滞不前。社会对话成功的一个必要先决条件是社会伙伴之间的信任，但是自金融危机以来各方利益相关者之间的信任严重不足，关系僵化。利益相关者之间的关系从2013年开始才逐渐缓和，但是信任没有完全恢复。即使是社会对话取得的最令人鼓舞的成就——《2015—2016年社会协议》——也没有长久存在，这直接归因于社会伙伴之间的紧张关系。通过对斯洛文尼亚社会对话发展历程的梳理发现，有效的社会对话对于斯洛文尼亚良好的经济发展和可持续的改革至关重要。当利益相关者有意愿进行有效的社会对话时，往往能够取得良好的政策效果。

斯洛文尼亚社会对话的核心是三方ESS，ESS拥有相当大的权力。但社会伙伴之间的分裂和紧张关系对ESS的顺利运作提出了挑战，三方协商已有部分被部门和公司层面更积极的双边谈判取代。社会伙伴的更大自主权可能是斯洛文尼亚社会对话机制的改革方向，或许应该在双边谈判中赋予工会和雇主更大的权限，同时加强三方ESS的作用和影响。

第四章

波罗的海模式的劳动与雇佣管制体系：基于波罗的海国家的案例研究

本章对波罗的海国家的劳动与雇佣管制进行了回顾和梳理。本章首先对波罗的海国家的经济和社会背景进行介绍，并对拉脱维亚劳动关系主体与现状进行简单梳理，继而分析自转型以来波罗的海三国劳动关系发展的趋同和分歧以及工会在国家决策中所发挥的作用，并以立陶宛为例分析劳动与雇佣管制体系中各利益相关者的作用和影响。

第一节　波罗的海国家劳动与雇佣管制发展背景

1991年苏联解体后，立陶宛、拉脱维亚和爱沙尼亚独立。为了赶上其他中东欧国家，波罗的海国家选择了一条激进的过渡道路，旨在促进经济发展，而不是保护雇员。波罗的海国家的国外投资很少，经历了较高程度的去工业化。为了更好地了解在波罗的海国家劳动与雇佣法领域工会等社会伙伴以及其他利益相关者所发挥的作用，本节从经济和劳动力市场等宏观背景方面，以及社会对话制度背景方面对波罗的海国家的情况进行简要介绍。

一、宏观背景

从宏观经济环境方面来看，2001—2007年，波罗的海国家在人均GDP和FDI方面迅速赶上其他欧盟国家。然而，一方面，2008—2009年金融危机对波罗的海国家的打击尤为严重，当时GDP下降了约15%（如图4-1所示）；另一方面，也有学者指出金融危机对波罗的海国家的影响是不同步的。Groenendijk和Jaansoo（2015）指出："金融危机对爱沙尼亚产生影响较早，其恢复也较早。"[①]根据Kattel和Raudla（2013）的说法，金融危机对波罗的海国家产生影响的原因

① GROENENDIJK N，JAANSOO A. Public finance systems for coping with the crises: lessons from the three Baltic states [J]. Public Finance and Management，2015，15（3）：257-289.

与其政治家做出的新自由主义政策选择有关。[①]

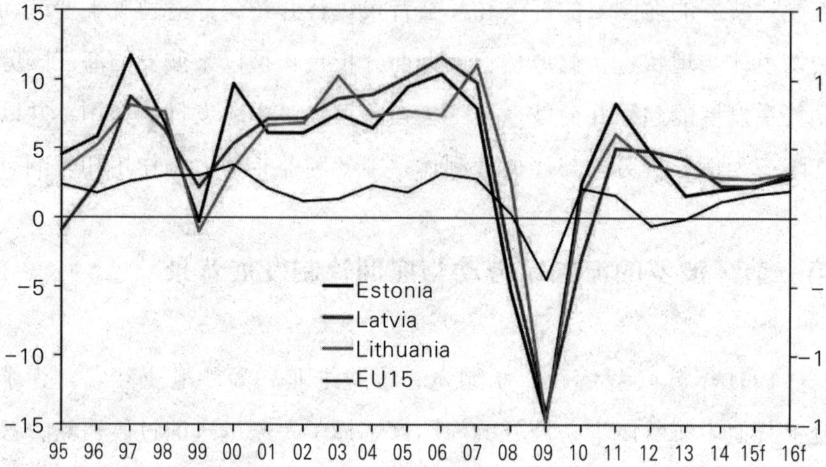

图4-1 波罗的海国家GDP变化情况（%）

资料来源：KARSTEN S. Economic growth and convergence in the Baltic states: caught in a middle income trap? [EB/OL]. [2024-12-25]. https: //ec. europa. eu/ economy_finance/events/2015/20150616_vilnius/paper_baltic_states_en.pdf.

2009年政府的坚定行动使全球金融机构能够对爱沙尼亚和立陶宛保持信心，爱沙尼亚和立陶宛得以继续在国际市场上贷款，但主要使用者仍然是立陶宛政府。爱沙尼亚的公共债务仍处于非常低的水平，而立陶宛的债务已增长至中等水平。拉脱维亚从国际货币基金组织（IMF）获得的贷款比例要小得多，在社会领域的损失也比立陶宛的小，比如立陶宛的公务员工资和养老金大幅减少。总的来说，波罗的海国家采取了各种艰难的紧缩措施，通常被视为危机管理的良好范例。

在劳动力市场环境方面，在波罗的海国家，对劳动关系和社会对话产生较大影响的因素主要是经济结构的变化（服务部门和小企业的比例越来越大，而在这些部门中不存在工会）、就业模式的改变（自

① KATTEL R, RAUDLA R. The Baltic Republics and the crisis of 2008-2011 [J]. Europe-Asia Studies, 2013, 65 (3): 426-449.

营职业、远程工作和其他形式的工作增多，使雇员与工会疏远）以及低收入人群增多。此外，Sippola（2009）发现“波罗的海国家的就业保护立法接近欧盟平均水平”。[①]波罗的海国家在灵活性和安全性之间，显然偏向于灵活性，因此波罗的海国家被贴上“灵活的市场经济”的标签。[②]Eamets 等（2008）根据大量劳动力市场灵活性和安全性的指标对各国进行分组，发现波罗的海国家的特点是灵活性相对较高，但社会保护水平较低。[③]Eamets 等（2015）关于各国在灵活性和安全性方面的研究表明，在2007—2011年的金融危机期间，爱沙尼亚劳动力市场变得更加灵活（主要是就业保护立法指数的得分降低了），其社会保障水平仍然低，积极的劳动力市场政策经历了相对较大的变化。[④]虽然拉脱维亚似乎是波罗的海国家中工会运动能力最强大的，但通常看来这并没有带来更均衡的劳动力市场结构或改善不平等。立陶宛也逐渐放松了对劳动者保护的要求，在2017年出台新劳动法，开启了新的社会模式。新社会模式受到新自由主义影响极大，更多地考虑了灵活性而非雇员保障性。这些举措促进了外包、灵活工资合同的谈判等，导致工作贫困（In-Work Poverty）现象的形成。

金融危机爆发后，随着产量的迅速下降，失业率上升。研究证实，波罗的海国家的工会无法在危机期间就真正的利益进行谈判或对雇主产生影响。[⑤]产量下降对劳动密集型行业——如建筑业、制造业和零售服务业——的影响尤其大。这种影响最初有所抑制，因为一些公司初期保

① SIPPOLA M. The two faces of Nordic management? Nordic firms and their employee relations in the Baltic states [J]. The International Journal of Human Resource Management, 2009, 20 (9): 1929-1944.

② KUOKŠTIS V. What type of capitalism do the Baltic countries belong to? [EB/OL]. [2024-09-22]. http: //www.emecon.eu/current-issue/second/vytautas-kuokstis/.

③ EAMETS R, PHILIPS K, ALLOJA J, et al. Benchmarking EU countries against Danish flexicurity model [EB/OL]. [2024-09-28]. https: //euro. indiana. edu/docs/archive/working-papers/Eamets_Philips_flexicurity.pdf.

④ EAMETS R, HUMAL K, BEBLAVÝ M, et al. Mapping flexibility and security performance in the face of the crisis [R]. Brighton, England: Centre for Research on Management and Employment, 2015.

⑤ BERNACIAK M, KAHANCOVA M. Innovative union practices in Central - Eastern Europe [M]. Brussels: European Trade Union Institute, 2017: 73-89.

留了过剩的雇员，直到危机深化。2009年第四季度，爱沙尼亚15~74岁人员的失业率上升至18.2%，拉脱维亚为21.3%，立陶宛为17.4%。[①]

二、社会对话背景

在立陶宛、拉脱维亚和爱沙尼亚，第一批社会对话机构建于20世纪90年代初，晚于西欧国家。与其他中东欧国家一样，波罗的海国家的宪法（Constitutions）规定了社会对话的核心原则。这些国家的宪法确保自愿组织的建立和运作自由，并规定向国民提供基本生活和工作条件。在波罗的海国家，有关社会对话的主要规范性条例在劳动立法中有进一步规定，并在专门立法中有具体规定。根据Mailand和Due（2004）的说法："社会对话是对国家管制形式的反对，它们可以避免冲突或帮助解决冲突。"[②]一方面，中东欧国家实施社会对话的经验比西欧国家更少。另一方面，中东欧国家的常规工作较少，而且更有热情和活力。事实上，这给了外国投资者比在他们的本国更多的自由[③]，这使得波罗的海国家获得了新自由主义的称谓[④]。

在向市场经济过渡之前，所有中东欧国家都有工会，覆盖率很高。中东欧国家的工会履行了传统的工会职能，包括进行集体谈判、达成集体协议、保护雇员权利，并协助雇员参与社会基金。[⑤]工会是富有政治影响力的组织，因为它们参与分配社会和物质利益，并拥有

---

① STAEHR K. Austerity in the Baltic states during the global financial crisis [J]. Intereconomics, 2013, 48 (5): 293-302.

② MAILAND M, DUE J. Social dialogue in Central and Eastern Europe: present state and future development [J]. European Journal of Industrial Relations, 2004, 10 (2): 179-197.

③ SIPPOLA M. The two faces of Nordic management? Nordic firms and their employee relations in the Baltic states [J]. The International Journal of Human Resource Management, 2009, 20 (9): 1929-1944.

④ WOOLFSON C. Social dialogue and lifelong learning in new EU member states: "reform fit" in Latvia [J]. Journal of European Social Policy, 2008, 18 (1): 79-87.

⑤ MORRISON C, CROUCHER R, CRETU O. Legacies, conflict and "path dependence" in the former Soviet Union [J]. British Journal of Industrial Relations, 2012, 50 (2): 329-351.

财产和财政资源。[1]但工会并非真正独立。在转型前的波罗的海国家，工会是国家体系的一部分，与政党有着密切的联系。工会不会开展产业行动。尽管工会协助向市场经济过渡[2]，并且具备工会工作的能力和传统，但工会仍被视为“旧”制度的一部分。这也是在波罗的海国家建立社会对话是由雇主方而不是工会方主导的原因。

在转型之前，雇主组织在中东欧国家并不常见。拉脱维亚在20世纪90年代初建立了第一批雇主组织。这些是独立的组织，负责维护其成员的商业利益，但不参与社会对话。因此，必须从雇主方中找到新的社会伙伴。总而言之，中东欧国家，包括波罗的海国家，其社会对话是在毫无准备的情况下被引入的，其未来发展在很大程度上取决于其领导人的个人能力。社会对话在拉脱维亚取得了成功，而在其他波罗的海国家则不太成功。

波罗的海国家社会对话制度的一个特点是其简单性。在拉脱维亚，国家级社会合作伙伴有来自雇主方的拉脱维亚雇主联合会（Employers' Confederation of Latvia，LDDK），以及工会方的拉脱维亚自由工会联合会（Free Trade Union Confederation of Latvia，LBAS），还有一个国家级三方谈判组织（National Tripartite Cooperation Council，NTSP）。[3]在爱沙尼亚，雇主由爱沙尼亚工业和雇主联合会（Confederation of Estonian Industry and Employers，CEIE）和爱沙尼亚雇主组织联合会（Confederation of Estonian Employers' Organizations，ECEO）这两个组织代表，工会由爱沙尼亚工会联合会（Estonian Trade Union Confederation，EAKL）、爱沙尼亚雇员工会联合会（The

---

① CROUCHER R，RIZOV M. Union influence in post - socialist Europe［J］. ILR Review，2012，65（3）：630-650.

② KRZYWDZINSKI M. Organizing employees in Central Eastern Europe：the approach of Solidarność［J］. European Journal of Industrial Relations，2010，16（3）：277-292.

③ EUROFOUND. Latvia - developments in social partner organisations：employer organisations［EB/OL］.［2024-09-22］. https：//www. eurofound. europa. eu/observatories/eurwork/comparative-information/national-contributions/latvia/latvia-developments-in-social-partner-organisations-employer-organisations.

Estonian Employees' Unions' Confederation，TALO）两个组织代表。[①]在立陶宛，社会对话在国家一级运作良好，然而“在大多数部门中几乎不存在”。[②]2017年，立陶宛新《劳动法》(Labor Code) 获得批准。根据立陶宛新《劳动法》，三方委员会由21名成员组成：7名国家级工会代表，7名国家级雇主组织代表和7名立陶宛政府代表。有三个国家级雇主组织在运作，它们都是三方委员会的成员：立陶宛工业家联合会（Lithuanian Confederation of Industrialists，LPK）、立陶宛雇主联合会（Lithuanian Employers' Confederation，LEC）和立陶宛商业联合会（Lithuanian Business Confederation，LVK）。此外，代表主要外国投资者的投资者论坛（Investors' Forum）协会也有代表参加委员会。立陶宛有两个主要的全国工会联合会，立陶宛工会联合会（Lithuanian Trade Union Confederation，LPSK）和立陶宛工会“团结”（Lithuanian Trade Union “Solidarumas”，LPS “Solidarumas”）。在立陶宛，还有一些区域性工会，在国家一级不发挥作用。有不属于任何国家联合会的独立部门工会，如立陶宛教育雇员工会（Lithuanian Education Employees' Trade Union）、全国官员工会协会（National Association of Officers' Trade Unions）。雇主和工会的对抗是立陶宛特有的。在实践中，两者经常进行不必要的频繁的对抗，这降低了协会的权威，并且无助于吸引新成员。[③]

第二节　波罗的海国家劳动关系现状及体系

政府、工会、雇主组织和三方机构等主体在管理劳动关系结构、

① FULTON L. Worker representation in Europe［EB/OL］.［2024-09-28］. https://www.worker-participation.eu/National-Industrial-Relations/Countries/Estonia/Trade-Unions.

② BLAŽIENĖ I, GRUŽEVSKIS B. Lithuanian trade unions: from survival skills to innovative solutions［M］// BERNACIAK M, KAHANCOVA M. Innovative union practices in Central-Eastern Europe. Brussels: European Trade Union Institute, 2017: 111-124.

③ GUOGIS A. Social dialogue in Lithuania: achievements and drawbacks in the way out of the crisis［J］. Central European Political Science Review, 2016, 17 (65): 108-149.

工作条件以及在协调劳动争议方面发挥着关键作用。本节对波罗的海国家的工会、雇主组织和集体协议的发展状况进行介绍，并以拉脱维亚为例介绍其劳动关系体系。

一、工会、雇主组织和集体协议覆盖情况

20世纪90年代波罗的海地区工会密度持续急剧下降，经济实力迅速丧失，而雇主组织权力有所增强，成员数量有所增加。而之后的情况也进一步证实了西欧已经存在的事实，即雇主组织对工人阶级进行攻击。[①]双方之间不断加剧的分歧阻碍了社会对话。工会成员人数减少是转型后的中东欧国家和发达资本主义国家的共同趋势。[②]表4-1展示了波罗的海国家的工会密度和集体协议覆盖情况。

表4-1　　**波罗的海国家的工会密度、雇主组织密度、集体协议覆盖率和扩展情况（占所有雇员的比例）**

国家	工会密度（%）			雇主组织密度（%）		集体协议覆盖率（%）		集体协议可合法扩展的开始时间	工作场所的工会比例（%）
	1995年	2005年	2014年	2005年	2014年	2005年	2015年		2002—2003年
爱沙尼亚	32.0	9.7	6.5	23.0	25.0	25.0	23.0	2000年	25.0
拉脱维亚	25.0	15.1	13.1	35.0	41.0	15.0	15.0	2002年	27.0
立陶宛	15.0	9.6	9.0	20.0	14.4	10.6	9.9	2003年	23.0

资料来源：VISSER J. Data base on institutional characteristics of trade unions, wage setting, state intervention and social pacts, 1960-2014 (ICTWSS): version 5.0 [EB/OL]. [2021-06-05]. Amsterdam: Amsterdam Institute for Advanced Labour Studies, 2015. https://aias.s3-eu-central-1.amazonaws.com/website/uploads/1460638210098ICTWSS-codebook-50-2.pdf.

---

① CROUCH C. Post-democracy [M]. Cambridge: Polity Press, 2004.

② PETERS J. The rise of finance and the decline of organised labour in the advanced capitalist countries [J]. New Political Economy, 2011, 16 (1): 73-99.

在波罗的海国家以及其他中东欧国家（斯洛文尼亚除外），与欧盟原成员国相比，工会的作用不那么重要。尽管一段时间以来所有欧洲国家的工会密度都呈下降趋势，[①]但自20世纪80年代以来所有中东欧国家的工会密度或覆盖率都迅速下降。20世纪80年代末，工会覆盖了几乎全部劳动人口，到20世纪90年代中期，这一数字已下降至30%~60%，2004年下降到劳动人口的14.4%。[②]其他地区的工会密度没有波罗的海国家下降得这么迅速，[③]波罗的海国家的工会密度是欧盟27国的最低水平。成员人数的减少造成了工会代表性方面的严重问题，使工会财力受损、组织能力低下，增加了与雇主组织和政府谈判时的障碍。[④]三个波罗的海国家之间的工会组织方式和工会密度也存在差异。[⑤]2003—2012年，爱沙尼亚的工会密度从11.7%下降到6%，拉脱维亚从20.2%下降到13.1%，立陶宛从13.6%下降到9.0%。[⑥]拉脱维亚的工会密度较高主要是由于公共部门的工会化率较高，如2002年公共部门的工会化率为38%，私营部门的工会化率为8%。另外，与爱沙尼亚和立陶宛分裂的工会相比，拉脱维亚只存在单一工会组织。[⑦]对于波罗的海国家的工会而言，由于工会成员数量的快速下降，吸引更多人加入工会、创新成

---

① VAN GYES G，VANDERBRANDE T，LEHNDORFF S，et al. Industrial relations in the member states of the European Union. A basic comparison of 25 national systems ［R］. Dublin：European Foundation for the Improvement of Living and Working Conditions，2006.

② MASSO J，EAMETS R. Macro - level labour market flexibility in the Baltic States ［M］// PAAS T，EAMETS R. Labour market flexibility，flexicurity and employment：lessons of the Baltic States. New York：Nova Science，2007：101-42.

③ KALLASTE E，WOOLFSON C. The paradox of post - communist trade unionism："you can't want what you can't imagine" ［J］. Economic and Labour Relations Review，2009，20（1）：93-110.

④ MAILAND M，DUE J. Social dialogue in Central and Eastern Europe：present state and future development ［J］. European Journal of Industrial Relations，2004，10（2）：179-197.

⑤ KALLASTE E，WOOLFSON C. The paradox of post - communist trade unionism："you can't want what you can't imagine" ［J］. The Economic and Labour Relations Review，2009，20（1）：93-109.

⑥ VISSER J. Data base on institutional characteristics of trade unions，wage setting，state intervention and social pacts，1960-2014 （ICTWSS）：version 5.0 ［EB/OL］. ［2024-09-28］. https：//aias. s3-eu-central-1. amazonaws. com/website/uploads/1460638210098ICTWSS-codebook-50-2.pdf.

⑦ KALLASTE E，WOOLFSON C. The paradox of post - communist trade unionism："you can't want what you can't imagine" ［J］. The Economic and Labour Relations Review，2009，20（1）：93-109.

员招募方法和渠道是非常重要的。此外，为了能够维持社会对话，还需要工会创新其运作形式并获得更多资金支持。

全球化、经济结构转变、新就业形式的增多和路径依赖是导致工会成员人数减少的主要原因。[①]但中东欧国家，包括波罗的海国家，工会成员数量的下降与欧盟原成员国的工会主义衰落有所不同。波罗的海国家的工会成员减少的最重要原因是在体制转型之后废除了强制性的工会成员资格要求。拉脱维亚雇主联合会（Latvijas Darba Devēju Konfederācija，LDDK）分析了工会密度低和社会对话受阻的原因：雇员不愿意加入工会；会员费；难以找到愿意领导新的非政府组织的志愿者；雇主不愿在公司内设立雇主组织并签署集体协议；缺乏对社会对话意义和重要性的理解；关于社会对话效率的普遍悲观和怀疑态度。

工会成员人数的下降与工会的发展之间形成了恶性循环。工会的重要性低是由于工会覆盖率低，工会覆盖率低反过来阻碍了工会的运作，造成了工会的财务问题，并导致工会结构分散（特别是在爱沙尼亚和立陶宛，拉脱维亚则不那么明显，见表4-2）。另外，波罗的海国家的工会谈判能力下降的最重要原因之一是20世纪90年代失业率上升。

表4-2　　**波罗的海国家的工会结构**

国家	工会	最大工会的分支机构数量	最大工会的成员数量		工会之间的主要划分
			总数	占所有工会成员的百分比	
爱沙尼亚	EAKL，TALO	18	30 000（2012年）	66%（2011年）	宏观部门/地位*/职业

① KRZYWDZINSKI M. Organizing employees in Central Eastern Europe： the approach of Solidarnosć [J]. European Journal of Industrial Relations，2010，16（3）：277-292.

续表

国家	工会	最大工会的分支机构数量	最大工会的成员数量		工会之间的主要划分
			总数	占所有工会成员的百分比	
拉脱维亚	LBAS	20	98 000（2012年）	91%（2012年）	
立陶宛	LPSK，Solidarumas，LDF	25	90 000（2012年）	45%（2012年）75%（2008年）	政治；宗教

注：*地位，也可以叫作身份，就是白领和蓝领工人的划分。

资料来源：VISSER J. Data base on institutional characteristics of trade unions，wage setting，state intervention and social pacts，1960–2014（ICTWSS）：version 5.0［EB/OL］.［2021-06-05］. Amsterdam：Amsterdam Institute for Advanced Labour Studies，2015. https：//aias.s3-eu-central-1.amazonaws.com/website/uploads/1460638210098ICTWSS-codebook-50-2.pdf.

比工会成员数量更重要的是集体协议的覆盖范围。在西欧国家，集体协议的覆盖人数通常远远高于工会成员数量（特别是法国和西班牙，工会密度不足20%，但大约80%的雇员在集体协议的覆盖范围内）。而波罗的海国家的证据表明，集体协议的覆盖范围通常与工会成员数量没有太大区别。这可能部分是由于缺乏集体协议的数据，因为很多集体协议没有登记。波罗的海国家的集体协议覆盖率低的另一个原因是部门层面协议数量很少。就工作场所的工会比例来说，波罗的海国家在欧洲也是最低的（见表4-1）。

关于其他形式的代表，爱沙尼亚法律规定可以有两种代表，分别是工会代表和非工会雇员大会选出的代表。Kallaste等（2007）研究了非工会代表的作用，发现两种代表的角色差别不大。[①]这造成爱沙

① KALLASTE E，JAAKSON K，EAMETS R. Two representatives but no representation：cases from Estonia［J］. Employee Relations，2007，30（1）：86-97.

尼亚系统既不是单一渠道制度，因为有两种代表（一种是工会的，另一种是非工会的），也不是双渠道制度，因为两种代表在公司中的角色是相同的。虽然非工会代表拥有与工会代表类似的职能和权力（如集体谈判、获取信息和协商），但非工会代表的存在并没有导致工会成员人数偏低。非工会代表也存在代表性不足和效率低下的问题，他们在集体谈判中的机会也较少，而且与工会代表相比，任务不那么明确。虽然雇主有时会发起选举非工会代表，但这与所谓的“黄色”工会（“Yellow” Trade Unions）（由雇主发起的工会）并不同。在三个波罗的海国家中，还有强制性的健康和安全工作场所代表（Mandatory Health and Safety Workplace Representation），提供了另一种较弱的集体代表形式。[①]关于雇员直接参与组织决策，拉脱维亚和爱沙尼亚支持雇员参与的公司比例很高，约65%，在立陶宛约60%，不低于斯堪的纳维亚。拉脱维亚和爱沙尼亚也是拥有雇员代表的企业比例较高的国家，与“信任社会对话机构”的特征吻合。在所有三个波罗的海国家中，作为雇主组织成员的企业比例都很低，不到10%。[②]

Antila和Ylöstalo（2003）调查了波罗的海国家雇员对集体谈判的态度，指出部分雇员希望在工作场所能有更多集体形式的活动。[③]Kallaste和Woolfson（2009）分析了雇员对工会的态度，并使用波罗的海工作环境和劳动力调查（Baltic Working Environment and Labour，BWEL）2006年的数据分析雇员加入工会的原因，以了解波罗的海地区工会成员人数低水平的实际情况，例如，到底是由于雇员对工会的

① WOOLFSON C. Social dialogue and lifelong learning in new EU member states: “reform fit” in Latvia [J]. Journal of European Social Policy，2008，18（1）：79-87.

② EUROFOUND. Working life country profile [EB/OL]. [2024-09-22]. https://www.eurofound.europa.eu/de/observatories/eurwork/comparative-information/national-contributions/estonia/estonia-working-life-country-profile.

③ ANTILA J，YLÖSTALO P. Working life barometer in the Baltic countries 2002 [R]. Helsinki：Finnish Ministry of Labour，2003.

需求低，还是由于工会对成员的进入门槛有限制。经过研究发现，与其他国家的工会需求相比，波罗的海地区雇员对工会的需求相当低，而这种低需求又与建立工会的各种限制有关。但是，有一大群态度“不明确”的雇员。如果这些雇员能够从集体代表权中获益，他们就可以成为潜在的工会成员。两位作者认为，波罗的海地区大量的“未决”群体正是波罗的海国家的工会与其他国家的工会形成差距的原因所在。[①]在爱沙尼亚、拉脱维亚和立陶宛，分别有17%、17%和22%没有加入工会的雇员表示他们愿意在工作场所建立工会，比例低于英美国家（30%~40%）。在工会成员中，立陶宛55%的工会成员和爱沙尼亚62%的工会成员认为加入工会是有利的。

波罗的海国家在工会结构方面存在一些差异（见表4-2）。爱沙尼亚有两个中央工会组织，成员比例维持在9%左右。[②]爱沙尼亚工会联合会（Estonian Trade Union Confederation，Eesti Ametiühingute Keskliit，EAKL）是一个“蓝领”雇员工会，成立于1990年，是爱沙尼亚最大的工会，2015年，它由18个分支工会组成，约有47 500名成员。爱沙尼亚雇员工会联合会（The Estonian Employees' Unions' Confederation，Teenistujate Ametiliitude Keskorganisatsioon，TALO）成立于1992年，是“白领”雇员的工会组织，由7个分支工会组成，2012年拥有约7 500名成员。[③]根据Visser（2015）的统计，2012年两大工会成员占全部工会成员的比例约为73%。还有些独立于两大工会

---

① KALLASTE E，WOOLFSON C. The paradox of post - communist trade unionism："you can't want what you can't imagine"［J］. The Economic and Labour Relations Review，2009，20（1）：93-109.

② KALLASTE E，JAAKSON K，EAMETS R. Two representatives but no representation：cases from Estonia［J］. Employee Relations，2007，30（1）：86-97.

③ VISSER J. Data base on institutional characteristics of trade unions，wage setting，state intervention and social pacts，1960-2014 （ICTWSS）：version 5.0［EB/OL］.［2024-09-28］. https：//aias. s3-eu-central-1. amazonaws. com/website/uploads/1460638210098ICTWSS-codebook-50-2.pdf.

的工会，如医生工会，8 000至10 000名雇员不属于中央工会。[①]公共部门的工会组织更多，最大的是制造业、能源部门和运输部门工会。有些部门没有工会，如某些服务行业。在爱沙尼亚，工会主要存在于女性劳动力多的部门，这使得工会成员中的女性人数更多。这两大工会中，EAKL更加活跃，在政策制定方面的声音更加突出。

与另外两个波罗的海国家相比，拉脱维亚只有一个统一的工会，即拉脱维亚自由工会联合会（Free Trade Union Confederation of Latvia，Latvijas Brivo Arodbiedribu Savieniba，LBAS），在转型时期重新组建。有学者认为，与爱沙尼亚和立陶宛相比，拉脱维亚的单一工会联盟可能是其工会密度较高的原因之一。2015年，LBAS成员占拉脱维亚所有劳动人口的15%左右，[②]约90%的工会成员都属于LBAS。2013年，其20个分支机构拥有约134 000名成员。公共部门的组织水平高于私营部门，60%的工会成员是女性。LBAS在许多行业都有集体协议，特别是在公共部门，其中教育工会是最大的工会，其次是两个医疗工会。在教育和卫生保健部门，社会伙伴的参与最积极。加入工会的其他主要部门是运输、通信、公共服务、农业、食品和渔业、工业、能源和建筑业。在私营部门，雇主积极参与社会对话的部门包括金属加工、木材工业和粮食生产，而更应该积极进行社会对话的问题部门包括化工及相关产业、电气和光学设备生产、建筑、运输和物流。拉脱维亚特定的社会对话机构是国家三方合作理事会（National Tripartite Cooperation Council），一个由拉脱维亚政府、LDDK和LBAS的代表参与的国家社会对话机构，在部门、市政和国家一级签署协议。在谈判中，LDDK的声音最响亮，而雇员和雇员组织的代表性较低，雇主的

① EAMETS R，KALLASTE E. The lack of wage setting power of Estonian trade unions?[J]. Baltic Journal of Economics，2005，5（1）：44-60.

② Latvijas Brivo Arodbiedribu Savieniba （Free Trade Union Confederation of Latvia）（LBAS） website（https：//arodbiedribas.lv/en/home）.

利益有时与其他合作伙伴的利益形成冲突。在拉脱维亚，与社会伙伴达成的协议得不到尊重、没有得到遵守的情况很常见，因此其社会对话面临的挑战是从协商转向社会伙伴有效参与决策。一个成功的例子是2004年成立的国家就业局咨询委员会（State Employment Agency Advisory Board，SEA），该委员会的目的是通过与雇主、其他部门机构、地方当局和非政府组织的代表密切合作，分析问题，提出减少失业的建议，对失业者、求职者和失业风险人群提供支持。与雇主、地方当局、协会和组织进行强有力的有针对性的合作是SEA的战略方向之一。LDDK在其社会对话报告中指出的一个问题是，虽然经常交换意见，并商讨参与方的问题，但缺乏各方都能接受的具体协议和行动。

立陶宛有三个中央工会组织，包括立陶宛工会联合会（Lithuanian Trade Union Confederation，Lietuvos profesiniu sajungu konfederacija，LPSK），立陶宛工会“团结”（Lithuanian Trade Union “Solidarumas”，Lietuvos profesine sajunga Solidarumas，LPS Solidarumas）和立陶宛劳工联合会（Lithuanian Labour Federation，Lietuvos darbo federacija，LDF），其成员总数约占所有劳动人口的14%。其中最大的是LPSK，2008年其成员约占所有工会成员的75%，以分支机构/部门为基础进行组织，[①]有25个附属工会（大约12万名成员）。第二个联合会LPS Solidarumas将县、市、城镇以及地区性机构和联合会的企业级基层工会组织联合起来，有20个附属地区工会和18个联合会。LDF是一个以基督教为基础的工会联合会，也有一些企业协议。2009年，三个工会的成员共占总就业人口的7.6%。独

① VISSER J. Data base on institutional characteristics of trade unions，wage setting，state intervention and social pacts，1960-2014 （ICTWSS）：version 5.0［EB/OL］．［2024-09-28］．https：//aias. s3-eu-central-1. amazonaws. com/website/uploads/1460638210098ICTWSS-codebook-50-2.pdf.

立工会在立陶宛也很活跃。[①]在过去，这些工会并不合作，有不同的立场，甚至相互竞争。[②]工会活跃的主要部门有医疗保健、交通运输、建筑、铁路、农业、贸易、教育和公共行政部门。

与三方协商相比，双边对话（Bipartite Dialogue）在波罗的海地区更为普遍。[③]与双边社会对话通常缺乏有效性相比，三方社会对话在制定国家议程方面更为重要，即使后者有时也存在有效性不足、缺乏实质内容、无法填补企业层面的对话空缺等问题。[④]许多学者认为，三方社会对话对转型后的中东欧国家的积极影响微乎其微，强调国家层面三方主义可能已被证明不利于工作场所谈判的发展。[⑤]与此相反，Woolfson和Kallaste（2011）认为在东欧国家，劳动者、企业和政府之间的三方协商是缓解社会紧张局势的关键。[⑥]

二、工资谈判层面

在波罗的海国家，工资谈判的集中化程度[⑦]是欧洲最低的（见表4-3）。其原因在于，在波罗的海国家以及其他转型经济体中，工资集体谈判主要发生在个人或国家层面（最低工资），但在部门和区域

---

① BLAŽIENE I. Lithuania. Trade unions in focus，European industrial relations observatory [R]. Dublin：European Foundation for the Improvement of Living and Working Conditions，2004.

② PAAS T，EAMETS R，MASSO J，et al. Labour market flexibility and migration in the Baltic States：macro evidences [Z]. Faculty of Economics and Business Administration Working Paper Series，No. 16，University of Tartu，2003.

③ VATTA A. The enlargement of the European Union and social dialogue in Central and Eastern Europe [J]. Perspectives on European Politics and Society，2001，2（1）：127-46.

④ JENSEN S. Baltic corporatist arrangements - a comparative analysis of tripartite arrangements in Estonia，Latvia and Lithuania [Z]. MA thesis，University of Bergen，2003.

⑤ FENGER M. Promoting or preventing reforms？ Trade unions and social policy reforms in Central and Eastern Europe [J]. Society and Economy，2006，28（1）：1-26.

⑥ WOOLFSON C，KALLASTE E. Illusory corporatism "Mark 2" in the Baltic States [J]. Warsaw Forum of Economic Sociology，2011，2（3）：51-72.

⑦ 工资谈判集中化程度由两个方面决定：第一，谈判发生的层级（国家、部门或公司级）；第二，取决于每个层级的组织集中度（联合会、工会或谈判单位的数量）（详见VISSER J. Patterns and variations in European industrial relations，European Commission，industrial relations in Europe 2004 [M]. Luxembourg：European Commission，2005：11-57）。

层级的发展水平较低。[①]与部门层面相比，企业层面谈判的规模较大，这是因为雇主组织较差。这可能也是波罗的海国家集体谈判水平低的重要原因之一，正如Visser（2005）所说，欧洲各国雇主的组织率与集体谈判覆盖率密切相关。[②]波罗的海国家的特点是，由于几乎不存在部门或区域层级的谈判，集体协议覆盖率低于雇主组织率，但也有一些例外，如拉脱维亚的教师工会。波罗的海国家劳动关系框架具有分散的特点，与欧洲大陆或北欧国家相比，更接近英美国家模式。[③]与集中程度低相似，对工资谈判进行的协调几乎不存在，如拉脱维亚一些国家层面的协调主要是集中在最低工资方面。[④]因此，波罗的海国家在工资协调方面是欧盟的最低水平，因为其他大多数国家都有不同水平的协调（在国家或部门层面上或隐性或明确的协调）。

表4-3 **波罗的海国家集体谈判集中化指数**

国家	集中化指数[a] 2005—2014年平均水平	政府对工资谈判的干预程度[b] 2005—2014年平均水平	工资谈判层面		
			国家	部门	公司
爱沙尼亚	0.33	2.0	*	*	***
拉脱维亚	0.51	2.6	*	*	***
立陶宛	0.35	2.6	*	*	***

注：***表示主要谈判层面；**表示重要但不占主导的谈判层面；*表示已有的谈判层面。

① CASALE G. Tripartism and industrial relations in Central and Eastern European countries［M］// CASALE G. Social Dialogue in Central and Eastern Europe. Geneva：ILO，1999：1-36.

② VISSER J. Patterns and variations in European industrial relations，European Commission，industrial relations in Europe 2004［M］. Luxembourg：European Commission，2005：11-57.

③ KALLASTE E，WOOLFSON C. The paradox of post-communist trade unionism："you can't want what you can't imagine"［J］. Economic and Labour Relations Review，2009，20（1）：93-110.

④ VISSER J. Patterns and variations in European industrial relations，European Commission，industrial relations in Europe 2004［M］. Luxembourg：European Commission，2005：11-57.

a集中化指数：该指数将工会集中化的信息（工会和联盟的数量）与普遍谈判水平（国家或部门）的衡量标准结合在一起。指数从0到1不等，数值越大表示谈判的集中度越高。[①]

b政府对工资谈判的干预：1表示政府在制定工资方面不起作用；1.5表示政府只参与最低工资的制定；2表示政府试图通过为协商或对话提供体制框架来影响工资谈判；3表示政府通过以最低工资为基础的收入政策或制裁威胁（正面或负面）间接确定工资谈判结果；4表示政府通过提供规范或最高限额直接参与工资谈判（社会协定）；5表示政府强制私营部门达成工资结算或暂停谈判（非自愿工资冻结）。

资料来源：VISSER J. Data base on institutional characteristics of trade unions, wage setting, state intervention and social pacts, 1960–2014 （ICTWSS）: version 5.0 ［EB/OL］. ［2021-06-05］. Amsterdam: Amsterdam Institute for Advanced Labour Studies, 2015. https: //aias.s3-eu-central-1.amazonaws.com/website/uploads/1460638210098ICTW -SS-codebook-50-2.pdf.

波罗的海国家在转型之初引入了国家层面的谈判，在三方和双方机构中进行。谈判的主题除了确定最低工资水平之外，还包括劳动力市场立法改革、社会改革、养老金和税收改革。与拉脱维亚和立陶宛不同，爱沙尼亚政府不参与最低工资谈判。即使在国家一级的谈判中，工会的地位也是微不足道的，三方机构的主要职能是协商。

波罗的海国家社会伙伴的区域结构薄弱，在某些情况下没有地方组织，除了早期在爱沙尼亚的伊达维鲁县（Ida-Viru County）缔结过部门级协定，这是因为该县失业率高，以及大部分劳动力受雇于大型企业。[②]波罗的海国家区域结构薄弱的主要原因之一是地理面积较小。但在拉脱维亚，各区域之间经济活动和发展方面的差距也是一个

---

① 该指数来自：VISSER J. Patterns and variations in European industrial relations, European Commission, industrial relations in Europe 2004 ［M］. Luxembourg: European Commission, 2005: 11–57.

② ARRO R, EAMETS R, JÄRVE J, et al. Labour market flexibility and employment security: Estonia ［R］. Geneva: International Labour Office, 2001.

原因，因为里加（Riga）是绝大多数经济活动的中心。

波罗的海国家的部门级谈判也很少见，[①]其目的通常是制定最低标准，如确定该部门的最低工资标准。部门级谈判的主要问题是雇主协会薄弱，工会一直帮助在分支机构一级建立雇主协会，以促进部门级的集体谈判。大多数部门级谈判都发生在公共部门或拥有大型私营企业的部门。在爱沙尼亚，部门一级的协定仅存在于运输和医疗保健部门。拉脱维亚在能源、护理和保健、建筑、教育、文化、林业、食品工业、贸易和渔业部门签订了部门协议，2004年共有30个部门协议。[②]拉脱维亚一些部门的雇员签署了一项普遍协议，根据部门的不同对最低工资或工作条件（工作日长短、额外假期和额外培训）做出规定。立陶宛的行业级协议是波罗的海国家中最不发达的，只有少数部门签订了此类协议，如电信业和运输业。[③]

咨询委员会（Advisory Councils）是拉脱维亚部门级社会伙伴合作最常见的形式之一。例如，在教育领域，有一个“全民教育”（Education for All）咨询委员会和一个青年咨询委员会，在医疗保健领域，有一个卫生部门战略委员会。为了确保有效的社会对话，一些部委成立了工作组，其中有非政府组织部门的不同代表。企业家咨询委员会（Entrepreneurs' Advisory Councils）在几个较大的城市运作，如叶尔加瓦（Jelgava）、瓦尔米耶拉（Valmiera）和利耶帕亚（Liepaja），为市政当局提供有关企业发展的咨询。一个特别成功的例子是2009年成立的利耶帕亚市三方合作委员会（Liepaja City

① DUE J，MAILAND M. Social dialogue in Central and Eastern Europe：present state and future development［J］. European Journal of Industrial Relations，2004，10（2）：179-97.

② European Industrial Relations Observatory. Changes in national collective bargaining systems since 1990［EB/OL］.［2024-09-22］. https：//www.eurofound.europa.eu/observatories/eurwork/comparative-information/changes-in-national-collective-bargaining-systems-since-1990.

③ DUE J，MAILAND M. Social dialogue in Central and Eastern Europe：present state and future development［J］. European Journal of Industrial Relations，2004，10（2）：179-197.

Tripartito Cooporation Counoil），其目的是在利耶帕亚市政当局、雇主和利耶帕亚工会（Liepaja Labour Union）（这三方各有5个代表）之间建立合作，以确保采取一致的行动，从而有利于解决城市问题，解决社会和经济问题，提高城市社会稳定和繁荣程度，增加社会伙伴对决策及其实施的共同责任。

除国家级协议外，企业级协议在波罗的海国家最为常见。问题是雇主并不总是愿意签订集体协议。虽然雇主有法律义务在雇员希望缔结协议时进行谈判，但在实践中，雇主常常试图避免签署协议。大多数企业级协议是在公共部门、大型公共部门企业或私营企业中缔结的。企业层面的谈判在外国公司中的发展程度要低得多，[①]尽管有传闻证据表明北欧公司已经为其爱沙尼亚子公司提供了发展集体劳动关系的指导方针。关于波罗的海国家企业级协议覆盖范围的估计各不相同，根据Visser（2015）的数据，2012年企业级协议所涵盖的雇员比例在爱沙尼亚为18.5%，在立陶宛为8.9%，拉脱维亚没有数据。[②]

三、拉脱维亚劳动关系体系

在此以拉脱维亚的劳动关系体系为例进行说明，公共机构、工会和雇主组织等在劳动关系中发挥着关键作用，它们是多层次劳动关系治理体系中的相关利益主体。拉脱维亚的劳动立法包括拉脱维亚《劳动法》（Labour Law）（2001年6月20日通过）、《劳动保护法》（Labour Protection Law）（2001年6月20日通过）、《劳动争议法》（Labour Dispute Law）（2002年9月26日通过）、《罢工法》（Strike

① DUE J, MAILAND M. Social dialogue in Central and Eastern Europe: present state and future development [J]. European Journal of Industrial Relations, 2004, 10 (2): 179-197.

② VISSER J. Data base on institutional characteristics of trade unions, wage setting, state intervention and social pacts, 1960-2014 (ICTWSS): version 5.0 [EB/OL]. [2024-09-28]. https://aias.s3-eu-central-1.amazonaws.com/website/uploads/1460638210098ICTWSS-codebook-50-2.pdf.

Law）（1999年4月23日通过）以及若干规范特殊雇员工资和其他特定问题的规范性法案。雇主代表权、雇员代表权和集体谈判受到拉脱维亚《劳动法》、《工会法》（Trade Union Law）（2014年3月6日修正案）以及《雇主组织及其协会法》（Employers' Organisations and Their Association's Law）（1999年5月19日通过）管制。①

1.公共机构

该领域最高机构是总立法机构拉脱维亚议会（Saeima）及其社会和就业事务委员会（Social and Employment Matters Committee）。内阁（Cabinet of Ministers）通过了部分立法。在通过内阁会议之前，将在相应的内阁委员会（Committees of Cabinet of Ministers）、国家秘书会议（Meetings of the State Secretaries）和政府间工作组（Intergovernmental Working Groups）中讨论规范性法规。

社会对话和工作条件是福利部（Ministry of Welfare）的直接责任。在该部内，社会政策计划和发展处（Ministry of the Social Policy Planning and Development Department）、劳动关系和劳动保护政策处（Labour Relations and Labour Protection Policy Department）、劳动力市场政策处（Labour Market Policy Department）以及国际合作和欧盟政策处（International Cooperation and EU Policy Department）起草了有关就业政策和工作生活的法规提案，并监督法规的实施。福利部有两个执行机构，直接处理与劳动力市场相关的事务：国家职业介绍所（State Employment Agency，NVA）和国家劳动监察局（State Labour Inspectorate，VDI）。

国家职业介绍所处理促进就业和失业问题。国家劳动监察局的主要职责是对雇佣法律关系和工作保护领域中的法规遵守情况进行国家

① EUROFOUND. Working life in Latvia [EB/OL]. [2024-09-22]. https://www.eurofound.europa.eu/country/latvia.

监督和控制，该机构还监督和促进工作中的健康与安全。国家劳动监察局与里加斯特拉丁斯大学职业安全与环境卫生研究所（Riga Stradins University Institute for Occupational Safety and Environmental Health）合作，该研究所收集并维护职业病数据库。国家劳动监察局的运作受法规监管。

2.工会

拉脱维亚《工会法》（Trade Union Law）（2014）第4条规定，每个人都有权自由建立工会，不受任何歧视，也可以不加入任何工会。拉脱维亚《劳动法》（Labour Law）第8条规定了劳动人口的工会会员资格。雇员和雇主有权自由结社，不受任何直接或间接歧视，并有权参加组织以捍卫其社会、经济和职业权益，并获得这些组织提供的利益。与这些组织的隶属关系或加入这些组织的意愿不得作为拒绝签订雇佣合同、终止雇佣合同或以其他方式限制雇员权利的依据。部分职业群体没有组建和加入工会的权利，如宪法保护局（Constitution Protection Bureau）的人员、国防情报与安全局（Defence Intelligence and Security Service）的人员、治安警察（Security Police）、士兵、边防军。国家警察有自己的工会。

拉脱维亚《工会法》第16条规定，在与内阁的关系中，国家一级的工会利益必须由联合了全国最大规模雇员的工会联合会代表。此外，工会在部门、行政区域一级与国家和地方政府机构相关的利益由工会联合会的成员工会代表。但是，该法律允许国家和地方政府机构在必要时与其他工会及其联合会合作。

2017年，LBAS成员组织中作为行业主要工会的工会成员人数约为92 000人。来自拉脱维亚中央统计局（Central Statistical Bureau of Latvia，CSP）和LBAS的数据表明，2017年雇员人数为89万。因此，2017年工会密度为10.3%。但是，拉脱维亚未正式收集有关工会会员人数的数据。LBAS有自己的数据集，但它并不涵盖所有工会，并且由于答复是自愿的且未经过验证，因此数据不适合进行国际比较。

在一些传统的工会组织中，成员人数减少的趋势仍在继续。例如，2012年，工业工会的成员减少到只有4 226人。2013年，最大的冶金企业LiepajasMetalurgs几乎倒闭时，拉脱维亚工业工人工会（Latvian Industrial Workers Trade Union，LIA）失去了694名成员。零售贸易公司（包括外商独资公司）和小型私营公司中很少有工会。某些服务部门（如理发、个人服务）中没有工会。商业工会（Trade Union of Commerce）的会员人数从1992年的31 900人减少到2016年的1 734人。

3.雇主组织

拉脱维亚法律并未规定雇主组织或协会成员的权利、义务或限制。法律规定，雇主组织是由至少5个雇主建立的公共组织，代表并保护其成员的经济、社会和职业利益，以及与雇主组织的目标和职能相符的其他利益。雇主组织的成员是根据雇佣合同雇用至少1名雇员的个人或法人。如果3个以上的雇主组织联合起来，则可以建立一个雇主组织联合会。如果非雇主组织成员的雇主根据雇佣合同雇用了至少50名雇员，则它也可以成为雇主组织协会的成员。符合拉脱维亚《劳动法》代表性标准的雇主组织联合会和大型企业有资格代表雇主参加部门一级的谈判。尽管代表制的设计很好，但雇主组织很少参与集体谈判，即使它们是国家级雇主组织LDDK的成员也是如此。LDDK努力扩张其成员数量，并且这类准雇主组织（根据法律不是雇主组织，也没有参与集体谈判）的参与度正在提高。

拉脱维亚没有雇主组织成员数量的相关数据。雇主组织也不监测其成员密度。根据LDDK会员主页的相关信息可以看到，LDDK共有

112个共雇员人数超过50人的行业领军公司，共有64个部门和地区协会及联合会，覆盖5 000多家企业，其中3 036家为微型和小型企业。总体来说，LDDK的成员数量有所增加，而具体的雇员覆盖范围和密度不甚清楚。LDDK是最重要的雇主组织，是唯一一个国家级雇主代表，专门为社会对话目的而建立。据2017年的数据，其成员包含了拉脱维亚就业人数的44%。拉脱维亚工商联合会（Latvian Chamber of Commerce and Industry，LTRK）在国家一级代表雇主，并参加社会对话，但它不是法律规定的雇主组织。

4.三方机构

拉脱维亚社会对话制度是在20世纪90年代初建立的，当时拉脱维亚《劳动法》（Latvian Labour Law）和其他具体法律规定了工会、雇主组织、集体协议和谈判程序的职能。该系统基于利益相关方自愿参与的原则。最初，社会对话是一个双向程序。1993年根据三方谈判原则，在拉脱维亚建立了社会对话系统。1993年成立了两个三方委员会，1994年又成立了一个委员会。雇员仍然由一个单一的国家级组织拉脱维亚自由工会联合会（Free Trade Union Confederation of Latvia，LBAS）代表，雇主也由一个单一的组织即拉脱维亚雇主联合会（Latvian Employers' Confederation，LDDK）（成立于1993年）代表。该代表制是在1998年由内阁批准的“三方合作构想”（Conception of Tripartite Cooperation）《国家三方合作委员会章程》（Statutes of the National Tripartite Cooperation Council），并经内阁、LBAS和LDDK三方协议确认的，三方协议于2004年10月1日签署。由雇主、政府和工会组成的全国三方协商委员会（National Tripartite Consultative Council）于1993年12月成立，1996年改组为全国三方合作委员会（National Tripartite Cooperation Council，NTSP）。1998年5月12日，根据“三方合作构想”《国家三方合作委员会章程》，设立一个主要委员会和几个分委员会。政府出台了许多法律来规范社会对话过程。2002年，拉脱维亚新《劳动法》(Labour Law) 出台，更明确地规定了社会对话的主要原则，雇主的义务和雇员的权利。自从1998年重组社会对话系统以后，拉脱维亚的该系统没有任何重大变化。劳动关系在国家层面是共识导向的、牢固的、协调的和三方的，但在部门一级却很薄弱。2017年修订拉脱维亚《劳动法》，雇主在部门级社会谈判中的代表性扩大到了大型企业，这些大型企业应遵循与雇主组织相同的代表权安排。

根据NTSP章程 (Statutes of NTSP)，NTSP审查了有关政策规划文件和草案，并提出了在以下领域进行改进的建议：国家预算指导方针；经济和区域发展战略；健康；发展普通和职业教育；就业；职业分类；履行国际承诺。NTSP的讨论分为两个阶段，第一阶段的讨论在分委员会中进行，第二阶段的讨论在NTSP中进行。NTSP执行机构是秘书处。最初，NTSP及其秘书处由福利部 (Ministry of Welfare) 运作，但后来NTSP的法律地位得到了提高，直接隶属于部委主席 (President of Ministers)。秘书处现由国家总理府 (State Chancellery, VK) 运作。NTSP秘书处在机构事务上服从国家总理府安排，在职能事务上服从部长安排。NTSP会议根据要求组织召开，但至少每两个月召开一次。

有一些机构，如一些咨询委员会 (Consultative Councils) 和工作组 (Working Groups)，必须邀请社会合作伙伴，但这些机构并不是专门为社会对话目的而创建的。这种机构的一个例子是经济委员会 (Council of Economy)，LDDK和LBAS在其中都有代表。

5.工作场所级员工代表

拉脱维亚《劳动法》(Labour Law) 第10条规定，雇员代表可以是工会会员或工会联合会官员，也可以是根据拉脱维亚《劳动法》当选的被授权的雇员代表。雇员代表有义务捍卫雇员的社会、经济和职业权益。

可以根据拉脱维亚《工会法》（Trade Union Law）建立工会。法律没有规定会员人数的门槛值。现有工会章程规定，成立工会组织的人数不得少于3人。如果企业雇用5名或以上雇员，则可以选举雇员代表。

法律允许一个企业中有一个或几个工会，以及多个授权雇员代表，但要求所有雇员代表均有权根据所代表的人数与雇主进行联合谈判，但每个代表所代表的人数不得少于一名。法律要求在以下情况下，雇员代表必须对雇主表达统一看法：几个工会代表与雇主进行谈判；几个工会代表或雇员代表与雇主进行谈判。

第三节　利益相关者在波罗的海国家劳动与雇佣管制发展中的作用

三个波罗的海国家有组织的劳动力基本都被排除在决策之外，波罗的海国家的工会密度和集体谈判覆盖率是欧盟最低的。在波罗的海三国，集体协议几乎没有，即使有，也是仅在公共部门和大型国有企业中达成的。本节对转型以来波罗的海三国的工会理念的三阶段发展进行介绍，并以立陶宛为例对其劳动与雇佣管制体系形成中利益相关者的作用进行介绍。

一、转型以来波罗的海三国的工会理念的趋同和分歧

由于在过去有着共同轨迹，波罗的海国家的劳动关系出发点或多或少相同。然而，20世纪80年代末90年代初体制转型后波罗的海国

家形成了一些不同的特征，这种差异持续到21世纪初。在此我们按照20世纪90年代初、20世纪90年代中期至21世纪10年代中期、2007年金融危机至今这三个阶段对波罗的海国家劳动关系的发展趋势进行梳理。

1.20世纪90年代初：波罗的海国家的劳动关系正在形成

在转型后，波罗的海国家民众参与的想法变得强烈。[①]1987—1991年，波罗的海国家的民众参与民间社团的情况越来越多，但此后所有社团的成员数量都逐渐下降。对民间社团影响力的质疑越来越多，民众对社团的整体信任度下降。在转型初期的爱沙尼亚，民众对社团活动的热情使国家团结起来，但随着热情的消退，参与不同类型联合行动和协会的人数总量减少。这些协会既没有代表社会群体的利益，公民也不认为这些协会能对紧张的局势起到缓解作用。

在转型之前，波罗的海国家的工会与政治之间有密切联系，工会起着传达政府政策的作用。[②]在Clarke和Fairbrother（1993）看来，这个作用是工会发展的一个主要障碍，西欧工会模式不能直接适用于波罗的海地区。在爱沙尼亚和拉脱维亚，主要工会被定性为“改革后的工会”（Reformed Unions），其工会结构和做法基本保持1989年以前的方式不变。工会在20世纪80年代后期与原政权保持距离，在爱沙尼亚和拉脱维亚工会还参与了要求经济和政治独立的运动，但工会在没有普通成员参与的情况下进行了改革。[③]这对工会的未来合法性造成了严重影响，例如，为什么波罗的海国家的工会不可能遵循当时的

① LAGERSPETZ M. From NGOs to civil society：a learning process［M］//LAGERSPETZ M，TRUMMAL A，RUUTSOO R et al. Non-profit sector and the consolidation of democracy. Tallinn：Open Estonian Foundation，2004：102.

② CLARKE S，FAIRBROTHER P. Beyond the mines：the politics of the new workers' movement［M］// CLARKE S，FAIRBROTHER P，BURAWOY M，et al. What about the workers? Workers and the transition to capitalism in Russia［M］. London：Verso，1993：155.

③ NIKULA J. From state-dependency to genuine worker movement? The working class in socialism and post-socialism［Z］. Academic Dissertation. Faculty of Social Sciences，University of Tampere，1997：128-129.

捷克-斯洛伐克模式，只是简单地与其成员一起进入新的机构？在许多情况下，工会领导与其成员没有充分接触，也没有提供政治选择。种族问题使这种情况更加复杂，特别是在拉脱维亚和爱沙尼亚。

自20世纪90年代初以来，拉脱维亚的工会化率最高，其次是立陶宛，爱沙尼亚则最低。波罗的海国家与其他东欧国家之间的历史和结构差异是值得关注的，例如，波兰的独立运动与“团结”（Solidarity）工会运动交织在一起，而波罗的海国家的工会却只能发挥微弱的社会作用。对此有各种制度上的解释，例如，有学者认为这是因为波罗的海国家仍然受到前体制影响，并且在政治层面上，各方参与者试图摆脱前体制的所有影响。[①]年轻一代的雇员更有可能反对工会，尽管大多数人不相信工会影响力，但许多高级别的雇员仍然是工会成员。在爱沙尼亚，雇员对工会几乎没有兴趣，他们在极力抹去前体制的所有影响。此外，工会的实际影响可以忽略不计，强制分配就业形式的做法已不存在，社会政策通过其他方式得以执行。

20世纪90年代初以来波罗的海工会持续合法化，为其地位的提升奠定了基础。在20世纪90年代早期，工资是最重要的工作激励因素，产业工人的工具主义取向（Instrumentalist Orientation）明显。[②]在这个时期，工会运动存在非政治化的气氛，工会复兴的可能原因是经济性/商业性工会主义。Ost（2002）认为中东欧国家可以通过经济性/商业性工会主义振兴工会，而不是采用政治战略或社会运动的方式。[③]这一论点在当时的波罗的海国家的背景下是值得考虑的，即可以将波罗的海国家的民众提高其生活水平和达到西方标准的愿望与工

① NIKULA J. From state-dependency to genuine worker movement? The working class in socialism and post-socialism [Z]. Academic Dissertation. Faculty of Social Sciences, University of Tampere, 1997: 18.

② MELIN H. Work situation of main occupational groups in the Baltic States [Z]. Working Papers series No. 1. University of Tampere, Department of Sociology and Social Psychology, 1995: 59-80, 77.

③ OST D. The weakness of strong social movements: models of unionism in the East European context [J]. European Journal of Industrial Relations, 2002, 8 (1): 33-51.

具主义关联起来。因此，波罗的海国家的工会可以通过展示其工具主义价值（如何改善劳动条件）来吸引更多成员加入。

2.20世纪90年代中期至21世纪10年代中期：波罗的海国家的工会持续处于弱势地位

在20世纪90年代初的初始过渡期之后，右翼势力的新自由主义巩固了它们在波罗的海国家政治舞台上的地位。爱沙尼亚和拉脱维亚的政局完全由中右翼政党主导，而在立陶宛则主要是中左翼政党。①尽管工会化率没有下降得特别厉害，但自20世纪90年代开始工会成员数量在持续减少。波罗的海国家的工人运动的持续疲软可能是许多因素的结果，包括弱势的社团主义制度、工会竞争、个人移民和前体制的遗留影响。②由于工会的弱势地位是既成事实，有关工会成员数量减少的“社会习惯”（Social Custom）说法得到认同。可以这样认为，随着一个国家某些部门的工会化率下降，工会的有效性减弱，雇员不会因为非会员资格而遭受利益损失。③

波罗的海三国的工会代表性的差异显而易见。拉脱维亚的结构是最简单的，拉脱维亚自由工会联合会（Free Trade Union Confederation of Latvia，LBAS）联合所有雇员。爱沙尼亚有两个同样强大（或弱势）的工会，EAKL（主要代表“蓝领”雇员）和TALO（主要代表“白领”雇员）。立陶宛的情况更加复杂，有三个中央工会组织，包括立陶宛工会联合会（LPSK）、立陶宛工会“团结”（LPS Solidarumas）和立陶宛劳工联合会（LDF），2007年，这三个工会发表“合作宣言”

① JACOBSSON K，WEST C. Europeanization of labor policy-making in the Baltic States［M］//JACOBSSON B. The European Union and the Baltic States： changing forms of governance. London： Routledge，2010： 98-120，103.

② WOOLFSON C，BECK M. The end of labor quiescence? Industrial unrest in contemporary Lithuania［J］. The International Journal of Comparative Labour Law and Industrial Relations，2004，20（2）： 227-251.

③ VISSER J. Why fewer workers join unions in Europe： a social custom explanation of membership trends［J］. British Journal of Industrial Relations，2002，40（3）： 403-430.

（Declaration of Cooperation），表明它们希望在未来团结起来。[①]

在劳动关系发展期间，外部因素开始发挥作用。波罗的海国家于2004年5月加入欧盟，这使得这些国家首次出现大规模向外移民情况（第二次发生在2007—2009年金融危机期间）。工人外流导致劳动力紧缺，而留在国内的工人并没有集体发声。一种解释是向外移民改善了留在国内的普通技术工人的状况，并增强了他们个人的工资谈判能力。这体现在经济衰退前几年薪酬大幅度增加，拉脱维亚、爱沙尼亚和立陶宛的工资增长率高达1/3。[②]

过渡时期，波罗的海国家的民众为了应对社会和经济结构调整带来的风险和矛盾，倾向于个人寻求解决方案。[③]事实上，集体谈判的愿望比实际的要强烈。根据Antila和Ylöstalo（2003）的说法，很大一部分雇员会优先考虑就劳资问题签订集体协议，而不是个人协议。[④]这种对集体主义的需求在几年后逐渐消失，希望进行个人工资谈判的比例增加到80%。[⑤]

3.2007年金融危机至今：社会对话作用微弱，波罗的海三国劳动关系发展呈现不同趋势

在2007—2009年金融危机爆发时，波罗的海国家的工会化率已稳定在较低水平（8%~10%），这表示波罗的海国家的劳动关系发展的最低点已经过去。在经济衰退开始时，可以看到波罗的海国家在劳动关系中有一些共性，因为所有这些国家都依赖类似的“紧缩”

---

① CARLEY M. Industrial relations developments in Europe 2007［EB/OL］.［2024-09-28］. http：//www.eurofound.europa.eu.

② WOOLFSON C，CALITE D，KALLASTE E. Employee “voice” and working environment in post-communist new member states： an empirical analysis of Estonia，Latvia and Lithuania［J］. Industrial Relations Journal，2008，39（4）：314-334.

③ KALMUS V，VIHALEMM T. Distinct mental structures in transitional culture： an empirical analysis of values and identities in Estonia and Sweden［J］. Journal of Baltic Studies，2006，37（1）：94-123.

④ ANTILA J，YLÖSTALO P. Working life barometer in the Baltic countries 2002［M］. Helsinki： Finnish Ministry of Labour，2003： 84.

⑤ WOOLFSON C，CALITE D，KALLASTE E. Employee “voice” and working environment in post-communist new member states： an empirical analysis of Estonia，Latvia and Lithuania［J］. Industrial Relations Journal，2008，39（4）：314-334.

(Austerity) 方案来平衡经济衰退时期的预算，例如，雇主提议将工资削减1/3，这样的政策促使大量劳动力外流。[①]然而，这一政策并未产生显著的政治影响。2010年拉脱维亚选举中的投票出现了表面上的一致，使得立法者得出结论，认为内部贬值（Devaluation）政策是成功的。[②]2011年《经济学人》(The Economist) 杂志的一篇文章指出，爱沙尼亚会从其民族心态中寻求对平静的解释，当被问及为什么爱沙尼亚人不走上街头时，时任爱沙尼亚总统Toomas Ilves说："也许这是我们的农民心态。"

由于危机，波罗的海国家的工会无法动员持续地、更广泛地反对政府反危机措施的活动，工会面临着信任危机。[③]在经济衰退开始时，波罗的海国家的工会似乎更加顺从"紧缩"议程，而且这些国家的财政状况确实非常糟糕。不同波罗的海国家的工人运动对公共部门的削减做出了不同的反应。爱沙尼亚的公共部门削减并没有引发这一部门雇员的抗议活动。立陶宛也是这样的情况，只在2009年1月有唯一的一次引人瞩目的大规模抗议活动，但对政府政策没有影响。[④]在立陶宛，时任总理在2009年夏季发起的无薪休假运动也没有引起工会的任何重大反对，尽管该政策明显违反了立陶宛《劳动法》(Labour Code)。[⑤]最终，立陶宛的三个工会都赞同与政府和雇主签订一项社会协议，该协议实际上暂停了工会抗议活动，削减工资和福

① SIPPOLA M. The awkward choices facing the Baltic worker: exit or loyalty [J]. Journal of Baltic Studies, 2013, 44 (4): 451-473.

② HUDSON M, SOMMERS J. The death of "Social Europe": the myth of the Baltic tigers [EB/OL]. [2024-09-22]. http://www.counterpunch.org/hudson01182011.html.

③ WOOLFSON C, KALLASTE E. Illusory corporatism "Mark 2" in the Baltic States [J]. Warsaw Forum of Economic Sociology, 2011, 2 (3): 51-72.

④ PETRYLAITE D. The right to strike in EU member states: a comparative overview with particular reference to Lithuania [J]. The International Journal of Comparative Labour Law and Industrial Relations, 2010, 26 (4): 421-34.

⑤ PETRYLAITE D. The right to strike in EU member states: a comparative overview with particular reference to Lithuania [J]. The International Journal of Comparative Labour Law and Industrial Relations, 2010, 26 (4): 421-34.

利，以换取政府承诺继续进行社会对话。[①]总的来说，在经济恶化的时候，波罗的海国家倾向于左派观点，而在经济发展有利的情况下，新自由主义意识形态则更受青睐。[②]

而拉脱维亚的工会运动情况完全不同。2009年底，公共部门改革激起了拉脱维亚教育和科学工作者工会（Latvian Trade Union of Educational and Scientific Employees，LIZDA）成员的抗议。[③]此外，约有5 000名学生走上里加（Riga）街头，抗议大幅削减开支。拉脱维亚工会的再政治化（Re-politicisation）倾向更加明显，工会更愿意参与政治活动。例如，拉脱维亚健康与社会护理雇员联盟（Latvian Union of Health and Social Care Employees，LVSADA）于2015年1月与中左翼亲俄政党Saskaņa签署了合作协议，[④]在这之前几周拉脱维亚自由工会联合会（LBAS）与同一政党签订了一项合作协议。2016年，LIZDA组织了几次反对政府的罢工威胁和公众抗议活动，提议"教师薪酬新模式"。另外，LVSADA一再发起抗议活动，要求增加医疗保健资金。[⑤]

劳动关系的政治化也逐渐在立陶宛显现。立陶宛的三方谈判被解除。[⑥]此外在立陶宛还发生了多次工人运动。例如，2015年12月发生了两次单独的教师罢工，涉及约15%的教育工作者，2016年春季发生了为期两周的教师罢工，涉及约10%的教育机构，为了永久增加

① WOOLFSON C. "Hardi times" in Lithuania: crisis and "discourses of discontent" in post-communist society [J]. Ethnography，2010，11（4）：487-514.

② JAHN D. Diffusion of party positions: policy positions moving from the Nordic to the Baltic States [M] // AYLOTT N. Models of democracy in Nordic and Baltic Europe: political institutions and discourse. London: Routledge，2016：153-179；174.

③ CURKINA I. Trade union protests against education cuts and reforms [EB/OL]. [2024-09-24]. http://www.eurofound.europa.eu/eiro/2009/08/articles/lv0908029i.htm.

④ KARNITE R. Latvia: union's pact with political party comes under fire [EB/OL]. [2024-09-24]. https://www.eurofound.europa.eu.

⑤ KARNITE R. Latvia: latest working life developments – Q2 2016 [EB/OL]. [2024-09-28]. https://www.eurofound.europa.eu.

⑥ WOOLFSON C, KALLASTE E. Illusory corporatism "Mark 2" in the Baltic States [J]. Warsaw Forum of Economic Sociology，2011，2（3）：51-72.

教育经费。[1]此外，从2015年夏季到2016年夏季，工会发起反对立陶宛新“社会模式”（更灵活）和立陶宛新《劳动法》的政治动员活动。立陶宛新《劳动法》使得解雇雇员更容易，允许更灵活的雇佣形式，并修改工作时间立法。[2]在反对立陶宛新《劳动法》的过程中，工会支持立陶宛总统，立陶宛总统于2016年秋季否决了该法的若干条款。[3]

虽然在金融危机之前，爱沙尼亚的社会对话取得了一些进展，例如，自2003年以来在最低工资谈判方面就一般原则达成协议，就新劳动法达成协议，[4]但自金融危机以来，与拉脱维亚和立陶宛相比，爱沙尼亚工会的回应则少得多。政策制定者滥用灵活性概念，只采纳改革方案的灵活性部分，爱沙尼亚2009年劳动法改革就是这样，国家放弃了早先的承诺。[5]政府忽略了社会对话进程，违反了自2003年以来实施的三方原则，即所有就业政策都要与社会伙伴协商。此外，爱沙尼亚关于劳动关系政治化的报道相互矛盾。一方面，Osila等（2015）指出爱沙尼亚2013年和2014年的工业行动为零。[6]另一方面，金融危机后有各种各样的抗议活动报道，包括2012年3月的全国教师罢工，2012年10月的医疗工作者罢工，2014年10月地区公共汽车司机对Gobus的警告罢工，2015年9月在塔林（Tallinn）举行的农业工人示威活动，以及2016年9月全国医疗保健工作者的警告罢工。

---

① BLAZIENE I. Lithuania： teaching unions strike twice in a row after negotiations collapse［EB/OL］.［2024-09-24］. https：//www.eurofound.europa.eu.

② BLAZIENE I. Lithuania： latest working life developments - Q2 2016［EB/OL］.［2024-09-24］. https：//www.eurofound.europa.eu.

③ BLAZIENE I. Lithuania： latest working life developments - Q3 2016［EB/OL］.［2024-09-24］. https：//www.eurofound.europa.eu.

④ WOOLFSON C，KALLASTE E. Illusory corporatism “Mark 2” in the Baltic States［J］. Warsaw Forum of Economic Sociology，2011，2（3）：51-72.

⑤ MASSO J，ESPENBERG K，MIERINA I. The Baltic States： convergence with the European social model or further liberalization?［M］//VAUGHAN-WHITEHEAD D. The European social model in crisis： is Europe losing its soul? Cheltenham，UK and Geneva： Edward Elgar and ILO，2015： 66-120.

⑥ OSILA L，KADARIK I，MASSO M. Estonia： working life country profile［EB/OL］.［2024-09-24］. https：//www.eurofound.europa.eu.

尽管许多政治家在示威活动中支持工人的观点，但政党和工会之间并没有明确结盟。

二、利益相关者在立陶宛劳动与雇佣管制发展中的作用

在此我们以立陶宛为例，梳理各方利益相关者在其劳动与雇佣管制体系发展中所起的作用，主要从政党、国家官僚机构、社会伙伴以及欧盟四个方面进行介绍。

1.政党

立陶宛的政治制度具有高度不稳定、政府频繁更替和政治派别（Political Spectrum）断裂的特点。20世纪90年代初，立陶宛实行混合选举制度，结合了单一选区制和比例代表制的特点。这导致组建不稳定的联合政府成为必然。[①]此外，自立陶宛独立重建以来，基本上每次选举都会导致政治力量在议会中的大规模重组，因此导致政府出现中左翼联盟取代中右翼联盟，或中右翼联盟取代中左翼联盟的情况。[②]

然而与西方不同，立陶宛国家的政党没有传统的社会民主主义或基督教保守主义传统。尽管保守派-自由派右翼集团和社会民主派之间存在名义上的分歧，但在社会政策方面，他们之间并没有本质上的意识形态差异。[③]他们都代表着大企业集团的利益，同时做出民主主义决定以赢得选举。因此，说某一政党对立陶宛的社会政策发展产生了重大影响是有问题的。

此外，劳动力市场制度从来就不是立陶宛政治力量之间分歧的主

---

① WEISHAUPT J T. From the manpower revolution to the activation paradigm: explaining institutional continuity and change in an integrating Europe [M]. Amsterdam: Amsterdam University Press, 2011.

② EUROPEAN ELECTIONS DATABASE. Norwegian centre for research data [D/OL]. [2024-09-24]. http: //www.nsd.uib.no/european_election_database.

③ SAARTS T. Comparative party system analysis in Central and Eastern Europe: the case of the Baltic States [J]. Studies of Transition States and Societies, 2011, 3 (3): 83-104.

要问题。事实上，过渡期间和加入欧盟前的其他经济改革问题更为突出，为此政治行动者之间进行了更多的讨论，而劳动力市场则是一个必须处理的问题。因此，不同意识形态政党的立场在很大程度上与劳动力市场制度的情况相吻合。所以，不能说劳动力市场的重大改革是由政党执政改组造成的。

左翼和右翼政治力量之间唯一更显著的区别是，他们在改革劳动力市场制度方面的侧重点往往不同。例如，与中左翼政府相比，中右翼政府更加积极地采用符合欧盟就业政策的计划和举措。此外，中左翼联盟在提高安全性而非灵活性方面相对更加积极，而右翼决策者则更倾向于促进劳动力市场的灵活化。但是，立陶宛劳动力市场领域的重大改革并未反映这些举措。政府中政治力量的频繁改组可能导致政策缺乏连续性。

总之，立陶宛劳动力市场制度是在一个不稳定的政治环境中发展起来的，没有一个政党奉行特别有利于雇员的政策。这阻碍了改革的连续性，也说明政党竞争并不能充分解释劳动力市场领域的具体政策变化，表明其他利益相关者在这个过程中发挥了重要作用。

2.国家官僚机构

立陶宛拥有一个相当广泛和有效的国家机构，转型前帮助维持社会的正常运作。过渡时期，社会政策改革的实施在很大程度上掌握在社会政策官员手中。实际上，他们有时对社会政策发展的影响要大于政党和其他利益相关者。[①]尽管如此，他们对劳动力市场制度的影响仅限于政治决策的实施方面，而不是决策本身。

官僚机构的问题主要表现为缺乏执行新政策的某些能力。在20

---

① AIDUKAITE J. The emergence of the post-socialist welfare state-the case of the Baltic States: Estonia, Latvia and Lithuania [D]. Huddinge: Södertörns Högskola, 2004.

世纪90年代，当试图进行激进改革时，这些问题逐渐凸显：首先，尽管与外国专家进行了磋商，但国内劳动力市场专家严重短缺，普遍缺乏专业知识。其次，缺乏用于决策的信息，没有进行足够的研究来评估劳动力市场的现状并预测未来的情况。最后，缺乏财政资源来资助劳动力市场政策。因此，最初的劳动力市场改革缓慢且矛盾。在加入欧盟前的阶段，国家实施劳动力市场政策和法规的能力得到了显著改善。[①]此外，欧洲社会基金（European Social Fund，ESF）的支持显著提升了实施劳动力市场政策的财务能力。尽管如此，官僚机构对劳动力市场制度决策的影响还是没有增强。因此，很难说官僚机构在这个领域是重要参与者。

3.社会伙伴

社会伙伴通过立陶宛共和国三方理事会（Tripartite Council of the Republic of Lithuania，LRTT）于1995年正式参与与劳动力市场相关的决策。LRTT遵循国际劳工组织的三方机制模式，由来自不同国家的工会和雇主协会的代表以及行政部门的代表组成。LRTT就社会经济和劳工问题向议会和政府提供咨询，并审查所有相关的立法草案。但是，社会伙伴的这种参与只是建议性的。其意见往往在后期被忽视，特别是当议会通过草案时。[②]社会伙伴阻止不利立法的能力非常有限，因为宪法框架没有提供它们可以利用的“否决点”（例如，30万选民可以发起全民投票——这对于一个拥有290万人口的国家来说，数量非常多）。

在很大程度上，由于整体利益代表性较弱，社会伙伴的利益往往

① JACOBSSON K，WEST C. Joining the European Employment Strategy：Europeanisation of labour market policy in the Baltic States［M］// HEIDENREICH M，ZEITLIN J. Changing European employment and welfare regimes： the influence of the open method of coordination on national reforms. Abingdon： Routledge，2009：112-133.

② BLAŽIENĖ I. Lithuania： industrial relations profile［R/OL］.［2024-09-28］. http：//www.ilo.org/dyn/travail/docs/2330/EIRO%20Lithuania.pdf.

被忽视。立陶宛的工会在成员和机构权力这两个方面都比较薄弱。虽然工会参与决策的机会有限，但自重建独立以来，工会化率从97%降至2012年的9%。[①]与欧盟乃至中东欧地区的一般工会情况相比，立陶宛工会的密度最低，自20世纪90年代以来一直保持不变。[②]

雇主组织在公司中所占的比例也很小，[③]尽管与工会相比，雇主方更大的财政资源使得雇主方在谈判能力方面更胜一筹。然而，在国家层面建立薄弱的社会伙伴关系以及社会伙伴组织在公共政策制定中的普遍政治化作用，促使雇主退出集体利益代表。[④]实际上，立陶宛的雇主组织从来就不是仅仅代表所属公司在劳动力市场上的利益的组织，相反，它们一直作为代表其他商业利益的协会发挥作用，而参与劳动力市场法规和政策的社会对话则是其次要功能。[⑤]

社会伙伴之间的关系结构的特点是敌意和对抗而不是伙伴，自20世纪90年代以来一直阻碍着劳动力市场制度的发展。大多数分歧涉及劳动力市场管制，雇主倾向于自由化，而工会则更倾向于更严格的监管。[⑥]此外，即便是将正式的高度集中管制转变为社会对话，雇主和工人组织也都表达了对这种“新”劳动力市场监管模式的不信任。社会伙伴习惯于接受政府的意见，而不是对做出的决定负责。自

① DOVYDĖNIENĖ R. Trade union responses to globalization in Lithuania. ILO, Labour and Society Programme［R］. Geneva: International Institute for Labour Studies, 1999.

② ILOSTAT. International labour organisation［EB/OL］.［2024-09-24］. https://www.ilo.org/ilostat/faces/oracle/webcenter/portalapp/pagehierarchy/Page137.jspx?_afrLoop=448123747374569andclean=true#% 40%3F_afrLoop% 3D448123747374569%26clean% 3Dtrue%26_adf.ctrl-state%3D16o4f3r3xj_163.

③ GRUŽEVSKIS B, BLAŽIENĖ I. Lithuania［M］// CAZES S, NESPOROVA A. Flexicurity: a relevant approach in Central and Eastern Europe. Geneva: International Labour Office, 2007.

④ GLASSNER V. Central and Eastern European industrial relations in the crisis: national divergence and path-dependent change［J］. Transfer: European Review of Labour and Research, 2013, 19 (2): 155-169.

⑤ BLAŽIENĖ I. Lithuania-developments in social partner organisations: employer organisations［EB/OL］.［2024-09-24］. http://www.eurofound.europa.eu/lt/observatories/eurwork/comparative-information/national-contributions/lithuania/lithuania-developments-in-social-partner-organisations-employer-organisations.

⑥ GRUŽEVSKIS B, BLAŽIENĖ I. Lithuania［M］// CAZES S, NESPOROVA A. Flexicurity: a relevant approach in Central and Eastern Europe. Geneva: International Labour Office, 2007.

20世纪90年代以来，工会的大部分精力都浪费在了说服政府在官方决议中制定地方性规则，而不是试图就当地的就业条件进行谈判。由于立场通常非常不同，政府陷入导致决策失败的争论中。1998—2002年通过立陶宛《劳动法》（Lithuanian Labour Code）的过程可以很好地说明这一点。立陶宛《劳动法》最终反映了社会群体和决策者的最低利益共同点，因此保留了许多旧的劳动力市场管制结构。①还有数据表明，社会伙伴并未积极参与劳动力市场政策的设计和实施。在劳动力市场制度方面发挥主要和主导作用的是国家，而社会伙伴的影响似乎非常有限和薄弱，它们并没有充分反对政府的决定，即使政府曾经违背雇主和雇员的利益。②

总的来说，立陶宛的社会伙伴通过调整和重新评估机制影响决策者的作用有限。雇主方和雇员方在参与决策方面都很薄弱。他们一直与决策者对抗，而不是与他们保持一致，但决策者占了上风。因此，社会伙伴的影响只是妨碍劳动力市场制度的进展，因为双方都没有足够的资源或动力来促进有利于他们现状的改革。

4.欧盟

由于立陶宛在20世纪90年代不得不大规模改造甚至创建其整个国家机构，该国对外部势力保持较高的开放性。成为欧盟成员国的强烈愿望以及加入欧盟的条件要求导致了权力不对称，欧盟对立陶宛的政策产生了相当大的影响。此外，欧洲社会基金（ESF）所提供资金的吸引力是非常大的。这些条件不仅鼓励立陶宛根据欧盟法规对劳动力市场制度进行必要的改革，还使欧盟的软性治理机制（如建议和监

① USONIS J，BAGDANSKIS T. Problems of introduction of flexibility into Lithuanian labour law［J］. Jurisprudencija，2011，18（2）：595-612.

② EUROFOUND. Lithuania：social partners' involvement in unemployment benefit regimes［EB/OL］.［2024-09-24］. http：//www.eurofound.europa.eu/observatories/eurwork/comparative-information/national-contributions/lithuania/lithuania-social-partners-involvement-in-unemployment-benefit-regimes.

督）更加有效。[①]

加入欧盟最重要的改革包括加强和重组劳动力市场体制，并激活劳动力市场政策。立陶宛从2000年开始参与欧盟就业战略（European Employment Strategy，EES）的工作，开始着手启动就业政策优先事项联合评估文件（Joint Assessment Paper，JAP），政策制定者试图符合欧盟的要求。[②]2001年，PHARE[③]双项目“欧洲就业战略准备”（Twin Project “Preparation for the European Employment Strategy”）启动。它有助于提升立陶宛的就业政策和执行机构的技能，从而在积极的劳动力市场政策（ALMPs）方面取得重大进展。[④]此外，政府与欧盟委员会负责就业、社会事务和平等机会的官员批准了一项关于立陶宛就业政策优先事项的合作决议，以便向EES提供立陶宛劳动力市场政策。2003年，立陶宛第一部《劳动法》（Labour Code）得以实施，该法也作为将欧盟劳动法指令转变为立陶宛法律体系的工具。最后，2004年，立陶宛向欧盟委员会提交了第一份国家就业行动计划（National Action Plan for Employment）。它概述了政府的政治承诺和实施国家就业政策的关键措施，并提出了对欧盟的建议采取的响应措施，以符合EES的规定。所有这些都反映了欧盟在立陶宛劳动力市场政策领域发挥的作用特别显著。

在准备加入欧盟的这段时期，立陶宛政府根据欧盟委员会指定的

① JACOBSSON K，WEST C. Joining the European Employment Strategy：Europeanisation of labour market policy in the Baltic States［M］// HEIDENREICH M，ZEITLIN J. Changing European employment and welfare regimes： the influence of the open method of coordination on national reforms. Abingdon： Routledge，2009： 112-133.

② JACOBSSON K，WEST C. Joining the European Employment Strategy：Europeanisation of labour market policy in the Baltic States［M］// HEIDENREICH M，ZEITLIN J. Changing European employment and welfare regimes： the influence of the open method of coordination on national reforms. London： Routledge，2009： 112-133.

③ 该方案是欧盟资助的三项加入欧盟前项目之一，以协助申请的中欧国家筹备加入欧盟。

④ ETF. Short country report： Lithuania. Recent developments in education，training and employment policy in Lithuania［EB/OL］.［2024-09-28］. http： //www.etf.europa.eu/webatt.nsf/0/C12578310056925BC1256FFF003BB621/$file/NOTE6CBERK.pdf.

"家庭作业"（Homework）所制定的政策，确实被劳动力市场专家评估为在形成立陶宛劳动力市场制度方面最成功的政策之一。[①]它促使该国修订消极劳动力市场政策（PLPMs），并大力推动激活措施：《就业支持法》（Law on Employment Support）和《失业社会保险法》（Law on Unemployment Social Insurance）的起草都考虑了 EES 的规定。[②]

加入欧盟后，立陶宛大大增强了实施某些政策的财政支持力度。实际上，欧洲社会基金（ESF）的资金在资助 ALMPs 中发挥了至关重要的作用。尽管欧盟对 ALMPs 的资金支持每年都有所不同，但它通常占项目总支出的 70% 左右。此外，立陶宛在将与就业有关的欧盟指令纳入国家法律体系和处理理事会建议方面的记录相当不错，但在就业保护立法（Employment Protection Legislation）领域除外。[③]最后，欧盟在重新评估机制中具有重要意义：事实上，自 2000 年以来，所有政府都在其计划中表达了反映欧盟立场的劳动力市场政策目标。

然而，2004 年之后，政府进一步改革劳动力市场制度的努力比加入欧盟前那段时期明显弱得多。虽然加入前的改革相当被动，但成为正式成员后，立陶宛政府对国家改革计划拥有更多的自主权。[④]政府没有进行必要的结构性改革来解决劳动力市场管制的一些重要问

---

① GRAŽULIS V，GRUŽEVSKIS B. Characteristics of Lithuanian labour market policy development （situation analysis and development prospects，second part）［J］. Viešoji Politika ir Administravimas，2009，28：40-51.

② GRUŽEVSKIS B，BLAŽIENĖ I. Lithuania［M］// CAZES S，NESPOROVA A. Flexicurity：a relevant approach in Central and Eastern Europe. Geneva：International Labour Office，2007.

③ DG GROW. Single market scoreboard. Performance per member state：Lithuania［EB/OL］.［2024-09-24］. http：//ec.europa.eu/internal_market/scoreboard/_docs/2015/09/member-states/2015-09-lithuania_en.pdf.

④ JACOBSSON K，WEST C. Joining the European Employment Strategy：Europeanisation of labour market policy in the Baltic States［M］// HEIDENREICH M，ZEITLIN J. Changing European employment and welfare regimes：the influence of the open method of coordination on national reforms. London：Routledge，2009：112-133.

题，例如，欧盟强烈推动的就业保护立法（EPL）灵活化。[①]尽管加入后历届政府都引入了一系列与劳动力市场相关的举措，反映了欧盟立场，但这些政策缺乏一致性和彻底性，在言论与实际行动之间存在明显的差异。政府有选择性地采取措施，其法律草案的主要部分不符合欧盟对劳动力市场体制改革的设想，尤其是与EPL有关的法律草案。总的来说，加入后欧盟对立陶宛社会领域的政策——包括劳动力市场政策在内——的影响很小。

总之，可以说欧盟在立陶宛重新构建劳动力市场政策时发挥了重要作用，当时设计了最重要的改革。立陶宛加入欧盟后，欧盟的作用总体上变得更加有限。

第四节 小结

波罗的海国家劳动关系的情况并不是一个积极有效的正面例子。波罗的海国家劳动关系的特点是工会弱势，自转型以来工会密度下降快，集体谈判覆盖率低，缺乏多雇主集体谈判和强有力的正式三方谈判传统。波罗的海国家社会对话取得的最大成就是有国家层面和公司层面的集体协议，而部门一级的集体谈判制度非常不发达。由于大多数雇员不受集体协议约束，工会对劳动力市场的影响很有限。工会无法克服前体制遗留的影响，无法扭转工会密度下降的趋势。加入欧盟后，对工会日益重要的期望并没有实现，自1990年开始的工会密度下降趋势仍在继续。工作场所工会密度低、重要性有限，加之工会在国家社会对话中处于弱势地位，是造成波罗的海国家部分政策效果不佳的一个原因。

---

① EUROPEAN COUNCIL. Council Recommendation of 12 July 2011 on the National Reform Programme 2011 of Lithuania and delivering a council opinion on the updated convergence programme of Lithuania, 2011-2014 [R]. Official Journal of the European Union, 2011.

2008—2009年金融危机对波罗的海国家的影响是巨大的。这些国家都依赖类似的“紧缩”方案来平衡经济衰退时期的预算，这一政策促使了大量劳动力外流。由于金融危机，波罗的海国家的工会无法动员持续地、更广泛地反对政府反危机措施的活动，面临着信任危机。对波罗的海国家社会对话发展的分析证实，波罗的海国家缺乏经验。金融危机期间的经历进一步表明波罗的海国家雇主组织和工会之间缺乏良好的社会伙伴关系，“双赢”局面特别罕见。这种情况对就业质量、生产力提高和经济增长都是无益的。

第五章

波罗的海模式的劳动与雇佣管制体系：基于罗马尼亚的案例研究

本章对罗马尼亚的劳动与雇佣管制进行了回顾和梳理。首先对罗马尼亚的经济和社会背景进行介绍，其次对其劳动关系主体与现状进行简单梳理，最后将罗马尼亚转型后劳动关系的发展分为三个阶段。第一阶段是1990—2003年，在此阶段，工会拥有较强的战斗力，而且由于罗马尼亚政府与国际组织之间不稳定的关系，工会在国家层面的政策制定中影响相对较大。第二阶段是2003—2009年，该阶段通过了对劳动者有利的罗马尼亚《劳动法》（2003），但受到国际组织和雇主组织的强烈质疑。2005年，政府与国际组织联合试图对罗马尼亚《劳动法》（2003）进行修订，工会却成功阻止了本次改革。第三阶段是2009年之后，工会力量大大削弱，特别是罗马尼亚《劳动法》（2011）和《社会对话法》（2011）出台之后，工人在集体和个人权利方面受到了前所未有的制约。罗马尼亚劳动关系的发展历程凸显出国外利益相关者、国内政党和社会伙伴互相作用的过程。

第一节　罗马尼亚劳动与雇佣管制发展背景

罗马尼亚体制转型后，政府能力低下，过渡进程很漫长。在经济发展方面与波罗的海国家有许多共同特征，如私有化程度低、金融化程度高、福利水平低以及出口商品的产品附加值低。但是，罗马尼亚的社会伙伴比波罗的海国家的更强大，集体谈判的覆盖面更高，劳动力动员水平也更高，因为它拥有一个相对集中和协调的集体谈判系统。为了更好地了解在罗马尼亚劳动与雇佣立法领域社会伙伴以及其他利益相关者所发挥的作用，本节对罗马尼亚的宏观经济背景和社会对话背景进行简单介绍。总体来说，罗马尼亚的经济在金融危机后获得了较好的恢复。

一、宏观经济背景

罗马尼亚在2008—2010年经历了严重的经济衰退，但失业率没有显著增加，2008年为5.6%，2013年为7.1%，2014年为6.8%。①金融危机使罗马尼亚的主要出口减少，严重影响了罗马尼亚的工业部门，其产量大幅下降，②然而有学者指出，罗马尼亚危机不仅有金融危机这个外部原因，而且与国内原因有关，主要是由短期私人债务导致的过度消费。③Zaman和Georgescu（2009）指出，“国内私人消费信贷的过度增加促进了进口的大幅增长”。④同样，Constantin等人（2011）声称，罗马尼亚危机的主要原因在于“2008年之前不可持续的经济增长，主要基于由外国资金资助的进口商品消费”。⑤因此，在出口减少的情况下，罗马尼亚危机成为“典型的现金账户危机（current account crisis）”。⑥

由于金融危机限制了外部融资渠道，FDI也有所减少。在严重的现金账户赤字下，私人外债偿还方面的困难加大。⑦Zaman和

① EUROPEAN COMMISSION. AMECO［EB/OL］.［2024-09-24］. http://ec.europa.eu/economy_finance/ameco/user/serie/SelectSerie.cfm.

② ［1］CONSTANTIN D L, GOSCHIN Z, DANCIU A R. The Romanian economy from transition to crisis. Retrospects and prospects［J］. World Journal of Social Sciences, 2011, 1(3): 155-171; 163.［2］ZAMAN G H, GEORGESCU G. The impact of global crisis on Romania's economic development［J］. Annales Universitatis Apulensis Series Oeconomica, 2009, 11(2): 611-624; 615-616.

③ VOINEA L. Budget deficits and their socioeconomic consequences: the economic and fiscal crisis in Romania［EB/OL］.［2024-09-24］. http://www.suedosteuropa-gesellschaft.com/pdf_2009/doku/beitrag_voinea.pdf.

④ ZAMAN G, GEORGESCU G. The impact of global crisis on Romania's economic development［J］. Annales Universitatis Apulensis Series Oeconomica, 2009, 11(2): 611-624; 620.

⑤ CONSTANTIN D L, GOSCHIN Z, DANCIU A R. The Romanian economy from transition to crisis. Retrospects and prospects［J］. World Journal of Social Sciences, 2011, 1(3): 155-171; 160.

⑥ CONSTANTIN D L, GOSCHIN Z, DANCIU A R. The Romanian economy from transition to crisis. Retrospects and prospects［J］. World Journal of Social Sciences, 2011, 1(3): 155-171; 161.

⑦ CONSTANTIN D L, GOSCHIN Z, DANCIU A R. The Romanian economy from transition to crisis. Retrospects and prospects［J］. World Journal of Social Sciences, 2011, 1(3): 155-171; 160.

Georgescu（2009）指出在这些条件下，“罗马尼亚的外部财务状况处于危机边缘，这需要外部贷款以弥补资金缺口”。[①]由于国际货币基金组织、欧盟和其他组织（如世界银行）的大量财政支持，在2009年“与国际货币基金组织达成备用协议”之后，罗马尼亚避免了一场严重的宏观经济危机，即潜在的私人债务危机。[②]因此，最初的典型现金账户危机“正在走向公共财政危机”，因为在国际贷款之后，“外债结构正在从私人转向公共”。[③]然而，即使债务水平从2007年的12.7%增加到2014年的39.9%，罗马尼亚政府的综合债务总额也远低于欧盟27国和欧元区17国政府的综合债务总额。[④]在外债和公共债务增加的情况下，国际货币基金组织和欧盟委员会要求罗马尼亚政府自2010年起采取紧缩政策，包括冻结公共部门的工资和养老金，以及进行劳动力市场的结构改革。[⑤]

2007年之后现金账户赤字减少主要是由于2008—2009年经济衰退导致贸易逆差大幅减少，进口消费随之减少，而出口没有增加。[⑥]2008年之后，紧缩政策进一步减少了进口需求，导致货币贬值，[⑦]促

① ZAMAN G，GEORGESCU G. The impact of global crisis on Romania's economic development ［J］. Annales Universitatis Apulensis Series Oeconomica，2009，11（2）：611-624；622.

② ［1］VOINEA L. Budget deficits and their socioeconomic consequences：the economic and fiscal crisis in Romania ［EB/OL］.［2024-09-24］. http：//www. suedosteuropa-gesellschaft. com/pdf_2009/doku/beitrag_voinea. pdf. ［2］CONSTANTIN D L，GOSCHIN Z，DANCIU A R. The Romanian economy from transition to crisis. Retrospects and prospects ［J］. World Journal of Social Sciences，2011，1（3）：155-171；160-162.

③ VOINEA L. Budget deficits and their socioeconomic consequences：the economic and fiscal crisis in Romania ［EB/OL］.［2024-09-28］. http：//www. suedosteuropa-gesellschaft. com/pdf_2009/doku/beitrag_voinea.pdf.

④ EUROSTAT（http：//epp.eurostat.ec.europa.eu/portal/page/portal/statistics/search_database）.

⑤ ［1］VOINEA L. Budget deficits and their socioeconomic consequences：the economic and fiscal crisis in Romania ［EB/OL］.［2024-09-24］. http：//www. suedosteuropa-gesellschaft. com/pdf_2009/doku/beitrag_voinea. pdf. ［2］CONSTANTIN D L，GOSCHIN Z，DANCIU A R. The Romanian economy from transition to crisis. Retrospects and prospects ［J］. World Journal of Social Sciences，2011，1（3）：155-171；162.

⑥ ［1］ZAMAN G，GEORGESCU G. The impact of global crisis on Romania's economic development ［J］. Annales Universitatis Apulensis Series Oeconomica，2009，11（2）：611-624；617. ［2］CONSTANTIN D L，GOSCHIN Z，DANCIU A. R. The Romanian economy from transition to crisis. Retrospects and prospects ［J］. World Journal of Social Sciences，2011，1（3）：155-171；161.

⑦ UNCTAD（http：//unctadstat. unctad. org/wds/TableViewer/tableView. aspx？ReportId=117）.

进了现金账户余额的改善。2010年后罗马尼亚实现了GDP正增长。2012—2018年间，罗马尼亚GDP大幅增长（增长33.85%），而欧盟的平均增幅则低得多（9.73%）。在此期间，罗马尼亚所有类别的失业率都略有下降，2018年的总失业率为4.2%，低于欧盟的平均失业率水平6.8%，就业率有所提高，2018年达到67.8%，但青年就业率下降了1%，2018年为29.5%，大大低于同年欧盟的平均水平41.7%。

二、社会对话背景

社会对话是在第53/2003号罗马尼亚《劳动法》（Labour Code）和第62/2011号《社会对话法》（Social Dialogue Law）规定的法律框架下进行的。而《社会对话法》（2011）出台程序受到了批评，在野党在宪法法院对政府绕过正常的议会程序直接通过这项法律这一事实提出上诉。此外立法者并未在实施前后进行法律影响评估，而且经济及社会理事会（Economic and Social Council）和ILO提出的所有批评和建议都被忽视了。

《社会对话法》（2011）主要对集体劳动关系进行了规定，对集体劳动关系的发展产生了重大影响。然而，这项法律自2011年通过以来，遭到包括工会、雇主协会以及国际组织的多方批评，进行了很多调整，还收到多方发起的修改法律的请愿。例如，2012年工会提交了一份文件，其中提出了针对《社会对话法》的修改建议，ILO也于2013年开展了一项专门针对《社会对话法》（2011）的研究。[①]这些组织声称，随着《社会对话法》（2011）的通过，集体谈判方面出现了普遍的结构障碍，这是工会和雇主协会之间结构性不相容所导致的直接后果。该法还对工会组建联合会设定了更为困难的条件，并将

① HAYTER S，VARGHA C，MIHES C. The impact of legislative reforms on industrial relations in Romania［R］. Budapest：ILO，2013.

45万家公司的近200万雇员排除在集体谈判之外。[①]

欧洲工会（European Trade Union，ETUI）指出《社会对话法》（2011）的主要变化涉及以下内容：（1）国家集体协议被解除。之前国家集体协议是各级集体谈判的参考标准，先前的分支机构集体协议被部门集体协议取代。（2）时间安排改变。没有关于谈判时间的强制性议程，只有集体协议的最短和最长期限是固定的（12~24个月）。（3）代表性标准改变。以前在同一分支机构或同一行业工作的15人就可以成立工会，2011年之后需要在同一公司工作的15人才可以成立工会。（4）谈判权限制。只有当公司雇员一半以上加入工会时工会才被认为具有代表性，才被允许在公司进行谈判（之前的立法规定是1/3）。在一家公司中只能有一个代表性工会，而在原来法规下最多可以有三个代表性工会。如果由于没有足够的成员，公司中没有代表性工会，可以由公司工会所属的工会联合会进行谈判。如果公司内没有工会，则只能由雇员代表进行谈判。[②]

自2011年以来，工会成员数量大幅下降，反映出工会成员不满工会代表能力的情况。例如，罗马尼亚劳动者-工会总联合会（General Confederation of Labor - General Union of Trade Unions of Romania，CGM-UGSR）主席Dragoş Frumosu提到，近年来工会在私营企业中逐渐消失，在公共部门中最为强大。虽然法律上从未进行过这样的区分，但普遍的情况是私营公司积极采取措施阻止工会参与，并取得了成效：工会在私营公司的覆盖率明显下降，特别是在服务部门。因此，发生冲突最多的是公共部门或大型私营公司，这些部门的工会仍然活跃和强大。然而，工会消失的直接结果是自发性劳动冲突

① HAYTER S，VARGHA C，MIHES C. The impact of legislative reforms on industrial relations in Romania［R］. Budapest：ILO，2013.

② CLAUWAERT S，SCHÖMANN I. The crisis and national labour law reforms：a mapping exercise［J］. Transfer，2013，19（1）：121-124.

的增加，特别是在私营公司中。冲突未经调解，直接在全面对抗中爆发，而各方社会伙伴无法提前探讨协议。与在私营部门实施《社会对话法》（2011）的情况不同，公共部门的一个特殊情况是限制了谈判的主题。在公共部门，法律规定不允许进行工资谈判（公共部门的工资由法律规定）。对公共部门的工资谈判进行限制导致谈判侧重于其他领域（工作条件、工作组织、工作时间、假期、社会权利等）。这项新法律的另一个明显效果也立即体现，2010年罗马尼亚国家层面有13个雇主联合会，是当年欧盟国家层面雇主联合会数量最多的，而到2015年只剩下3个。

从2014年开始，最低工资成为政府、工会和雇主协会之间讨论的主要问题。虽然从2009到2016年底月度最低工资从149欧元增加到276欧元，但这无法抑制不平等。提高最低工资标准大大增加了最低工资收入者的数量：如果2011年只有8.3%的全职劳动合同符合最低工资标准，而2016年这些合同将近占劳动合同总数的33%。IMF认为最低工资是解决收入不平等的一个相当无效的机制，该机构告诫罗马尼亚政府应该反对最低工资增长，这种增长会破坏竞争力，并明确要求避免过度增长。①

在罗马尼亚，各方社会伙伴一直在努力解决社会对话问题，不断变更负责机构。最初由劳动部（Ministry of Labour）负责，2017年社会对话部（Ministry of Social Dialogue）作为一个单独的机构成立，接管了社会对话事务。后来社会对话部与劳动部合并，设立了一个专门负责社会对话的独立机构，但只维持了一年。这些连续的变化造成了明显的混乱，反映了不稳定的政治局势以及罗马尼亚持续不断的改革。

① IMF. Romania：2016 Article Ⅳ consultation-staff report［R/OL］.［2024-09-28］. https：//www.imf.org/external/pubs/ft/scr/2016/cr16113.pdf.

第二节 罗马尼亚劳动关系体系

政府、工会、雇主组织和三方机构等主体在管理劳动关系结构、工作条件以及在协调劳动争议方面发挥着关键作用。本节对罗马尼亚劳动与雇佣法领域的主要利益相关者以及劳动关系体系进行介绍。[①]

一、公共机构

全国社会对话三方委员会（National Tripartite Council for Social Dialogue，Consiliul National Tripartit pentru Dialog Social，CNTDS）是一个国家级的咨询机构，成员包括工会和雇主组织的代表，以及政府、国家银行（National Bank）及经济和社会理事会（Economic and Social Council，CES）的代表。经济和社会理事会（CES）是一个由民间团体、工会和雇主组织代表组成的国家机构，任何涉及经济、社会和财政领域的法律变更都必须征询其意见。由于法律规定不明确，CES的活动被封锁了数年之后于2017年重新启动。

劳动和社会司法部（Ministry of Labour and Social Justice）是负责社会保护、就业和劳动力流动的公共机构，负责制定和实施有关社会融入、社会保护、就业和劳动力市场的政策和战略。劳动和社会司法部对以下涉及工作条件的公共机构进行协调：劳动监察（Labour Inspection）、国家劳动就业局（National Agency for Occupation of the Workforce）、国家公共养老金院（National House of Public Pensions）。国家劳动就业局（ANOFM）监督就业策略、专业培训以及失业者社会保护政策的实施。劳动监察机构监督和管控用人单位有关工作条

① EUROFOUND. Working life in Romania. ［EB/OL］.［2024-09-28］. https://www.eurofound.europa.eu/country/romania.

件、工作场所的健康和安全以及其他劳动法规的实施。尽管没有单独的劳动法院，但有关工作的诉讼和冲突可以向常规法院提起诉讼。

解决雇主与雇员之间的冲突时，罗马尼亚新《民法典》（Civil Code）（2011）引入了一项强制性规定，要求当事方必须召开一次调解会议。在此次会议结束后，当事各方可以决定继续进行调解还是将案件提交法庭。

罗马尼亚《劳动法》和第319/2006号法律（Law 319/2006）为工作场所的健康和安全提供了法律框架。该法律规定在雇员超过50人的公司中必须建立健康与安全委员会（Health and Safety Committees）。在雇员人数少于50人的公司中，如果其工作性质和工作场所存在一定的风险，则劳动监察局可以强制在该公司中设立健康与安全委员会。该委员会由雇主、雇员和劳动医学专家（Labour Medicine Specialists）的代表组成，负责协调和监督健康安全法规的实施。劳动和社会司法部是工作场所健康与安全领域的权威机构，负责制定战略和政策，监督法规的实施，任命在工作场所健康和安全领域提供预防和保护服务的公司/人员。罗马尼亚卫生部（Ministry of Health）是公共卫生援助领域的主要机构，负责制定工作场所健康保护法规。罗马尼亚卫生部还监督工人的健康状况，并负责职业健康领域的专业培训。劳动监察局通过实施职业风险计划、进行调查并在必要时实施制裁以监控健康和安全法规的实施。另外，劳动和社会保护领域的国家科学研究所（National Institute for Scientific Research）对健康与安全领域的政策措施进行科学研究。

二、工会

有关工会的主要法律法规有罗马尼亚《宪法》（Constitution）、《劳动法》（Labor Code）、《工会法》（Union Law）（第53/2003号法）

和《集体劳动合同法》（Law on Collective Labor Contracts）（第130/1996号法）。根据罗马尼亚《劳动法》，"工会是独立的法律实体，没有任何财产目的，成立的目的是捍卫和促进集体和个人权利，以及其成员的职业、经济、社会、文化和体育利益"（第217条第1款）。工会独立于公共当局、政党和雇主组织。他们的角色是非政治性的，即他们不捍卫其成员的政治利益。他们在法律允许的范围内实行自治。如果工会组织占国民经济雇员总数的至少5%，并且在包括首都布加勒斯特（Bucharest）在内的至少50%+1个县设有地区组织，则该工会组织被视为在国家一级具有代表性。

加入工会的权利仅限于具有独立劳动合同的雇员，这阻止了从事非典型工作的雇员加入工会。此外，《社会对话法》（2011）规定，工会可由至少15名创始成员组成，而这些创始成员应受雇于同一公司，这阻止了小公司的雇员组建工会（以前的法律规定，工会可由来自不同公司，但从事同一行业的15名雇员创建）。2015年468 374家公司的雇员人数少于15名，雇员总数超过100万人，法律限制了这些公司组建工会。履行治安职能的人，例如，治安法官、军人、内政部（Ministry of the Interior）人员和情报局（Secret Services）人员，不能成立或加入工会。

部门一级的工会密度有很大的差异，公共行政、教育或卫生保健等部门的工会密度超过50%，而制造业、服装和商业领域的工会密度则低得多。主要原因之一是这些行业的雇员人数少于15人的公司数量很多，根据法律规定这些公司不能组建工会。据估计，45%的商业部门雇员和32.6%的建筑部门雇员在雇员少于15人的公司工作。在部门层面和公司层面，实现代表性似乎都比较困难。2015年的数据显示，在总共29个经济部门中，有21个经济部门有代表性的工会联合会。而在诸如纺织和商业之类的大型行业，总计约有100万名雇员，但没有代表性的工会联合会。

罗马尼亚有五个国家级代表工会：罗马尼亚全国自由工会联合会Frăţia（National Confederation of Free Trade Unions from Romania Frăţia, CNSLR Frăţia）、全国工会联合会“Cartel Alfa”（National Trade Unions Confederation “Cartel Alfa”, CNS Cartel Alfa）、全国工会集团（National Trade Union Bloc，BNS）、子午线全国工会联合会（Meridian National Trade Union Confederation，CNS Meridian）和罗马尼亚民主工会联合会（Confederation of Democratic Trade Unions in Romania, CSDR）（具体见表5-1）。这五个国家代表工会在公共咨询和社会对话部（Ministry for Public Consultation and Social Dialogue）网站上发布了官方文件，截至2018年10月，在650万名雇员中这五个工会合计涵盖139万名雇员，工会密度为23%。ICTWSS数据库（Data Base on Institutional Characteristics of Trade Unions, Wage Setting, State Intervention and Social Pacts，工会、工资设置、国家干预和社会契约制度特征数据库）的数据显示，罗马尼亚的工会密度在2008年为32%，而ILO也估计罗马尼亚2007年的工会密度为32.2%。[①]这些数据表明，在2011年之后罗马尼亚的工会密度出现了一定程度的下降。

表5-1　　　　罗马尼亚的主要工会组织

全称	缩写	成员数量	是否参与集体谈判
罗马尼亚全国自由工会联合会Frăţia（National Confederation of Free Trade Unions from Romania Frăţia）（Confederaţia Naţională a Sindicatelor Libere din România Frăţia）	CNSLR Frăţia	306 486（2016）	自从《社会对话法》（2011）废除了国家集体谈判以来，从未在国家一级参加过集体谈判。2013年11月21日签署了医疗保健部门的集体协议

① ICTWSS（http://www.ictwss.org）.

续表

全称	缩写	成员数量	是否参与集体谈判
全国工会联合会“Cartel Alfa” (National Trade Unions Confederation “Cartel Alfa”) (CNS “Cartel Alfa”; Confederaţia Naţională Sindicală “Cartel Alfa”)	CNS Cartel Alfa	259 443 (2016)	自从《社会对话法》(2011)废除了国家集体谈判以来，从未在国家一级参加过集体谈判。2013年11月21日签署了医疗保健部门的集体协议
全国工会集团 (National Trade Union Bloc) (Blocul Naţional Sindical)	BNS	253 227 (2016)	自从《社会对话法》(2011)废除了国家集体谈判以来，从未在国家一级参加过集体谈判。2013年11月21日签署了医疗保健部门的集体协议
子午线全国工会联合会 (Meridian National Trade Union Confederation) (Confederaţia Sindicală Naţională Meridian)	CSN Meridian	264 811 (2016)	自从《社会对话法》(2011)废除了国家集体谈判以来，从未在国家一级参加过集体谈判。2013年11月21日签署了医疗保健部门的集体协议
罗马尼亚民主工会联合会 (Confederation of Democratic Trade Unions in Romania) (Confederaţia Sindicatelor Democratice din România)	CSDR	249 264 (2017)	不参加，《社会对话法》(2011)废除了国家集体谈判
全国免费教育工会联合会 (National Federation of Free Unions from Education) (Federatia Sindictelor Libere din Invatamant)	FSLI	172 336 (2016)	参与，2014年11月13日签署初等教育部门的集体协议
联邦农业之星 (Federation Agrostar) (Federatia Arostar)	Agrostar	63 251 (2017)	否
国家警察联盟 (Sindicatul National al Politistilor)		41 000 (2016)	否

续表

全称	缩写	成员数量	是否参与集体谈判
罗马尼亚汽车工会联合会 (Trade Union Federation for Romanian Automotive) (Federatia Sindicatelor Automobilului Romanesc)	FSAR	21 539 (2016)	否
汽车制造联合会“Infratirea” (Federation of Unions of Automotive Manufacturing “Infratirea”) (Federatia Sindicatelor din Con-structii de Masini Infratirea)	“Infratirea”	21 123 (2016)	否
萨尼塔斯联合会 (Federatia Sanitas)		91 766 (2017)	参与，2013年11月21日签署卫生部门的集体协议
FSI 斯皮鲁·哈里特 (FSI Spiru Haret)		61 844 (2012)	参与，2014年11月13日签署初等教育部门的集体协议
邮政和通信工会联合会 (Postal and Communication Trade Union Federation) (Federaşia Sindicatelor din Poţă şi Comunicaţii)	FSPC	19 093 (2016)	否
保险和银行联合会 (Federation of Insurance and Banks) (Federatia Asigurari si Banci)	FASB	13 306 (2018)	参与，2018年12月缔结一项部门集体协议
全国行政工会联合会 (National Federation of Administration Unions) (Federatia Nationala a Sindi-catelor din Aministratie)	FNSA	19 542 (2016)	否

资料来源：EUROFOUND. Working life in Romania［EB/OL］.［2021-12-26］. https：//www.eurofound.europa.eu/country/romania#actors-and-institutions.

三、雇主组织

有关雇主组织的主要法律法规有罗马尼亚《劳动法》(Labor

Code)，《雇主组织法》（Law of Employer Organizations）（第356/2001号法），《集体劳动合同法》（Law on Collective Labor Contracts）（第130/1996号法）和《关于协会和基金会的政府条例》（Government Ordinance on Associations and Foundations）（第26/2000号法）。根据罗马尼亚《劳动法》，雇主组织是自治的、非政治性的组织，根据私法（private law）设立为法人，没有财产目的，在法律允许的范围内自治。

雇主可以自由组建或加入雇主组织。《社会对话法》（2011）规定，雇主组织如果要达到国家代表性标准，则其附属公司应占总雇员人数（减去公共部门雇员）的至少7%，并且在包括布加勒斯特在内的50%+1个县设有地区组织。雇主联合会成员公司雇佣的雇员数量应占到相应部门劳动力总数的10%以上。这些法律规定使得具有国家代表性的雇主联合会的数量从2011年的12个减少到2018年的6个。2018年，6个雇主组织被认定为具有代表性，具体见表5-2。

表5-2　　**罗马尼亚主要雇主组织和联合会**

全称	缩写	成员数量	是否参与集体谈判
雇主协和会联合会 （Employers' Confederation Concordia） （Confedereatia Patronala Concordia）	Concordia	230 343 （2017）	否
罗马尼亚工业家总联合会 （General Union of Romanian Industrialists） （Uniunea Generala a Industriasilor din România）	UGIR	141 800 （2014）	否

续表

全称	缩写	成员数量	是否参与集体谈判
罗马尼亚雇主全国联合会 （National Confederation of Romanian Employers） （Confederatia Nationala a Patronatului Roman）	CNPR	318 279 （2015）	否
罗马尼亚民营中小企业全国委员会 （Romanian National Council of Private Small and Medium Enterprises） （Consiliul Național al Întreprinderilor Private Mici și Mijlocii din România）	CNIPMMR	327 433 （2016）	否
罗马尼亚雇主组织联合会 （Romanian Employers Organisation Confederation） （Confederatia Nationala a Patronatului Român）	PNR	262 519 （2018）	否
罗马尼亚工业、农业、建筑业和服务业雇主组织 （Employers Organisation from Industry，Agriculture，Constructions and Services of Romania） （Confederatia Patronala din Industrie，Agricultura，Constructii si Servicii din Romania）	CONPIROM	260 412 （2015）	否

资料来源：EUROFOUND. Working life in Romania［EB/OL］.［2021-12-26］. https：//www.eurofound.europa.eu/country/romania#actors-and-institutions.

四、三方机构

罗马尼亚在国家、地区和部门各级组织了三方社会对话。为了改革所有级别的社会对话，2011 年调整了国家社会对话三方机构社会经济理事会（Social and Economic Council，CES）的构成。在《社会对话法》（2011）颁布后，政府离开CES，由民间团体的代表代替。在一些利益相关方看来，民间团体的代表将原为三方机构的CES变成了双方机构。CES是一个协商论坛，应就其权限范围内的所有法律草案（经济、税收、劳动、社会保护、卫生、教育、研究、文化和工资）开展咨询。

《社会对话法》（2011）确立了一个新的三方对话机构——全国社会对话三方委员会（CNTDS），这是由雇主组织代表、工会代表以及政府、国家银行和CES代表组成的三方协商机构。CNTDS是在国家一级确定最低工资，分析政府战略和计划以及通过三方对话解决经济和社会纠纷的协商论坛。工会屡次指控政府没有定期召开CNTDS或没有为三方机构的会议做充分的准备，从而阻碍了社会对话。

在地方一级、县一级建立了社会对话三方委员会，由地方行政部门的代表、国家级联合会的代表参加，而且如果其他利益相关者得到批准，也可以参加。在国家一级，由劳动部（Ministry of Labour）、财政部（Ministry of Finance）、卫生部（Ministry of Health）等19个公共当局和机构组成了社会对话三方委员会。罗马尼亚主要的三方机构见表5-3。

表5-3　　罗马尼亚主要的三方机构

全称	级别	关注的问题
全国社会对话三方理事会（National Tripartite Council for Social Dialogue）（Consiliul Naţional Tripartit pentru Dialog Social，CNTDS）	国家级	最低工资、劳动关系、劳动纠纷

续表

全称	级别	关注的问题
社会和经济理事会 （Social and Economic Council） （Coniliul Economic si Social，CES）	国家级	劳动关系、财政和金融政策、公共卫生政策、社会保护政策、教育
部级社会对话委员会 （Social dialogue commissions at ministry level）	国家级	各部制定的部门政策
县级社会对话委员会 （Social dialogue commissions at county prefecture level）	地区级	本地政策
国家就业局咨询委员会 （Advisory board of the National Agency for Employment） （Agenţia Naţională pentru Ocuparea Forţei de Muncă，ANOFM）	国家级	就业、劳动力市场政策
国家公共养老金院咨询委员会 （Advisory Board of the National House of Public Pensions） （Casa Naţională de Pensii Publice，CNPP）	国家级	社会保险、养老金
国家健康保险局 （National Health Insurance Agency） （Casa Naţionala de Asigurări de Sănătate，CNAS）	国家级	公共卫生

资料来源：EUROFOUND. Working life in Romania［EB/OL］.［2021-12-26］. https：//www.eurofound.europa.eu/country/romania#actors-and-institutions.

五、工作场所级员工代表

工作场所员工代表权由公司层级的工会组织保证。罗马尼亚没有公司一级的工作委员会或其他机构来确保雇员代表权。但是由于法律规定不能在雇员少于15人的公司中建立工会，从而使小公司雇员没有任何法律代表。根据罗马尼亚《劳动法》，在有20名以上雇员的公司，雇员的利益可以由员工代表进行捍卫，代表由选举产生，并获得授权。选举通过在雇员大会上投票进行，投票至少占雇员总数的一半。

第三节　利益相关者在罗马尼亚劳动与雇佣管制发展中的作用

罗马尼亚工会力量的演变可以用国家中心论来解释，通过时间和空间变化对工会战略的变化提供了动态的描述，从而更准确地理解有组织劳动力在体制转型之后所面临的冲突和权衡。此外，他们强调工会议程在历届罗马尼亚政府中缺乏政治支持。1996—2000年以及2004—2012年掌权的右翼政府公开敌视工会，而中左翼政府则表面上提倡劳动者的利益，实际上实行导致工会弱化的长期经济政策。[①]但以国家中心论解释忽视了这样一个事实，即罗马尼亚政府在管理资源和实施连贯政策方面的能力一直是落后的。罗马尼亚政府在机构能力和行政资源方面的表现通常都不好，政府缺乏明确的政策目标，并被高度政治分化所阻碍。[②]弱势政府在劳动力安抚方面做得很有限。

① VARGA M，FREYBERG-INAN A. Post-communist state measures to thwart organized labor：the case of Romania［J］. Economic and Industrial Democracy，2015，36（4）：677-699.

② LEE A S. Transnational capitalism in East Central Europe's heavy industry：from flagship enterprises to subsidiaries［M］. Ann Arbor：University of Michigan Press，2016.

除了政府在制定控制、分裂和笼络工会战略方面的作用，其他利益相关者，特别是国际组织在影响集体谈判和劳动关系改革方面也发挥了非常重要的作用。在罗马尼亚的劳动关系中，工会力量在两个极端之间交替：20世纪90年代和21世纪初，密集的动员活动与福利和政治收益相结合，但在金融危机开始后动员活动不力。在此我们依照时间顺序对罗马尼亚劳动关系体系中利益相关者的力量博弈进行梳理。

一、20世纪90年代至2003年：工会强势对抗阶段

转型后的第一个十年，罗马尼亚有着激烈的罢工活动，工会与历届政府谈判，为工人带来了重要的福利保障，特别是在企业私有化、劳动力市场灵活化和工资方面。[①]工会的力量足以震慑政府，封锁城市，并要求与总理进行面对面的谈判。[②]但是，工人运动的政治力量并不一定意味着工会在所有劳动力市场调整问题上都具有决定性的发言权，经济环境决定了工会的力量无法在关键问题上发挥实质性作用。例如，面对1992年和1997年的两次经济危机，政府应对工会工资压力的能力有限，工人的购买力下降。此外，由于经济转型导致工业部门劳动力大幅减少，就业变得更加困难，工会难以发挥作用。[③]因此，工会专注于工业部门的就业保护，避免工厂倒闭，推动工厂重新国有化。[④]但是正如基德克尔（Kideckel）所说，由于未能解决诸如增加就业或提高工人购买力等关键问题，无论对抗如何，工会最终

① TRIF A. Overview of industrial relations in Romania [J]. South-East Europe Review for Labour and Social Affairs, 2004, 7 (2): 43-64.

② KEIL T J, KEIL J M. The state and labor conflict in postrevolutionary Romania [J]. Radical History Review, 2002, 82 (1): 9-36.

③ ADASCALITEI D. From austerity to austerity: the political economy of public pension reforms in Romania and Bulgaria [J]. Social Policy and Administration, 2017, 51 (3): 464-487.

④ VARGA M. Worker protests in post-communist Romania and Ukraine: striking with tied hands [M]. Manchester: Manchester University Press, 2014.

都是输掉的一方。[①]

除了经济环境的影响外，政府还试图限制工会，在工会和集体谈判制度方面进行了若干改革。1991年2月通过的《集体劳动争议解决法》（Settlement of Collective Labour Disputes）（第15/1991号法）是对密集罢工活动的回应，并试图通过以下行动来限制工会合法罢工的权利：禁止特定部门罢工、对集体劳动争议实行强制性调解程序、仅特定纠纷案件被认定为集体劳动争议案件。[②]关于执行集体劳动协议的监管漏洞和矛盾造成了合法性危机，并没有减少罢工活动，在整个20世纪90年代，仍然存在相当多的罢工活动。[③]但国家禁止罢工的权威受到钢铁、石油、金属和采矿业等主要工业部门工会力量的制约。此外，新立法通过引入建立工会和达到代表性标准的低门槛[④]，使劳动冲突更有可能发生。虽然建立工会的低门槛导致了对成员和资源的竞争，从而造成分裂，但并非所有部门都发生了这种情况。例如，在20世纪90年代，制造业自下而上快速地建立了强大的地方工会，这些在分支机构中组织起来的工会，能够动员大量工人，同时在地方和国家层面发挥关键作用。[⑤]

由于缺乏合法的集体谈判机构，罗马尼亚工业结构的调整备受争议，其中国有企业的私有化和倒闭是关键问题，工会在企业层面对工资和就业施加压力。尽管早在1992年就已经签署了部门层面的集体协议，但这并没有满足当地工会的要求。另外，鉴于罗马尼亚政府在

① KIDECKEL D A. Winning the battles, losing the war: contradictions of Romanian labor in the postcommunist transformation [M] // CROWLEY S, OST D. Workers after workers' states: labor and politics in postcommunist Eastern Europe. Washington DC: Rowman and Littlefield, 2001: 97-120.

② BUSH L S. Collective labor disputes in post - ceausescu Romania [J]. Cornell International Law Journal, 1993, 26 (2): 373-420.

③ BUSH L S. Romanian regulation of trade unions and collective bargaining [J]. Cornell International Law Journal, 1999, 32 (2): 319-366.

④ 只需要15名工人就可以组建工会，如果1/3的工人是工会成员或附属于一个代表性工会便可达到代表性标准。

⑤ VARGA M, FREYBERG-INAN A. Post-communist state measures to thwart organized labor: the case of Romania [J]. Economic and Industrial Democracy, 2015, 36 (4): 677-699.

实施宏观经济改革方面的能力较低，世界银行和IMF在企业私有化等具体改革领域发挥了相当大的作用。政府陷入工会和国际债权人的双重压力之中，工会要求提高工资并反对关闭企业，而国际债权人则坚持快速改革，以此换取对罗马尼亚现金账户和外部赤字融资的帮助。世界银行和IMF关于企业私有化的干预对工会产生直接影响。首先，国际债权人设想了一种类似休克疗法的私有化计划，其中大量国有企业将立即私有化，这在大多数情况下会导致劳动力流失。但政府在1990年通过的私有化法将最重要的企业视为战略性资源，指出这类企业不能私有化，因此这个目标难以实现。其次，贷款条件要求政府停止补贴企业以减少财政赤字。最后，限制工资是IMF打击通货膨胀计划的一部分。在转型的最初几年，在工会和国际债权人的双重压力下，政府选择了部分改革的道路，一方面向工会承诺增加工资，另一方面向国际债权人承诺推进私有化改革。

弱势的罗马尼亚政府影响了国际利益相关者指导私有化进程的有效性。在20世纪90年代，罗马尼亚政府对国际组织有着典型的机会主义行为，未能遵守或无视贷款/项目条件。①比如最初遵守项目要求，却在第一笔财政资金到账后违反约定，罗马尼亚政府与IMF在1990—2000年签署的五项协议均未完成。政府不遵守项目要求，以及大量的工人运动，使工会有机会在与政府谈判中占上风，尤其在工资谈判方面占据一定优势，并在若干条件下推迟企业私有化进程。这些情况导致罗马尼亚政府与国际债权人之间关系恶化，并因结构改革步伐缓慢而招致批评。在评估罗马尼亚1999年改革状况时，欧盟甚至指出“从中期来看，罗马尼亚不能被视为一个运作良好的市场经济

① POP-ELECHES G. From economic crisis to reform: IMF Programs in Latin America and Eastern Europe [M]. Princeton: Princeton University Press, 2008.

体，无法应对内部的竞争压力和市场力量”。[①]该评估将罗马尼亚列为欧盟候选成员国中的最后一个。此外，该评估还受到欧盟试图通过其PHARE计划（法尔计划）[②]加速罗马尼亚私有化进程的影响，该计划遭到工会反对，面临实施难题。[③]

除了损害与国际债权人的关系外，政府在20世纪90年代进行的部分改革也造成工会的不信任。由于政府通常不尊重集体协议，罢工和罢工威胁仍然是工会获得让步的关键方式。工会与政府之间的双边协议通常是短暂的，通过这些协议，工会承诺社会和平以换取工资和工作保障。从1997年开始正式引入的三方经济和社会理事会（Tripartite Economic and Social Council）几乎是一个虚幻的机构，其有限的协商责任使它在政策制定中没有任何作用。国有企业私有化等关键问题仍然不在其协商范围内，政府直接与IMF或世界银行就私有化问题进行谈判，未与工会协商或公开无视集体协议。从以上可以看出，未能巩固三方关系，以及在国际组织和劳动者需求之间的摇摆不定都是罗马尼亚政府弱势的表现。[④]

在该阶段，罗马尼亚政府与国际组织之间关系不稳定，罗马尼亚工会拥有较强的战斗力，工会在国家层面的政策制定中影响相对较大。然而，1992年和1997年经济危机限制了工会从与政府的对抗中获得的收益。在制度上，劳动关系仍然不完善，成立于1997年的三方经济和社会理事会仍然只是虚幻的机构，发挥不了实际作用。

---

① EUROPEAN COMMISSION. 1999 regular report from the Commission on Romania's progress towards accession［EB/OL］.［2024-09-28］. https://ec.europa.eu/neighbourhood-enlargement/sites/near/files/archives/pdf/key_documents/1999/romania_en.pdf.

② 欧盟为支持中东欧国家实行经济改革提供财政和技术援助的计划。

③ CERNAT L. Europeanization, varieties of capitalism and economic performance in Central and Eastern Europe［M］. London: Palgrave Macmillan, 2006.

④ BOHLE D, GRESKOVITS B. Capitalist diversity on Europe's periphery［M］. Ithaca: Cornell University Press, 2012.

二、2003年至金融危机初期：国际压力增大阶段

2000—2005年，经济恢复增长，罗马尼亚加入欧盟，状况改变。在20世纪90年代，政府可以无视IMF和世界银行的要求，而2000年以后，由于加入欧盟时的承诺，政府再也不能这样做。在加入欧盟前后，IMF、世界银行和欧盟都大力宣传以下观点以降低劳动力市场的僵化程度：反对工会激进的公开言论，强调进一步促进劳动力市场灵活性的必要性，限制工资是企业竞争力的来源等。这些观点得到了罗马尼亚许多行动者的支持，特别是雇主组织的支持。20世纪90年代工会还可以利用政府的弱点来实现要求，但这在2000年后，特别是2002—2010年，罗马尼亚政府面临的国际压力增大，工会试图通过其权利地位而强制实现要求便变得不可能，加入欧盟使得工会更加弱势。①外部压力加上2000年后工会力量的减弱，导致工会的边缘化以及放松管制后的劳动关系制度化。

2000年罗马尼亚社会民主党上台后，讷斯塔塞（Năstase）政府对工会采取了比以前任何政府都更为强硬的态度，强有力地推动私有化，也赞成签署社会契约。与20世纪90年代形成鲜明对比的是，罗马尼亚工会逐渐放弃反对私有化运动和防御性地方斗争，而是对国家层面劳动力政策采取更集中的攻势。他们把目光投向了即将加入欧盟的契机，并提前做好准备。随着工会联合会和许多地方工会共同为参与罗马尼亚新《劳动法》（Labour Code）的谈判而斗争，大量随意不协调的抗议活动被更加协调一致的行动所取代。由于罗马尼亚当时的劳动法律自1972年以来几乎没有变化，并且在20世纪90年代变得越来越无关紧要，劳动立法的改革再也不能推迟。但是，鉴于劳动关系

① MEARDI G. Social failures of EU enlargement: a case of workers voting with their feet [M]. New York: Routledge, 2012.

体系仍然薄弱，1972年的罗马尼亚《劳动法》到2003年才被取代。这是罗马尼亚工人运动取得的最重要的胜利，距离转型后的战斗全盛时期已经过去十多年。罗马尼亚《劳动法》（2003）的通过对劳动者来说是一个巨大的成功，也是工会对国家政策影响达到顶峰的结果。由于雇主无组织，以及前工会领导人担任劳动部长，工会联合会领导人说服政府以特别程序通过罗马尼亚《劳动法》（2003），没有经过议会辩论，因为工会担心这个程序可能会损害法律内容。尽管雇主强烈反对，但这一流程运作顺畅。工会最大限度地利用入盟前准备的紧迫性，与政府确保要在加入欧盟前达到欧盟委员会对罗马尼亚《劳动法》同步欧盟法规的要求。

另外，虽然欧盟督促罗马尼亚政府出台新《劳动法》，但没有对其具体内容加以限制，而且允许工会联合会利用其仍然相当大的政治影响力来设计符合欧盟要求的立法，以有利于劳动者。例如，在关于入盟对罗马尼亚劳动关系影响的描述中，特里夫（Trif）表明欧盟确实通过实施一系列法定权利来影响罗马尼亚劳动力市场改革的速度和内容，如工作时间、性别平等、劳动合同和安全条例，欧盟通过工会推动有利于劳动者的立法，为保障罗马尼亚工人的权利做出了贡献。[①]但是，这个说法不能掩盖欧盟委员会在罗马尼亚加入欧盟时促使其放松管制所采取的一系列措施。欧盟对罗马尼亚《劳动法》（2003）持相当矛盾的立场，一方面他们对罗马尼亚调整相应法规以符合欧洲标准的做法表示赞同，另一方面又谴责该法所带来的劳动力市场僵化，例如，限制使用临时合同和派遣合同。这意味着“需要进行改革，以确保灵活性与安全性之间的适当平衡”。[②]欧盟还批评了

① TRIF A. Opportunities and challenges of EU accession: industrial relations in Romania [J]. European Journal of Industrial Relations, 2008, 14 (4): 461-478.

② European Commission. 2003 regular report on Romania's progress towards accession [EB/OL]. [2024-09-28]. https://ec.europa.eu/neighbourhood-enlargement/sites/near/files/archives/pdf/key_documents/2003/rr_ro_final_en.pdf.

罗马尼亚的集体谈判制度，例如，关于罗马尼亚入盟进展情况的定期报告批评了“谈判制度的集中化，这可能使得工资水平不能反映各地区的生产率差异和技能概况”。①

罗马尼亚《劳动法》（2003）出台前，IMF警告罗马尼亚政府不要通过限制性劳动法规，因为这不符合IMF支持罗马尼亚私营部门发展和控制劳动力成本的议程。罗马尼亚《劳动法》（2003）通过几周后，IMF宣布反对罗马尼亚《劳动法》（2003），并表示正在与政府和世界银行讨论对其进行修改。②面对这样的压力，讷斯塔塞（Năstase）政府，承诺修改罗马尼亚《劳动法》（2003），③并将这项任务转交给下届政府。波佩斯库-特里恰努（Popescu-Tăriceanu）领导的新政府④在与IMF达成的谅解备忘录中，承诺对罗马尼亚《劳动法》（2003）进行“全面改革”，“将在欧盟批准框架内与世界银行达成协议，并在2005年3月底前提交议会”。⑤2004年，所有力量都在努力实现这一目标。世界银行通过其专业知识和实地调研致力于证明罗马尼亚劳动力市场的僵化。IMF和欧盟委员会质疑罗马尼亚“多层次集体谈判制度”与僵化的相关性，他们指出集体谈判“旨在提高工资和福利，仍然是劳动力市场灵活性的障碍”。⑥由于IMF、世界银行和欧盟委员会向政府施压，要求政府修改法律以提高劳动力市场的灵

---

① EUROPEAN COMMISSION. 2003 regular report on Romania's progress towards accession [EB/OL]. [2024-09-28]. https://ec.europa.eu/neighbourhood-enlargement/sites/near/files/archives/pdf/key_documents/2003/rr_ro_final_en.pdf.

② IMF. Romania: 2002 Article Ⅳ consultation-staff report [R/OL]. [2024-09-28]. http://www.imf.org/external/pubs/ft/scr/2003/cr0311.pdf.

③ IMF. Romania-letter of intent, supplementary memorandum on economic and financial policies, and technical memorandum of understanding [R/OL]. [2024-09-28]. http://www.imf.org/external/np/loi/2003/rom/02/.

④ NINUCIA-MARIA P. Trade unions and the amendment of the labour code in Romania [J]. Perspectives on European Politics and Society, 2006, 7 (2): 185-203.

⑤ IMF. Romania-letter of intent, memorandum on economic and financial policies, and technical memorandum of understanding [EB/OL]. [2024-09-28]. http://www.imf.org/external/np/loi/2004/rou/01/.

⑥ EUROPEAN COMMISSION. 2004 regular report from the Commission on Romania's progress towards accesssion [EB/OL]. [2024-09-28]. http://www.esiweb.org/pdf/romania_EC-Romania%20Monitoring%20report-2004%20October_en.pdf.

活性，因此灵活性改革是罗马尼亚《劳动法》（2003）实施后的主要导向。罗马尼亚政府试图遵从这个导向，除了国际利益相关者施加的压力，还来源于雇主的大力支持。

2005年初，工会联合会宣布反对修改罗马尼亚《劳动法》（2003），这使得局势更加紧张。全国各地陆续宣布抗议活动，工会还威胁要进行全国性的总罢工。在波佩斯库-特里恰努政府提出的几十项变革中，有几项被工会认为是不可接受的：引入临时合同，引入非自愿加班，企业自行决定个人和集体裁员，取消向雇员通报企业经济状况，工会不可以再参与制定工资水平，针对工会领导人的解雇保护措施将大大减少，删除集体协议中普遍适用的条款（erga omnes provisions）等。而且，工会还面临政府与雇主之间的联盟。尽管经历了几个月的冲突和大范围的力量调整，但政府试图实现灵活化的改革失败了，工会最终宣布其在2005年的春季谈判中胜利。罗马尼亚《劳动法》（2003）只做出相对较小的变化，其中没有国际组织和雇主方要求的主要变化，国际组织和雇主方立即宣布对谈判感到失望。欧盟委员会在罗马尼亚入盟前的年度报告中指出，尽管情况发生了变化，但"劳动力市场的运作仍然是不灵活的，并且继续受到工资集体谈判制度、最低工资制度和强制扩展集体协议给非签约者的阻碍"。[①]以劳动力市场灵活化为主要目标的世界银行指出，工会可能会继续反对放松管制，从而继续造成更严重的问题。[②]

2005年之后，即将加入欧盟和经济回升缓解了罗马尼亚的紧张局势，政府与国际组织之间的关系有所缓和。来自欧盟委员会的报告不再强调劳动力市场灵活的必要性，仅仅让IMF强调"劳动力市场的

---

① EUROPEAN COMMISSION. Romania 2005 comprehensive monitoring report [R/OL]. [2024-09-28]. http: //aei.pitt.edu/44607/1/romania_2005.pdf.

② WORLD BANK. Romania-first programmatic adjustment loan [R/OL]. [2024-09-28]. http: //documents.worldbank.org/curated/en/353361468297586033/pdf/33414.pdf.

灵活性只是略有改善”，“劳动力市场僵化是友好营商环境的障碍，与其他国家相比罗马尼亚比较突出，特别是在雇佣和解雇工人的成本方面”。[①]因此，IMF敦促罗马尼亚当局进一步修订劳动立法，特别是集体谈判方面的立法。然而随着罗马尼亚加入欧盟，IMF对其劳动力市场僵化的担忧逐渐消除，转而关注“愈加严重的私营部门劳动力短缺”问题，因为大量劳动者移民到国外产生了严重的“劳动力市场紧张状况”。[②]IMF指出，进一步提高劳动力市场的灵活性有助于增强该国对FDI的吸引力，因为当时罗马尼亚的劳动力成本仍然是欧洲最低的。[③]

这个阶段罗马尼亚经济发展稳定，并通过了一项有利于劳动者的立法。罗马尼亚《劳动法》（2003）受到国际组织和雇主组织的强烈反对，他们认为这对罗马尼亚经济来说过于僵化，特别是在涉及集体谈判和劳动合同监管方面。2005年政府与IMF、世界银行以及欧盟等国际组织一起试图对罗马尼亚《劳动法》（2003）进行修订，以实现劳动力市场灵活化，却遭到工会的强烈反对，工会发起共同抗议活动，成功阻止了改革。

三、金融危机期间及之后：国内政党和国际利益相关者联合主导阶段

在工会动员能力下降的背景下，经济衰退为重组劳动关系提供了契机。与20世纪90年代相比，金融危机期间的工会地位弱势，无法干涉国家政策制定，在部门和地方的力量也进一步减弱，工会不仅要与政府抗衡，还要与目标一致的其他利益相关者抗衡，如国际组织以

① IMF. Romania: 2006 Article Ⅳ Consultation-staff report [R/OL]. [2024-09-28]. http://www.imf.org/external/pubs/ft/scr/2006/cr06168.pdf.

② IMF. Romania: 2008 Article Ⅳ Consultation-staff report [R/OL]. [2024-09-28]. http://www.imf.org/external/pubs/ft/scr/2008/cr08208.pdf.

③ IMF. Romania: 2008 Article Ⅳ Consultation-staff report [R/OL]. [2024-09-28]. http://www.imf.org/external/pubs/ft/scr/2008/cr08208.pdf.

及雇主组织。为应对金融危机，罗马尼亚实施的欧盟-IMF联合计划旨在彻底改革劳动力市场法规，消除僵化，“增强工作时间灵活性，降低雇佣和解雇成本”。[①]政府在集体谈判和劳动力市场改革方面的立场有时甚至比国际组织更加激进，2011年实施的改革使得劳动力市场进一步放松管制。

2008年和2009年上半年，日益严重的金融危机开始席卷欧洲，罗马尼亚却显示出强劲的经济增长态势。该国政府宣布罗马尼亚不受金融危机的影响，还上调了公共部门的工资，而不考虑当时严重依赖外资和大宗商品市场的经济情况。然而罗马尼亚更大的危机在于内部，主要是由短期私人债务导致的过度消费。在出口减少的情况下，罗马尼亚危机是“典型的现金账户危机（current account crisis）”。[②]扎曼和乔治斯库（Zaman and Georgescu）指出在这些条件下，“罗马尼亚的外部财务状况处于危机边缘，需要外部贷款以弥补资金缺口”。[③]在正式陷入经济衰退之前，2009年底，罗马尼亚政府分别从IMF、欧盟和世界银行获得了130亿欧元、50亿欧元和10亿欧元的贷款。由于国际组织的大量财政支持，罗马尼亚的典型现金账户危机走向公共财政危机，外债结构从私人转向公共。这标志着罗马尼亚与IMF的关系重新建立：2009年4月—2014年3月期间，罗马尼亚与IMF签署了前所未有的16份意向书，承诺在金融、经济和社会政策方面进行重大变革，以换取经济支援。劳动力市场政策是罗马尼亚政府参与IMF第四条磋商和意向书提出的建议和承诺的重要组成部分，也是欧洲学期（European Semester）的欧盟谅解备忘录和建议的重要

① IMF. Romania-Staff Report for the 2010 Article Ⅳ Consultation, fourth review under the stand-by arrangement [R/OL]. [2024-09-28]. http://www.imf.org/external/pubs/ft/scr/2010/cr10227.pdf.

② CONSTANTIN D L, GOSCHIN Z, DANCIU A R. The Romanian economy from transition to crisis. Retrospects and prospects [J]. World Journal of Social Sciences, 2011, 1 (3): 161.

③ ZAMAN G, GEORGESCU G. The impact of global crisis on Romania's economic development [J]. Annales Universitatis Apulensis Series Oeconomica, 2009, 11 (2): 622.

组成部分。罗马尼亚政府与IMF和欧盟讨论了明确的条件和承诺，重塑劳动关系是其中一个目标。这些措施包括对公共部门就业和工资进行重大改革，冻结公共部门的工资和养老金，以消除公共部门就业可能优于私营部门的任何优势，并对涉及个人和集体劳动关系的劳动立法进行重大改革。[①]

随着养老、失业和税收等“反危机”政策一揽子方案的宣布，政府准备通过全新罗马尼亚《劳动法》，并向IMF承诺在2010年底前完成。[②]截至2010年底，罗马尼亚新《劳动法》提案草案已经提上议事日程，同时就修改集体谈判条例进行了初步磋商。该提案草案回顾了2005年的拟议修正案，并重新提出国际组织的建议和外国投资者的要求。为防止任何不必要的干扰，政府承诺在提交议会批准之前，与IMF、世界银行和欧盟讨论提案草案。[③]

2011年3月通过了罗马尼亚新《劳动法》，这与2005年上半年的事态发展非常相似，同样受到工会的反对，只不过结局截然相反。2005年政府虽然受到雇主组织、外国投资者代表以及IMF、世界银行和欧盟等国际组织的支持，但工会成功地阻止了罗马尼亚政府提出的修改方案。然而这一次，工会组织经历了迄今为止最惨重的失败。罗马尼亚《劳动法》(2011) 做了很多修正，包括临时和非全日制工作的条件、雇佣和解雇程序的简化、加班规定的放宽、削弱对工会领导的解雇保护等。[④]罗马尼亚《劳动法》(2011) 实际上抵消了工会在

---

① CONSTANTIN D L, GOSCHIN Z, DANCIU A R. The Romanian economy from transition to crisis. Retrospects and prospects [J]. World Journal of Social Sciences, 2011, 1 (3): 155-171.

② IMF. Romania-Staff Report for the 2010 Article Ⅳ Consultation, fourth review under the stand-by arrangement [R/OL]. [2024-09-28]. http: //www.imf.org/external/pubs/ft/scr/2010/cr10227.pdf.

③ IMF. Romania: letter of intent, and technical memorandum of understanding [R/OL]. [2024-09-28]. https: //www.imf.org/external/np/loi/2010/rou/122210.pdf.

④ KOUKIADAKI A, et al. Joint regulation and labour market policy in Europe during the crisis [M/OL]. [2024-09-28]. Brussels: ETUI, 2016. http: //www.etui.org/Publications2/Books/Joint-regulation-and-labour-market-policy-in-Europe-during-the-crisis.

21世纪初始几年获得的胜利，他们已经设法将这个胜利维持了十年。罗马尼亚《劳动法》（2011）通过两个月后，通过了《社会对话法》（Social Dialogue Law）。政府绕过正常的议会程序直接通过这项法律，使《社会对话法》（2011）通过程序遭到质疑。此外立法者并未在实施前后进行法律影响评估，而且三方经济和社会理事会以及ILO提出的所有批评和建议都被忽视了。根据《社会对话法》（2011），国家集体协议被解除，只允许签署部门级协议。此外，只有当公司一半以上雇员加入工会时工会才被认为具有代表性，才被允许在公司进行谈判（之前的立法规定是1/3）。该法限制了雇员在公司层面进行有效组织的可能性，并且普遍限制了各级工会的影响力，导致集体谈判方面出现普遍的结构障碍，这是工会和雇主组织之间结构性不相容所导致的直接后果。

政府采用特别程序通过这两项法律，公开辩论和议会讨论从未进行过，其方式与2003年采取的方式相同。由于金融危机前工会力量已经削弱，因此在法律出台时的所有抗议和罢工的威胁都未能实现。另一方面，罗马尼亚从2005年左右开始的依赖性发展使得外国投资者在雇主运动中占据优势，并在与政府打交道方面具有相当大的影响力。[①]2011年罗马尼亚劳动关系的彻底改革受到外国投资者和国际组织的影响。两者都有相同的目标，即打击劳动者以前的立法胜利（罗马尼亚《劳动法》（2003）），同时确保他们尽可能少地参与立法。

自2011年以来，工会成员数量大幅下降，反映出工会成员不满工会的代表能力。而从2011年中期开始，罗马尼亚《劳动法》（2011）一直受到国际组织认同，代表着罗马尼亚政府和国际组织之间的关系发生变化。关于新法律实施情况的监测报告被提交给国际组

---

① NÖLKE A, VLIEGENTHART A. Enlarging the varieties of capitalism: the emergence of dependent market economies in East Central Europe [J]. World Politics, 2009, 61 (4): 670-702.

织的工作人员，他们强调“任何旨在撤销所取得进展的做法都应被坚决抵制”。[①]2012年底，关于修改法律的谈判又回到了谈判桌上。罗马尼亚社会民主党重新掌权，并对工会承诺至少撤销2011年改革的一部分内容。对于蓬塔（Ponta）政府提出的《劳动法》（2011）修正案草案，欧盟委员会和IMF建议不做任何修改。[②]由于前任政府没有经过公开或议会辩论就直接通过了主要立法，IMF和欧盟委员会还强调，“最重要的是要通过正常的立法程序，确保让所有利益相关者做充分准备，并与之适当协商”。[③]他们还指出政府不应该对国家和部门集体谈判条款进行修订，应该继续限制公共部门工资，并且限制劳动冲突，只能对工会领导人实施有限的保护等。[④]尽管工会不断施加压力，但政府放弃了对2011年立法的任何重大修改。截至2012年底，罗马尼亚《劳动法》（2011）修正案草案已从罗马尼亚政府的所有议程中撤销。

罗马尼亚工会运动的命运发生了巨大变化，金融危机成为国际组织对罗马尼亚国家政策施加影响的催化剂。国际组织对罗马尼亚劳动关系的约束涉及各个方面。例如，在最低工资方面，从2014年开始，最低工资成为政府、工会和雇主组织之间讨论的主要问题，2009—2016年月度最低工资从149欧元增加到276欧元。IMF认为最低工资是解决收入不平等的一个相当无效的机制，告诫罗马尼亚政府应该反对最低工资增长，认为这种增长会破坏竞争力，并明确要求避免过度

---

① IMF. Romania： staff report for the 2012 Article Ⅳ Consultation［R/OL］.［2024-09-28］. https：//www.imf.org/external/pubs/ft/scr/2012/cr12290.pdf.

② EUROPEAN COMMISSION，IMF. Draft emergency ordinance to amend Law 62/2011 on social dialogue joint comments of European Commission and IMF staff［EB/OL］.［2024-09-28］. https：//www.ituc-csi.org/IMG/pdf/romania.pdf.

③ IMF. Romania： letter of intent，memorandum of economic and financial policies，and technical memorandum of understanding［R/OL］.［2024-09-28］. https：//www. imf. org/external/np/loi/2013/rou/091213.pdf.

④ IMF. Romania： letter of intent，memorandum of economic and financial policies，and technical memorandum of understanding［R/OL］.［2024-09-28］. https：//www. imf. org/external/np/loi/2013/rou/091213.pdf.

增长。[1]罗马尼亚劳动关系的主战场已经从国内走向了国际。国际组织及其国内盟友在推动反《劳动法》（2011）议程方面占据上风，让工会几乎无法反击。这导致罗马尼亚工会在政治上日益孤立，使其在国家决策中被边缘化。虽然这一转变的影响在劳动力市场上显而易见，但工会地位越来越不稳定，工会没有提出反对意见，因此恢复劳动友好型制度环境的可能性微乎其微。然而工会仍然在努力解决社会对话问题，2017年社会对话部（Ministry of Social Dialogue）作为一个单独的机构成立，接管了社会对话事务。后来社会对话部与劳动部合并，设立了一个专门负责社会对话的独立机构，但只维持了一年。这些持续的变化造成了明显的混乱，反映了不稳定的政治局势以及罗马尼亚在劳动关系方面持续不断却无效的改革。

这个阶段工会力量大大削弱，特别是罗马尼亚《劳动法》（2011）和《社会对话法》（2011）出台之后，工人在集体和个人权利方面受到了前所未有的制约。尽管也发起抗议活动，但工会无法对政府构成实质性威胁。2011年之后，罗马尼亚的工会运动已经从转型后中东欧国家曾经最激进的工会运动变成了最和平最无害的运动之一。自由化和灵活化导致越来越不稳定的工作形式激增，但工会力量弱势，不足以扭转局面。

第四节　小结

罗马尼亚是典型的国际利益相关者对劳动者权利产生负面影响的例子。与中东欧其他国家一样，外部限制对罗马尼亚的集体谈判和结

① IMF. Romania： 2016 Article Ⅳ Consultation-staff report ［R/OL］. ［2024-09-28］. https：//www.imf.org/external/pubs/ft/scr/2016/cr16113.pdf.

社自由产生了不利影响。[①]金融危机进一步加速了这样的趋势，外部财政援助仍然采用其传统方法，强调经济增长和提高生产力，而牺牲劳动者的权利。[②]

对罗马尼亚劳动关系的梳理可以发现，虽然转型初期该国存在中东欧国家中最容易发起抗议的工人运动，但目前已形成高度放松管制的劳动力市场结构和集体谈判制度，最大限度地降低了劳动者一方在国家政策制定中的作用。罗马尼亚劳动关系经历了如下转变：第一阶段是1990—2003年，该阶段的特点是工会拥有较强的战斗力，罗马尼亚政府与国际组织之间关系不稳定，工会在国家层面的政策制定中影响相对较大。然而，1992年和1997年经济危机限制了工会从与政府的对抗中获得的收益。在制度上，劳动关系仍然不完善，成立于1997年的三方经济和社会理事会仍然只是虚幻的机构，发挥不了实际作用。第二阶段是2003—2009年，该阶段的特点是罗马尼亚经济稳定，并通过了一项有利于劳动者的立法。罗马尼亚《劳动法》（2003）受到国际组织和雇主组织的强烈反对，他们认为这对罗马尼亚经济来说过于僵化，特别是在涉及集体谈判和劳动合同监管方面。2005年政府与IMF、世界银行以及欧盟等国际组织一起试图对罗马尼亚《劳动法》（2003）进行修订，以实现劳动力市场灵活化，却遭到工会的强烈反对，工会发起共同抗议活动，成功阻止了改革。第三个阶段是2009年之后，工会力量大大削弱，特别是罗马尼亚《劳动法》（2011）和《社会对话法》（2011）出台之后，工人在集体和个人权利方面受到了前所未有的制约。尽管也发起抗议活动，但工会无法对政府构成实质性威胁。2011年之后，罗马尼亚的工会运动已经从转型

---

① BLANTON R G, BLANTON S L, PEKSEN D. The impact of IMF and World Bank programs on labor rights [J]. Political Research Quarterly, 2015, 68 (2): 324-336.

② KENTIKELENIS A E, STUBBS T H, KING L P. IMF conditionality and development policy space, 1985-2014 [J]. Review of International Political Economy, 2016, 23 (4): 543-582.

后中东欧国家曾经最激进的工会运动变成了最和平最无害的运动之一。自由化和灵活化导致越来越不稳定的工作形式激增，但工会力量弱势，不足以扭转局面。

第六章

维谢格拉德集团模式的劳动与雇佣管制体系：基于波兰的案例研究

波兰劳动关系有显著的地方特色，其发展过程凸显出各方利益相关者在劳动关系形成和发展中的重要作用。本章据此将波兰劳动关系的发展分为三个阶段：第一阶段是转型初期至金融危机前，迫于转轨和入盟的压力，吸引外资是政府关注的头等大事；而且波兰工会内耗严重，三方社会对话经常被忽视，其发挥的作用有限。第二阶段是金融危机期间，伴随着经济衰退和经济复苏，政府对待社会伙伴的态度也随之改变，波兰工会由于对社会对话制度感到失望，转而开展更积极主动的动员活动。第三阶段是金融危机之后，从表面上看，工会和政府之间的关系有所缓和，但实际上，自2017年开始，社会对话再次成为摆设，政府依然处于主导地位，继续无视社会伙伴。波兰劳动关系发展的三个阶段体现出国外利益相关者、国内政党和社会伙伴互相作用的过程。

第一节　波兰劳动与雇佣管制发展背景

自1989年转型以来，波兰的劳动关系发展经历了许多挑战。总体来说，波兰的劳动关系是集体谈判权力下放（大多数集体谈判在公司一级进行）、国家层面相对薄弱的社会对话机构以及不完善的部门一级集体谈判的结合。在此，我们对波兰劳动关系特点形成的原因进行梳理，从宏观经济背景、劳动力市场背景和政治背景三个方面进行分析。

一、宏观经济背景

转型后，经过10年的市场经济改革尝试，波兰政府和国有企业的管理者比其他中东欧国家的政府和国有企业管理者更有能力管理市场经济下的企业。然而，源自团结运动（Solidarność Movement）的第一届波兰政府不愿意放开对国家经济资产的控制权，因此最初波兰的私有化进程不如中东欧其他国家顺利。[①]同样，由于中左翼联盟（1993—1997年执政）试图提升本土经济潜力，波兰融入欧洲贸易网络的步伐相对缓慢。然而，在缺乏资金和技术的情况下，从零开始建立市场经济是一项艰巨的任务，因此，自20世纪90年代末以来，吸引愿意为经济注入资金并实现波兰工业基础现代化的外国投资者成为波兰政府的优先考虑事项。新的经济政策被称为"第二代经济改革"（Second-Generation Economic Reforms）。[②]与早期过渡政策相比，新的经济政策旨在吸引外国企业，并在税收和劳动力市场领域采取各种放松管制的措施，对潜在投资者也给与相应的优惠待遇。其他维谢格拉德国家同样是FDI导向的，它们试图吸引大型跨国公司，提供有针对性的补贴并提升劳动力市场的灵活性。四个国家之间展开竞争，迫使它们进一步削减税收和放松劳动力市场管制，并提供更多的补贴。2004年，波兰是维谢格拉德国家中拥有最大FDI存量（FDI stock）的国家，它还拥有最多的绿地FDI项目（greenfield FDI projects）。[③]然而，对投资者友好的政策以及与邻国的激烈竞争被证明代价高昂，这对波兰的税收和劳动力市场管制产生了深远影响。1990—2000年，波兰企业税削减了10%：从40%降至30%。[④]

随着金融危机的爆发，对外资高度依赖的经济存在风险，研究表

① BOHLE D，GRESKOVITS B. Capitalist diversity on Europe's periphery［M］. Ithaca：Cornell University Press，2012.

② O'DWYER C，KOVALČÍK B. And the last shall be first：party system institutionalization and second-generation economic reforms in postcommunist Europe［J］. Studies in Comparative International Development，2007，41（4）：3-26.

③ UNCTAD. World investment report：transnational corporations and the internationalization of R&D［EB/OL］.［2024-09-28］. http：//unctad.org/en/Docs/wir2005_en.pdf.

④ BOHLE D. Race to the bottom？Transnational companies and reinforced competition in the enlarged European Union［M］// VAN APELDOORN B，DRAHOKOUPIL J，HORN L. Contradictions and limits of neoliberal European governance：from Lisbon to Lisbon［M］. Basingstoke：Palgrave Macmillan，2009：163-186.

明中东欧国家的外资主导领域与其在金融危机中的表现有联系。[①]波兰与其他维谢格拉德国家一样属于“依赖型工业化”（dependent industrialisation）国家。这些国家通过FDI和出口融入欧洲和全球经济，这两个渠道成为这些国家金融危机传播的主要渠道。在四个维谢格拉德国家中，经济衰退与出口的快速下降密切相关，主要是外部需求减少。2009年3月，波兰产出同比下降近18.8%；金属制造业下降幅度最大，同比下降34.1%。[②]

尽管产量大幅下滑，但波兰是唯一避免了经济衰退的欧盟国家。即使在最动荡的时期，波兰仍保持了正的GDP增长率。图斯克总理（2007—2014年在任）将其描述为欧洲在金融危机之中抵御衰退的“绿色岛屿”（green island）。波兰对金融危机的抵御能力似乎证实了其“嵌入式新自由主义”（embedded neoliberalism）制度的有效性，该制度将出口导向和劳动力市场灵活性相结合，并向外国投资者提供补贴。[③]与其他中东欧国家相比，波兰对金融危机的相对良好适应能力受到许多因素的影响。第一，波兰对出口的依赖程度明显低于邻国（2006年为34.4%，而其他三个维谢格拉德国家的平均比例为69.33%）。与邻国相比，波兰的机械和复杂产品出口份额是最小的，这两个行业在金融危机早期阶段衰退尤为严重（分别为13.3%和36.53%）。[④]第二，在经济衰退之前的几年里，由于经济发展和劳动力向原欧盟成员国迁移，波兰的劳动力市场比较紧张，而由此引发的工资增长使得内部劳动力需求相对稳定，仅在2009年前三个季度是负值，自此以后一直是增长趋势。第三，在货币政策领域，波兰不属

---

① BECKER J，JÄGER J. Development trajectories in the crisis in Europe［J］. Debatte，2010，18（1）：5-27.

② GUS DATABASE. Central statistical office of Poland［EB/OL］.［2024-09-28］. https：//stat.gov.pl/en/.

③ BOHLE D，GRESKOVITS B. Capitalist diversity on Europe’s periphery［M］. Ithaca：Cornell University Press，2012.

④ MYANT M，DRAHOKOUPIL J. Transition economies：political economy in Russia，Eastern Europe，and Central Asia［M］. New York：Wiley，2011.

于欧元区，政府可以调整兹罗提（Zloty）的汇率；而波兰宪法规定的公共债务上限则防止了政府过度支出。第四，欧盟资助的大型基础设施项目以及波兰与乌克兰共同主办的2012年欧洲足球锦标赛前夕的建设热潮，促进了额外的投资，帮助波兰经济度过了最困难的阶段。之后，波兰经济逐渐恢复发展。与2012年相比，2018年波兰的GDP增长了24%。[①]

二、劳动力市场背景

对投资者友好的政策对劳动力市场管制也产生了深远影响。波兰劳动力市场进行了若干次调整，特别是2002年对《劳动法》（the Labour Code）的重大修改，放宽了对集体解雇和固定期限劳动合同的管制。2004年发布的《促进就业和劳动力市场机构法》（Employment Promotion and Labour Market Institutions）将失业救济金的期限限制在6个月，并将其数额固定在较低水平。该法也为设立临时工作机构（temporary work agencies）提供了法律依据。在这些法律调整之后的几年里，波兰的临时就业人数稳步增长，2007年达到20%以上，远远高于欧盟28国的平均水平。[②]在临时劳动力所占的比例上，波兰在欧盟各国中仅次于西班牙，并在2010年超过了西班牙。[③]此外，整个21世纪头10年，波兰临时工作的激增与就业岗位总数无关，就业总数变化相对较小，因为在固定期限劳动合同增长的同时，长期就业机会也在减少。[④]自20世纪90年代中期以来，波兰不受《劳动法》管制的民法合同（civil-law contracts）工人非常多。

① EUROFOUND. Working life in Poland［EB/OL］.［2024-09-28］. https：//www.eurofound.europa.eu/country/poland#background.

② EUROSTAT DATABASE（http：//ec.europa.eu/eurostat）.

③ EUROSTAT DATABASE（http：//ec.europa.eu/eurostat）.

④ MACIEJEWSKA M，MROZOWICKI A，PIASNA A. The silent and crawling crisis：international competition，labour market reforms and precarious jobs in Poland［M］// MYANT M，THEODOROPOULOU S，PIASNA A. Unemployment，internal devaluation and labour market deregulation in Europe. Brussels：ETUI，2016：229-254.

根据波兰中央统计局（Central Statistical Office，GUS）的数据，2012年有135万波兰人签订这类合同，占全国劳动人口的13%。[①]此外，根据GUS的另一项数据，2017年有5.4%的就业人口（约880万人）从事未申报工作（undeclared work）[②]，而2014年这类就业人口为4.5%（约700万人）。[③]

虽然与其他欧盟成员国相比，波兰经济在经济衰退期间表现得相当不错，但是正如Meardi和Trappmann（2013）所说，GDP保持正增长的事实并不意味着波兰没有感受到危机。[④]特别是在劳动力市场方面，经济衰退的后果非常明显。波兰就业率进一步下降，失业率稳步上升，在2013年2月达到了14.4%的高峰。[⑤]Meardi和Trappmann（2013）指出，西欧经济衰退导致移民的可能性变小，加之雇主倾向于用智能设备替代人工，这也引发了波兰制造业的解雇潮。[⑥]在经济衰退的初始阶段，西欧各国对波兰商品的需求减少，固定期限合同雇员和派遣人员被第一批解雇。波兰的失业率在2010年上半年保持高位，直到2015年才开始系统性下降。2018年，波兰总体失业率很低，年平均失业率为3.9%（是1989年以来的历史最低水平），大大低于欧盟28国的平均水平（6.8%）。在工资方面，除2009年和2012年外，波兰实际工资增长得以保持。[⑦]尽管如此，Meardi和Trappmann（2013）通过分析欧盟统计局（Eurostat）的数据，发现波兰和西欧各国之间的趋同趋势已经停止，波兰和德国名义小时工资之间的比率在

---

① GUS DATABASE. Central statistical office of Poland［D/OL］.［2024-09-28］. https：//stat.gov.pl/en/.

② 指收入未报税的工作，亦即地下经济中的非正式工作。

③ GUS DATABASE. Central statistical office of Poland［D/OL］.［2024-09-28］. https：//stat.gov.pl/en/.

④ MEARDI G，TRAPPMANN V. Between consolidation and crisis：divergent pressures and sectoral trends in Poland［J］. Transfer，2013，19（2）：195-204，197.

⑤ GUS DATABASE. Central statistical office of Poland［D/OL］.［2024-09-28］. https：//stat.gov.pl/en/.

⑥ MEARDI G，TRAPPMANN V. Between consolidation and crisis：divergent pressures and sectoral trends in Poland［J］. Transfer，2013，19（2）：195-204.

⑦ BERNACIAK M. Beyond the CEE “black box”：crisis and industrial relations in the new EU member states［R］. Brussels：ETUI，2015.

经济衰退初期开始下降。[①]

三、政治背景

转型初期，政府避免让有组织的劳动力参与政策制定。1992年和1993年，转型后的不确定性和失业率上升引发了一系列基层抗议活动。在民众的压力下，政府签署了《国有企业改制协议》(Pact on the Restructuring of State-Owned Enterprises)，提到雇员代表可以参与私有化决策。政府还成立了三方社会经济事务委员会（the Tripartite Commission on Social and Economic Affairs，TK)，作为雇员、雇主和政府代表的政策讨论论坛。然而自20世纪90年代初以来，尽管政府进行了一些适度尝试，但没有签署其他社会协议。[②]长期以来，政府无视社会伙伴的意见和三方论坛的磋商。只有当国家不得不面对严峻的经济环境或需要解决重大的社会经济问题时，政府为了获得广泛的社会合法性，才进行一些零星的建立三方社会契约的尝试，但大多数都失败了。Ost（2002）将这种情况称为“虚幻的社团主义”（illusory corporatism)。[③]

金融危机是一个考验，显示了波兰社会对话所处的位置。人们最初担心这场金融危机将严重影响波兰经济，社会伙伴和图斯克领导的中右翼联盟政府进行了各级社会对话，共同商定了一系列反危机措施，缓解了劳动力市场的压力，并在一定程度上为现有工作提供了保护。然而事实证明，这场金融危机的影响比预期要轻得多，这对社会对话来说是一把“双刃剑”。一方面，不会出现社会对话的崩溃，这

① MEARDI G，TRAPPMANN V. Between consolidation and crisis： divergent pressures and sectoral trends in Poland［J］. Transfer，2013，19（2）：195-204.

② GARDAWSKI J，MEARDI G. Keep trying? Polish failures and half-successes in social pacting［M］// POCHET P，KEUNE M，NATALI D. After the euro and enlargement：social pacts in the EU. Brussels： ETUI，2010：371-394.

③ OST D. The weakness of strong social movements： models of unionism in the East European context［J］. European Journal of Industrial Relations，2002，8（1）：33-51.

已经在几个金融危机较为严重的西欧国家发生过；另一方面，良好的经济态势使波兰政府更加肆无忌惮，波兰政府在起草财政紧缩措施时再次无视社会伙伴。尽管遭到了广泛反对，但图斯克政府仍坚持并单方面立法削减预算。

2015年6月，波兰重建三方社会对话制度的新立法通过，10月新的三方机构开始运作。2015年6月安德烈·杜达（Andrzej Duda）在总统选举中获胜，10月法律与正义党（Law and Justice，Prawo i Sprawiedliwość，PiS）赢得了议会选举，从而确保了两个议席的多数席位。新政府在运作之初，进行了许多有利于雇员的法律调整，对三方协商的重视程度较高。但是自2017年以来，越来越多的迹象表明，新政府似乎采取了前政府对三方机制的选择性做法，例如，只要被视为阻碍政府政策目标的实现，就会避免或无视三方协商。

这些情况证明了两点：第一，只有当波兰经济面临金融危机时，双边和三方社会对话才会被认真对待。另外，社会伙伴也证明了他们已经足够成熟，能够达成令各方满意的解决方案。第二，在参与社会对话的三方主体中，政府仍然是最不愿合作的一方。这种行为降低了政策的合法性，使政府疏远了公众。因此，政府需要更加真切地考虑社会伙伴的立场和要求。

第二节　波兰劳动关系体系

工会、雇主组织和公共机构在劳动关系体系中起着关键作用，它们是包括国家、部门、地区（省或地方）和公司等各级组织在内的多级劳动关系治理体系中相互关联的部分。波兰的对话机构可以分为三类：第一类是传统意义上的社会伙伴，即雇员和雇主组织的代表，与政府部门进行对话，在有省社会对话委员会（Voivodeship［provincial］ Social Dialogue Commission，WKDSs）的情况下，也与省政府合作。该类包括各部和中央办事处的社会对话机构，这些机构是社会对话主体（包括双方、三方、四方），主要参与国家层面的对话，专用基金（special purpose funds）是国家层面对话的控制和监督机构。第二类是以非政府组织为代表的公民对话机构，其国家代表是公益工作理事会（Public Benefit Works Council）。此外，还有其他很多的机构，由于涉及的问题很多，开展的对话具有多边性质。除了工会、雇主和政府这三个主体外，第三类对话还吸引了一些组织代表，如专业和经济商会（professional and economic chambers）。[①]分类的决定性因素是对话机构的组成，这决定了对话原则。社会对话具有特殊法律性质，受到国际和国家的保障。本节对波兰政府、工会以及雇主组织的角色进行介绍。[②]

一、公共机构

国家在波兰的劳动关系中发挥着重要作用。第一，它是重要的雇主，2015年波兰有22.5%的人在公共部门工作。第二，由于各级集体谈判覆盖面有限，国家立法仍然是私营部门为大多数雇员规定最低工资和工作条件的基本参照点。第三，政府在国家和地区三方社会对话中发挥着至关重要的作用。

社会对话是劳动和社会政策部（Ministry of Labour and Social Policy）社会政策的一部分，该部负责社会对话在立法、资金和组织层面的运作，例如，与社会伙伴讨论政府正在制订的新劳动法规。劳

① MĘCINA J P. Social dialogue in face of changes on the labour market in Poland: from crisis to breakthrough［EB/OL］.［2024-09-28］. http: //www.ilo.ch/wcmsp5/groups/public/---europe/---ro-geneva/---sro-budapest/documents/publication/wcms_619585.pdf.

② EUROFOUND. Working life in Poland［EB/OL］.［2024-09-28］. https: //www.eurofound.europa.eu/country/poland.

动和社会政策部部长也是三方社会经济事务委员会中最经常担任主席的人选。除主席外，政府方面由劳动和社会政策部部长、经济部部长、财政部部长、国库部长、卫生部部长以及教育部部长等部门代表构成。

国家劳动监察局（The National Labour Inspectorate，Państwowa Inspekcja Pracy，PIP）是一个中央管理机构，由首席劳动监察员领导，由议会任命，负责执行波兰《劳动法》并监督遵守情况。PIP受劳动者保护委员会（the Labour Protection Council，Rada Ochrony Pracy，ROP）监督，工作范围涉及保障雇员权利、遵守健康和安全法规、就业合法性、在与《劳动法》有关的事务中向公民提供帮助和建议。在省（地区）级，有地区劳动监察员（District Labour Inspectorates，Okręgowe Inspektoraty Pracy，OIP），其职责（除上述内容外）是登记新的和修订后的单项雇主集体协议。劳动监察员通过预防措施（宣传相关知识，促进工作场所的健康和安全，为雇主和雇员提供建议）和工作场所审核（现场控制和间接查询）来履行其职责。审核分为两类：常规审核和有意审核（预定），旨在检查特定部门或企业。

劳动法院是普通法院体系（地方法院、地区法院和上诉法院）中单独且自治的组织单位，负责对与劳动者有关的事项进行听证和裁决，例如与雇佣和劳动关系有关的主张、确定是否存在雇佣关系、处理与工作有关的事故和职业病造成的损害。

社会合作伙伴中心“对话”（The Centre for Social Partnership “Dialogue”，Centrum Partnerstwa Społecznego “Dialog”）是一个国家机构，负责促进社会对话，例如鼓励公众进行辩论、开展研究和出版著作等。

二、工会

1991年波兰《工会法》（Act on Trade Unions）赋予工会在社会经济制度中的特殊地位，不仅保障其结社自由，而且保障其采取各种手段对劳动关系和其他社会政策领域施加影响。由于波兰《工会法》对结社权的定义比较狭窄，自雇人士和民法合同工人没有资格加入或组织工会。建立一个企业级工会最少需要10名雇员，因此微型公司的雇员也被排除在外（约占所有雇员的40%）。根据民意研究中心（the Public Opinion Research Centre，Centrum Badania Opinii Społecznej，CBOS）的调查，2016年波兰的工会密度为11%。虽然目前波兰的工会密度不高，但工会在与雇主的关系中具有相当大的影响力。此外，工会在协商和对话中享有若干保障，这对谈判有积极影响，特别是在公司层面进行的谈判。工会联合会还享有参与立法协商和对话进程的若干保障，特别是在三方协商方面。拥有工会成员资格的大多数雇员都与三方社会经济事务委员会的三个代表工会之一有联系。

根据《社会经济事务和省社会对话委员会三方委员会法》（Act on the Tripartite Commission for Socio-Economic Affairs and Voivodeship [Provincial] Social Dialogue Commissions），下列工会组织具有代表性（见表6-1）：

（1）独立自治团结工会（Independent Self-Governing Trade Union "Solidarity"，NSZZ "Solidarność"）。它有38个区域和16个部门秘书处。该工会在波兰近代史上的地位非常重要，且与政府有很强的政治联系，但是由于历届政府的执政时间较短，因此这一点显得更加难得。另外，该工会强有力的观点建立在其强有力的方案和专家基础之上，这使得NSZZ "Solidarność" 提出的倡议成为三方对话框架内的主要工会倡议。该工会也存在弱点，其结构复杂，而且地区结构和部门结构之间关系密切。

表6-1　　　　　　　　波兰主要工会组织

全称	缩写	成员数量（2012）	参与集体谈判
独立自治团结工会（Independent Self-governing Trade Union "Solidarity", Niezależny Samorządny Związek Zawodowy "Solidarność"）	NSZZ "Solidarność"	622 577	是
全波兰工会协定（All-Poland Alliance of Trade Unions, Ogólnopolskie Porozumienie Związków Zawodowych）	OPZZ	792 503	是
工会论坛（Trade Unions Forum, Forum Związków Zawodowych）	FZZ	408 095	是

资料来源：EUROFOUND. Working life in Poland [EB/OL]. [2021-12-02]. https://www.eurofound.europa.eu/country/poland#actors-and-institutions.

（2）全波兰工会协定（All-Polish Agreement of the Trade Unions, OPZZ）。它与90多个联合会和工会保持联系，有部门和地区两套组织体系。OPZZ组织体系的一个重要情况是其地区结构以及独立公司组织的发展，但其在三方社会对话中仍能形成共同立场，其部门结构对工会总部有重大影响。该工会也与政府有政治联系。

（3）工会论坛（Trade Union Forum, FZZ）。该工会是在《社会经济事务和省社会对话委员会三方委员会法》实施时建立的。由于其内部结构具有高度自主性，由能源、军警服务、医疗服务、铁路运输等几个强势部门主导，因此很难形成共同立场。

上述工会是波兰符合《社会经济事务和省社会对话委员会三方委员会法》代表性含义标准的组织。除此之外，波兰还有一些部门和地区工会组织，以及企业层面的自治工会。在《社会经济事务和省社会对话委员会三方委员会法》的规定中，只有符合下列标准的工会组织才具有代表性：第一，超过30万名成员；第二，在全国范围内运作；第三，在国民经济实体中运作的组织，大部分都在波兰商业活动分类（Classification of Business Activities，PKD）的界定范围内。

波兰工会的情况很特别，是由两个平等的大型工会联盟的长期对抗所形成的。这导致了对抗性多元主义模式（Competitive Pluralism），在一定时期内是工会数量减少的原因。[①]工会数量的减少也受到经济变化的影响，特别是工会密度高的大型工厂破产以及工会不活跃的小公司成立。波兰民众对工会在工作场所发挥的作用评价是积极的，但是并不赞成工会组织过度集中。因此，在一些企业中，特别是在国有企业中，雇员的利益可能由十几个工会来代表，这阻碍了工会与雇主对话的有效性。

三、雇主组织

雇主组织是自治的独立组织，旨在与工会、政府和行政机构建立联系，保护和代表雇主的利益和权利。雇主组织有权参与处理集体争议以及签订集体协议。波兰雇主组织的数量很难估计，而且并非所有商业组织都以法律形式运作，其中许多组织是作为协会、基金会或经济组织运作的。与历史悠久的工会相比，雇主组织中除了波兰工匠协会（Polish Artisan Association）和小规模贸易组织外，大部分雇主组织自19世纪起到第二次世界大战后都没有运作，直至1989年转型后

① GARDAWSKI J. Competitive pluralism of Polish trade unions [EB/OL]. [2024-09-28]. https://www.eurofound.europa.eu/publications/report/2010/trade-union-strategies-to-recruit-new-groups-of-workers-poland.

才获得了发展。在转型初期，只有私营部门及时建立了雇主组织，但当时的企业家和雇主主要集中于国企。根据相关法律，雇主组织享有额外特权，与代表性工会组织的特权相对应。波兰最重要的雇主组织如下（见表6-2）：

表6-2 **波兰主要雇主组织**

全称	缩写	成员数量	参与集体谈判
波兰雇主（Employers of Poland，Pracodawcy Rzeczypospolitej Polskiej）	Pracodawcy RP	19 000家公司，直接联系或通过28个地区和部门工会联系（2015）	是
利维坦联合会（Confederation Lewiatan，Konfederacja Lewiatan）		80个组织，包含25家公司（个体成员）、31个部门组织、24个地区组织（2015）	是
波兰工匠协会（Polish Artisan Association，Związek Rzemiosła Polskiego）	ZRP	28个手工艺和创业商会、477个公会和186个工匠合作社（2015）	是
商务中心社（Business Centre Club）	BCC	716家公司（2012）	是
企业家与雇主联盟（Union of Entrepreneurs and Employers，Związek Przedsiębiorców i Pracodawców）	ZPP	51 841家公司、14个地方分支机构、16个部门协会（2018）	是

资料来源：EUROFOUND. Working life in Poland［EB/OL］.［2021-12-02］. https：//www.eurofound.europa.eu/country/poland#actors-and-institutions.

（1）波兰雇主（Employers of Poland，Pracodawcy RP）。它是波兰历史最悠久的雇主组织，代表超过1.9万个、共拥有500万雇员的公司。该组织包含众多国有企业，涵盖采矿、冶金、能源、医疗服务、制药等部门，这些部门的就业人数众多。此外，该组织还在不断发展私营部门会员，私营部门的增加主要是通过国有企业私有化进行的。[①]

（2）利维坦联合会（Confederation Lewiatan）。该联合会是参与三方社会经济事务委员会工作历史最短的雇主组织，由50多个部门、地区雇主组织以及25个独立公司组成，涉及大多数现代部门和公司，如金融和保险、咨询和公关、汽车工业、航空、制药、化学、私人能源、媒体、食品和服装行业等。该联合会的创始人希望建立一个专家机构，以便利用波兰《雇主组织法》（Act on Employers' Organizations）规定的所有特权，不仅能代表雇主在波兰的经济利益，也能代表雇主在欧盟的经济利益。利维坦联合会强调其与私营部门的联系，是欧洲最大的雇主和企业家联合会Business Europe在波兰的唯一成员组织。利维坦联合会拥有4 100多家公司，涵盖雇员总数超过100万人。

（3）波兰工匠协会（ZRP）。该协会联合了28个手工艺和创业商会、477个公会和186个工匠合作社。1989年波兰《手工艺法》（Act on Craft）通过，取代了《工艺追求和组织法》（Act on Pursuit and Organisation of Craft）。当时该协会是一个专业工匠自治组织，2001年该协会被确认为雇主组织代表。该协会主要代表波兰中小企业。

为了在三方社会经济事务委员会中有代表，上述组织必须符合类似工会要达到的标准，即雇主组织需要共同雇用超过30万名雇员，在全国范围内开展工作，并积极发展国家经济实体，涉及的活动类型应达到波兰商业活动分类的一半以上。此外，雇主组织与工会组织一样，相互之间存在竞争关系。但在税收问题、经济自由或劳动关系等多个领域，雇主组织不仅密切合作，还采取了共同立场。雇主组织重视参与立法过程以及与媒体合作。

① 2010年，波兰雇主联合会（Polish Employers' Confederation）更名为波兰雇主（Employers of Poland）。

四、三方机构

波兰现有的社会对话机构是社会对话委员会（the Social Dialogue Council，RDS），其前身是三方社会经济事务委员会。在波兰加入欧盟之后，社会伙伴关于变革方向的讨论日益增多，社会伙伴在法律领域对市场变化和劳动力市场变化做出反应的重要性明显增强。因此，在欧洲和国家层面谈判修改劳动法的过程中，社会对话的意义越来越重要。一方面，应批判性看待集体协议的不足，因为这是劳动法律权力下放和劳动关系民主化的形式；另一方面，国家一级社会对话日益重要，特别是在劳动法律领域制定新的政策方面。三方社会经济事务委员会或其他代表性工会和雇主组织在劳动法律的重要变革方面多次参加非正式会议和签订协议。此外，工人组织专家团也发挥了作用，该专家团于2014年年中就集体劳动法的变革进行了磋商，包括关于工会和结社权、集体争议解决法案和集体协议，从而为谈判创造了空间，并制订计划，恢复了三方对话。

2015年，三方社会对话的体制框架发生了根本变化（见表6-3）。在中央一级，主要机构是社会对话委员会（the Social Dialogue Council，Rada Dialogu Społecznego，RDS）。RDS成员是总理任命的政府代表，此外还有国家级工会组织和雇主组织的代表。RDS内有11个主题小组，分别处理不同的跨部门社会对话主题，如国家经济政策、劳动力市场、劳动法律、社会保险预算、工资和社会福利等。RDS还有18个三方部门委员会（Tripartite Sectoral Committees），就国民经济特定部门的问题为政府提供咨询服务。在区域一级，社会对话区域委员会（the Regional Councils of Social Dialogue，Wojewódzkie Rady Dialogu Społecznego，WRDS）在与社会伙伴有关的问题上发挥咨询作用。

表6-3　　　　　　　　**波兰主要三方机构**

名称	级别	关注问题
社会对话委员会（Social Dialogue Council，Rada Dialogu Społecznego，RDS）	国家级	工资，包括最低工资、工资增长指标；纳入社会保险机构（Social Insurance Institution，ZUS）的养老金和津贴；最低收入水平、贫困线水平；家庭津贴水平等
三方部门委员会（Tripartite Sectoral Committees，Trójstronne Zespoły Branżowe）	部门级	所有与社会伙伴利益相关的、需要协调的部门问题
RDS主题小组（Thematic Teams of the RDS，Zespoły Problemowe RDS）	跨部门级，国家级	国家经济政策和劳动力市场，劳动法和集体谈判协议，社会对话发展，社会保险、公共服务，预算、工资和社会福利，与国际劳工组织合作，欧洲结构基金（European Structural Funds），修订的《欧洲社会宪章》（European Social Charter），欧盟事务、公务员和地方政府雇员
区域社会对话委员会（Regional Social Dialogue Councils，Wojewódzkie Rady Dialogu Społecznego）	区域级	地方/区域一级工会和雇主组织职权范围内的所有问题，特别是与维护社会和平和调解地方劳动关系冲突有关的问题

资料来源：EUROFOUND. Working life in Poland［EB/OL］.［2021-12-02］. https：//www.eurofound.europa.eu/country/poland#actors-and-institutions.

五、工作场所级员工代表

工作场所级员工代表的主要来源是公司级工会组织。组建公司级工会至少需要10名成员，这些成员的情况需要通知法院，并对新工会进行注册。工作场所级工会或直接隶属于大型工会，如NSZZ“Solidarność”；或与部门/区域工会组织有联系。

还有一个渠道是组建劳动委员会（Works Council）。自2006年以来，有些工作场所便组建了劳动委员会。组建劳动委员会的条件是公司内至少10%的雇员向机构提出选举要求（一般采用投票的方式）。劳动委员会成员任期4年。2006—2008年，组建劳动委员会的门槛是100名雇员，后来变更为50名雇员。拥有50名以上雇员的公司必须允许雇员组建劳动委员会。2009年之前，组建劳动委员会有两条途径：第一，在非工会化工作场所中，可通过普选产生劳动委员会；第二，在工会化工作场所中，则由公司级工会任命劳动委员会。2008年，波兰宪法法院裁定这些规定违反了宪法。在2009年修订之后，所有的劳动委员会都要通过大选产生，但是在工会化工作场所中，工会通常设法保持对该委员会的控制。

第三节　利益相关者在波兰劳动与雇佣管制发展中的作用

波兰劳动关系的特点是多元主义（pluralism）、新社团主义（neo-corporatism）和国家主义（etatism）的混合体。从其标签中也可窥见一二，如“虚幻社团主义”（illusory corporatism）（2000）[①]、“多

① OST D. Illusory corporatism in Eastern Europe: neoliberal tripartism and postcommunist class identities [J]. Politics and Society, 2000, 28 (4): 503-530.

元主义”(2002)[①]、“虚假社团主义”(fake corporatism)(2007)[②]、“混合式”(mixed)(2012)[③]或“新国家主义”(neo-statism)(2018)[④]等。从这些标签出现的时间来看,波兰劳动关系似乎在向着好的方向发展,但是实际上依旧面临着严峻的形势。Bechter、Brandl和Meardi(2012)指出,波兰与中东欧其他国家类似,是“混合的”(mixed)或“空洞的”(empty)。[⑤]Czarzasty和Mrozowicki(2018)指出,波兰出现了新国家主义症状。[⑥]本节对波兰特色劳动关系体系形成过程中的各方利益主体进行分析。在波兰劳动关系发展中,由于波兰经济对外资的依赖性,FDI的影响一直较大,出于吸引外资的目的,波兰放松了劳动力市场管制、忽略了社会对话也是波兰政府的常态。金融危机是一个转折点,在此我们以金融危机为分水岭,将波兰劳动关系发展分为三个阶段,分别是转型初期至金融危机前、金融危机期间及金融危机之后。波兰劳动关系三个阶段的发展体现出国外利益相关者、国内政党和社会伙伴互相作用的过程。

一、转型初期至金融危机前:“虚幻”的劳动关系阶段

转型初期至金融危机前,迫于转轨和入盟的压力,经济发展是波兰政府关注的头等大事,劳动者权益保障等问题通常被忽视,其劳动

① MEARDI G. The trojan horse for the americanization of Europe? Polish industrial relations towards the EU [J]. European Journal of Industrial Relations, 2002, 8 (1): 77-99.

② KING L. Central European capitalism in comparative perspective [M] // HANCKÉ B et al. Beyond varieties of capitalism: contradictions, complementarities and change. Oxford: Oxford University Press, 2007: 307-27.

③ BECHTER B, et al. Sectors or countries? Typologies and levels of analysis in comparative industrial relations [J]. European Journal of Industrial Relations, 2012, 18 (3): 185-202.

④ CZARZASTY J, MROZOWICKI A. Is a new paradigm needed? A commentary on the analysis by Sławomir Adamczyk [J]. European Journal of Industrial Relations, 2018, 24 (2): 193-199.

⑤ BECHTER B, BRANDL B, MEARDI G. Sectors or countries? Typologies and levels of analysis in comparative industrial relations [J]. European Journal of Industrial Relations, 2012, 18 (3): 185-202.

⑥ CZARZASTY J, MROZOWICKI A. Is a new paradigm needed? A commentary on the analysis by Sławomir Adamczyk [J]. European Journal of Industrial Relations, 2018, 24 (2): 193-199.

关系经过近20年的发展仍然没有显著改善。这主要有以下三方面原因：第一，波兰经济对外资依赖严重，对投资者友好的策略对其劳动关系的发展产生了深远影响。第二，政府强势，三方社会对话被忽视。第三，波兰工会组织内耗严重，集体谈判和三方社会对话机制作用有限。Ost（2000）将这种情况称为“虚幻的社团主义”。①

1.FDI的影响

转型初期，波兰经济发展缓慢。源自团结运动的第一届波兰政府不愿意放开对国有经济的控制权，因此最初波兰的私有化进程不如中东欧其他国家顺利。②另外，由于中左翼联盟（1993—1997年执政）试图提升本土经济实力，波兰融入欧洲贸易网络的步伐相对缓慢。然而，在缺乏资金和技术的情况下，从零开始建立市场经济是一项艰巨的任务，因此自20世纪90年代末以来，吸引愿意为经济注入资金并实现波兰工业基础现代化的外国投资者成为波兰政府的优先考虑事项。新的经济政策被称为“第二代经济改革”。③与早期过渡政策相比，新的经济政策旨在吸引外资企业，在税收和劳动力市场领域采取各种放松管制的措施，向外国投资者提供补贴。其他维谢格拉德国家同样是FDI导向的，它们试图吸引大型跨国公司，提供有针对性的补贴并提升劳动力市场的灵活性。四个国家之间展开竞争，迫使它们进一步削减税收和放松劳动力市场管制，并提供更多的补贴。2004年波兰是维谢格拉德国家中拥有最大FDI存量的国家，拥有最多的绿地FDI项目。④然而，对投资者友好的政策以及与邻国的激烈竞争被证

① OST D. Illusory corporatism in Eastern Europe: neoliberal tripartism and postcommunist class identities [J]. Politics and Society, 2000, 2 (4): 503-530.

② BOHLE D, GRESKOVITS B. Capitalist diversity on Europe's periphery [M]. Ithaca: Cornell University Press, 2012.

③ O'DWYER C, KOVALČÍK B. And the last shall be first: party system institutionalization and second-generation economic reforms in postcommunist Europe [J]. Studies in Comparative International Development, 2007, 41 (4): 3-26.

④ UNCTAD. World investment report: transnational corporations and the internationalization of R&D [R/OL]. [2024-09-28]. http: //unctad.org/en/Docs/wir2005_en.pdf.

明代价高昂，1990—2000年，波兰企业税削减了10%。[①]

对投资者友好的政策对劳动关系也产生了深远影响。劳动力市场政策进行了若干次调整，特别是2002年对波兰《劳动法》的重大修改，放宽了对集体解雇和固定期限劳动合同的管制。2004年《促进就业和劳动力市场机构法》将失业救济金的期限限制在6个月，并将其数额固定在较低水平。该法也为设立临时工作机构提供了法律依据。在这些法律调整之后的几年里，波兰的临时就业人数稳步增长，2007年达到20%以上，远远高于欧盟28国的平均水平。[②]在欧盟国家临时劳动力所占的比例上，波兰于2010年超过西班牙，居于首位。[③]此外，整个21世纪头10年，临时工作的激增与就业岗位总数无关，就业岗位总数变化相对较小，因为在临时就业增长的同时，长期就业机会也在减少。[④]

2.政府阻挠社会伙伴参与

转型初期，政府避免让有组织的劳动力进入政策决策过程。1992—1993年，转型后的不确定性和失业率上升引发了一系列基层抗议活动。在民众的压力下，政府签署了《国有企业改制协议》，提到雇员代表可以参与私有化决策。政府还成立了三方社会经济事务委员会，作为雇员代表、雇主代表和政府代表的政策讨论论坛。[⑤]然而自20世纪90年代初以来，尽管政府方面进行了一些适度尝试，但没

---

① BOHLE D. Race to the bottom? Transnational companies and reinforced competition in the enlarged European Union［M］// VAN APELDOORN B, et al. Contradictions and limits of neoliberal European governance: from Lisbon to Lisbon. Basingstoke: Palgrave Macmillan, 2009: 163-186.

② EUROSTAT DATABASE（http://ec.europa.eu/eurostat）.

③ EUROSTAT DATABASE（http://ec.europa.eu/eurostat）.

④ MACIEJEWSKA M et al. The silent and crawling crisis: international competition, labour market reforms and precarious jobs in Poland［M］// MYANT M et al. Unemployment, internal devaluation and labour market deregulation in Europe. Brussels: ETUI, 2016: 229-254.

⑤ 波兰现有的社会对话机构是2015年10月成立的社会对话委员会（Social Dialogue Council, RDS），其前身是三方社会经济事务委员会（Tripartite Commission on Social and Economic Affairs, TK）。

有签署其他社会协议。[①]长期以来，政府无视社会伙伴的意见和三方论坛的磋商。只有当国家不得不面对严峻的经济环境或需要解决重大社会经济问题时，政府为了获得广泛的社会支持，才进行一些零星的建立三方社会协议的尝试，但大多数都失败了。

3. 工会内耗严重，雇主组织被动

转型以来，工会密度下降，出现了消极发展的趋势。两个主要国家级工会——独立自治团结工会和全波兰工会协定——之间的对抗阻碍了近20年的有效合作，一直困扰着波兰的工人运动。工会的结构性弱点和合法性问题导致其权力丧失。转型之后，重组工会的结构性力量一直在削弱。大型国有企业是传统工会据点，国有企业的倒闭或规模缩小导致工会会员流失。与此同时，在波兰新成立的跨国公司子公司中，工会并不受欢迎。许多跨国公司的总部位于那些拥有强大社会伙伴关系传统的国家，它们在波兰投资正是为了逃避其不得不在本国达成的妥协。[②]此外，即便是规模较大的波兰中小企业仍然几乎没有工会。鉴于失业率居高不下，许多雇员因担心失业而不愿加入工会，也不愿意参加大规模的抗议活动。[③]1990—2010年，波兰工会流失了61%的会员。[④]

公众对工会的信任丧失。转型初期，由于巨大的意识形态变化，波兰工会发现很难在新的社会经济体系中重新确立其优势地位，工会领导层开始支持对劳动者不利的经济改革。例如，NSZZ

---

① GARDAWSKI J, MEARDI G. Keep trying? Polish failures and half-successes in social pacting [M] // POCHET P, et al. After the euro and enlargement: social pacts in the EU. Brussels: ETUI, 2010: 371-394.

② BLUHM K. Exporting or abandoning the "German model"? Labor polices of German manufacturing firms in Central Europe [J]. European Journal of Industrial Relations, 2001, 7 (2): 153-173.

③ MEARDI G. More voice after more exit? Unstable industrial relations in Central Eastern Europe [J]. Industrial Relations Journal, 2007, 38 (6): 503-523.

④ VISSER J. ICTWSS database on institutional characteristics of trade unions, wage setting, state intervention and social pacts in 34 countries between 1960 and 2012, Version 5.0 [D/OL]. [2024-09-28]. http://uva-aias.net/en/ictwss.

"Solidarność"前领导人莱赫·瓦文萨（Lech Wałęsa）认为"在我们拥有强大的经济之前，我们不能建立强大的工会"。[①]工会组织为其身份困境和亲市场导向付出了高昂的代价。在转型后的最初几年，公众对工会的信任度逐渐降低，而且这种信任难以重建。2002年，波兰出现了第三个国家级工会，即工会论坛。工会论坛由从OPZZ分裂出来的工会和以前独立的工会组成，这些工会倾向于直接开展行动，避免与政党结盟。尽管如此，波兰民众对工会的评价仍然难以恢复。

与此同时，在新自由主义、私有化、放松管制的商业环境中，雇主组织发展缓慢，雇主并不愿意组织起来。很多私营部门、中小企业和外资企业都脱离了雇主组织。即便是现有的雇主组织，其对成员的控制也很宽松。因此，社会对话在不同谈判层面上是不均衡的。波兰部门层面集体谈判不利的原因也是缺乏有代表性的雇主组织。

波兰的集体谈判和三方机制作用有限。在一些西欧国家，由于工会会员人数下降导致工会的权力、资源减少，而这会被提升的社会伙伴谈判地位所弥补，集体谈判制度是一个重要因素。[②]在波兰，现代意义上的集体谈判制度是在转型之后建立的，并且与波兰政治和经济体系的其他因素脱节，波兰又缺乏谈判的传统，因此部门协议仍然很少，而公司层面的协议很少超出波兰《劳动法》的规定。此外，在许多西欧国家，政府通过合法扩展协议来支持集体谈判制度，以确保协议得到普遍遵守；而波兰政府不愿意采用扩展协议这种形式。在这种情况下，工会发现很难与雇主开展谈判。此外，雇主很少加入专业协会，他们往往避免在公司层面进行任何可能对工资有约束力的对话。在确定工资和工作条件方面，由于集体谈判被边缘化，波兰工会试图

① OST D. The defeat of solidarity: anger and politics in postcommunist Europe [M]. Ithaca: Cornell University Press, 2005: 53.

② HALL P, SOSKICE D. Varieties of capitalism: the institutional foundations of comparative advantage [M]. Oxford: Oxford University Press, 2001.

通过国家层面的社会对话来施加影响。尽管工会存在结构性弱点，但是工会在三方机构中的存在表明其仍然可以在公共领域发表意见，只不过波兰三方谈判的效果很有限。[①]

二、金融危机期间：工会加强对抗阶段

随着金融危机的爆发，波兰对外资的高度依赖存在风险。[②]在四个维谢格拉德国家中，经济衰退与出口的快速下降密切相关，主要是因为外部需求减少。2009年3月，波兰产出同比下降近18.8%，金属制造业下降幅度最大，同比下降34.1%。[③]尽管产量大幅下滑，但波兰是唯一避免了经济衰退的欧盟国家，即使在最动荡的时期仍保持正的GDP增长率。与其他中东欧国家相比，波兰对危机的相对良好适应能力受到许多因素的影响。第一，波兰对出口的依赖程度明显低于邻国（2006年为34.4%，而其他三个维谢格拉德国家的平均比例为69.33%）。与邻国相比，波兰的机械和复杂产品出口份额最小，这两个行业在金融危机早期阶段衰退尤为严重（分别为13.3%和36.53%）。[④]第二，在金融危机爆发之前，由于经济发展和劳动力向原欧盟成员国迁移，波兰的劳动力市场比较紧张，由此引发的工资增长使得金融危机爆发后内部劳动力需求仍处于相对稳定的态势，仅在2009年前三个季度是负值，自此以后一直是增长趋势。第三，在货币政策领域，波兰不属于欧元区，政府可以调整兹罗提的汇率，而波兰宪法规定的公共债务上限则防止了政府过度支出。第四，欧盟资助

---

① BOHLE D，GRESKOVITS B. Slovakia and Hungary： successful and failed euro entry without social pacts ［M］// POCHET P， et al. After the euro and enlargement： social pacts in the EU. Brussels： ETUI，2010：345-369.

② BECKER J，JÄGER J. Development trajectories in the crisis in Europe ［J］. Debatte，2010，18（1）：5-27.

③ GUS DATABASE. Central Statistical Office of Poland ［EB/OL］. ［2024-09-28］. https：//stat.gov.pl/en/.

④ MYANT M，DRAHOKOUPIL J. Transition economies： political economy in Russia，Eastern Europe，and Central Asia ［M］. New York： Wiley，2011.

的大型基础设施项目以及波兰与乌克兰共同主办的2012年欧洲足球锦标赛前夕的建设热潮，促进了额外的投资，帮助波兰经济度过了最困难的时期。之后，波兰经济逐渐恢复发展。[①]

虽然与其他欧盟成员国相比，波兰经济在金融危机期间表现得相当不错，但是正如Meardi和Trappmann（2013）所说，GDP保持正增长的事实并不意味着波兰没有感受到危机。特别是在劳动力市场方面，经济衰退导致的后果非常明显，就业率进一步下降，失业率稳步上升，在2013年2月达到了14.4%的高峰。[②]Meardi和Trappmann指出，西欧经济衰退导致移民受限以及雇主倾向于用智能设备替代人工，引发了波兰制造业的解雇潮。在经济衰退初期，西欧各国对波兰商品的需求减少，固定期限劳动合同雇员和派遣人员被第一批解雇。波兰的失业率直到2015年才开始系统性下降。我们还发现波兰和西欧各国之间的趋同趋势已经停止，波兰和德国名义小时工资之间的比率在经济衰退初期开始下降。[③]

在这样的经济和劳动力市场背景下，波兰工会的立场和战略发生了重大变化，在金融危机期间可分为两个阶段：第一个阶段由社会对话主导，第二个阶段工会开展了更积极主动的动员活动。

1.工会希望进行社会对话

2008—2010年中期，NSZZ “Solidarność” 和OPZZ采用传统的谈判方式，试图通过三方对话影响反危机政策。面对日益恶化的经济形势，特别是产量减少和失业率上升，工会和雇主组织启动了双边磋商。2009年3月13日，它们提出反危机计划，包含13项广泛的政策

① EUROFOUND. Working life in Poland［EB/OL］.［2024-09-28］. https://www.eurofound.europa.eu/country/poland#background.

② GUS DATABASE. Central Statistical Office of Poland［EB/OL］.［2024-09-28］. https://stat.gov.pl/en/.

③ MEARDI G，TRAPPMANN V. Between consolidation and crisis: divergent pressures and sectoral trends in Poland［J］. Transfer，2013，19（2）：195-204.

措施。在社会领域，该计划为危机期间经济状况恶化的家庭提供特别援助，并提出最低工资的新算法，以确保最低工资逐步达到平均工资的50%。在劳动力市场方面，提出引入“灵活”的工作时间参考期（working-time reference periods）[①]、设立公司培训基金、限制固定期限劳动合同的期限等。在经济政策方面，该计划提出对经历暂时经济困难的公司提供补贴。

该计划获得了广泛的支持。图斯克总理称其为非常成熟和负责任的对话，并承诺将其观点列入反危机法案。学术界同样充满热情，将该计划视为波兰“社会对话复兴”（revival of social dialogue）的重要一步。[②]然而，根据反危机计划编制的反危机法案并没有实现最初的目的。在议会辩论期间，该计划中的许多初始条款要么被忽视，要么被极大地淡化，工会对此提出了批评意见。工会声称该法案忽视了以社会为导向的目标，并没有提供一种可行的最低工资增长机制。工会坚持认为，只有处在金融危机困难中的公司才应该被允许延长工作时间参考期，以防止公司利用该措施来避免支付加班费。

2009年8月22日，《减轻危机影响法》（Law on Alleviating the Impact of the Crisis）生效。其中规定，在与工会或雇员代表协商后，所有公司都可以将工作时间参考期延长至12个月，而不考虑其经济状况。同时，法律规定，固定期限劳动合同的最长期限为24个月，之后必须与雇员签订无固定期限劳动合同。[③]法律还规定了国家对工资和社会保障金的补贴，补贴发放给由于金融危机而使营业额下降的

---

① 工作时间参考期是指通过立法或协议设置的时间段，可以平衡每周的工作时间。这样做的目的是在安排工作时间方面保障更大程度的灵活性，只要雇员在参考期内的平均工作时间不超过设定的限制，就可以调整每周的工作时间。这里提出将工作时间参考期从4个月延长至12个月。

② CZARZASTY J. Poland: government accepts anti-crisis package submitted by social partners［EB/OL］.［2024-09-28］. http://www.eurofound.europa.eu/eiro/2009/06/articles/pl0906019i.htm.

③ 以前的规定是，雇主和雇员可以签订三次固定期限劳动合同，第四次必须签订无固定期限劳动合同。固定期限劳动合同的最长期限没有法律规定。

企业（至少一个季度的营业额同比下降25%）。陷入困境的公司可以安排雇员参加补充培训课程，在此期间他们可获得国家资助的津贴。政府拨款近10亿兹罗提（约2.5亿欧元）用于补贴、5亿兹罗提（约1.25亿欧元）用于培训津贴。

雇主对增加工作时间的灵活性表示欢迎，即使固定期限劳动合同的期限受到了临时限制。相反，工会批评法律的不对等性，声称一切对雇主有利的事情都努力达成，而对工人有利的事情却被忽视。NSZZ "Solidarność" 甚至发起了一场以"反危机法不是反危机条约"（the Anti-Crisis Law is not the Anti-Crisis Pact）为口号的运动。它还警告说，一旦两年保护期结束，对固定期限劳动合同的临时限制可能导致大规模裁员。

《减轻危机影响法》的有效期至2011年年底。根据波兰国家劳动监察局的报告，该法案提出的工作时间灵活性建议被公司广泛采用：2009—2011年间，超过1 000家公司雇用了约70万名雇员，它们将工作时间参考期延长至12个月。[①]这样的情形促使政府和雇主试图将12个月的期限变为波兰《劳动法》的永久条款。尽管三个工会都坚决反对，但新规定仍然得以通过，并于2013年8月生效。

2013年对工作时间的改革并不是波兰政府在经济衰退期间采取单边做法的唯一例子。2010年，由图斯克领导的内阁拒绝了社会伙伴提出的每年提高最低工资的建议，单方面设定了较低的最低工资标准。尽管按照规定，三方社会经济事务委员会全体会议应该至少每两个月召开一次，但是在2011年7月—2012年3月期间，一次全体会议都没有召开过。NSZZ "Solidarność" 指出政府还存在一些程序缺陷，例如，政府不与社会伙伴协商（与社会伙伴协商是其法律义务），并缩短了协商期。2012年2月，政府在未与社会伙伴协商的情况下宣布

① PIP（https://www.pip.gov.pl/en/）.

将退休年龄提高至67岁，这进一步恶化了谈判氛围。

面对日益恶化的经济形势、极端的选举波动以及支持社会原则的在野党，波兰政府举行了三方谈判，以说服公众相信其正在积极寻求反危机补救措施，让公众认可现行政策是基于更广泛的社会妥协而出台的。这种方式被称为“公关社团主义”，目的是提高公众对政府的认可度。[①]这一战略被证明是成功的，在2011年议会选举之后，执政联盟首次在1989年后连任。社会对话不再是一种提高认可度的工具，随后就被遗忘了。工会对这种状况感到非常失望，由此产生的挫折感是促使其战略转变的主要因素之一。

2.工会转变话语，加强动员

从2010年中期开始，波兰的主要工会更多地参与了抗议行动。工会的言论和行动涉及多个领域，它们试图解决更广泛的社会问题。

（1）对非典型就业的主张改变。早期，波兰工会对非典型就业问题的态度并不明确。例如，NSZZ“Solidarność”2002年方案侧重于解决失业问题，认为这是波兰最严重的社会问题。之后，工会对非典型就业的批判逐渐强烈，并反对进一步增强劳动力市场的灵活性。例如，在2010—2014年的文件中，NSZZ“Solidarność”的工作重点发生转变，提出保护就业和长期就业是其战略重点之一。OPZZ大约在同一时间开始关注非典型就业问题，其2010年的决议批评波兰政府单方面实施灵活性议程，特别是就业保护的灵活性增强。OPZZ主张恢复“保护”和“灵活”之间的平衡，在其2014—2018年计划中，OPZZ将缺乏就业保护列为劳务移民的主要驱动因素之一，并承诺打击可耻的剥削工人活动。除了修改行动方案外，波兰工会还发起了关于不稳定就业和劳动力市场过度灵活的社会影响的公开辩论。“垃圾

① BERNACIAK M. Social dialogue revival or “PR corporatism”? Negotiating anti-crisis measures in Poland and Bulgaria［J］. Transfer，2013，19（2）：239-251.

合同”（junk contracts）[①]的说法由一个小型激进联盟“员工倡议”（Inicjatywa Pracownicza）提出，被主流工会接纳，随后进入公共和政治话语体系。[②]工会的话语促使媒体言论发生了缓慢但稳定的改变，即使是以前不赞同工会要求的大众媒体，也不再无条件地支持新自由主义的劳动力市场战略，这为工会活动和改革提案提供了空间。就业问题也成为工会运动的主题，在这方面最具象征性的举措由NSZZ“Solidarność”发起，即“西西弗斯：阻止垃圾工作！”（Sisyphus：Stop Junk Jobs!），用神话人物来表达签订垃圾合同的雇员所经历的日常困境和缺乏安全感。

（2）工会间冲突缓解。转型后，波兰工会呈现出长期对抗，主要是转型前政府成立的组织OPZZ和转型前政府的挑战者NSZZ“Solidarność”之间的地盘争夺。形成这种互相冲突的“多元主义”的原因部分是NSZZ“Solidarność”的财产问题。20世纪80年代初，NSZZ“Solidarność”的财产被判定为非法，之后被国家没收并移交给OPZZ。两个工会之间也存在重大的意识形态差异：OPZZ支持社会民主传统，NSZZ“Solidarność”是保守派。不同的意识形态进一步形成了不同的政治派别。20世纪90年代中期，它们之间的冲突超越了国界，走向欧洲层面。NSZZ“Solidarność”于1996年成为欧洲工会联合会（European Trade Union Confederation，ETUC）的正式成员，并阻止OPZZ加入。直到2006年，OPZZ才正式加入ETUC。在公司层面，工会间的冲突不太明显，两个工会代表之间密切合作的情况也出现过。2008年金融危机后，工会之间的对抗有所缓解，它们经常提出相同的要求，有时甚至组织联合示威。在某种程度上，这可以归因

① 表示民法合同和其他劳动法之外的合同。

② MROZOWICKI A，MACIEJEWSKA M. Conflicts at work in Poland's new capitalism：worker resistance in a flexible work regime［M］// GALL G. New forms and expressions of conflict at work. Basingstoke：Palgrave Macmillan，2013：191-211.

于2010年NSZZ “Solidarność”领导层的变化。NSZZ “Solidarność”新主席皮奥特·杜达（Piotr Duda）远离政治，他认为尽管他的组织具有中右翼倾向，但它首先是社会和工人的工会。NSZZ “Solidarność”的去政治化和对维护工人权益的强调，使得其与OPZZ和FZZ的话语体系相统一。这三个工会联合起来反对政府的“紧缩”措施及单边政策决策方式。自2013年以来，三大工会之间的合作达到了前所未有的水平。这三个工会首先一致决定放弃中央一级的社会对话，随后发起了反对政府政策的运动，并在提出三方社会经济事务委员会的改革建议方面进行了合作。此外，在与雇主组织谈判时，它们也商定了三方对话的新原则。工会是2015年通过的新三方社会对话立法的主要推动者。

（3）大规模抗议行动增多。2010年前后，波兰抗议行动开始增多（见表6-4）。这些行动分为两大类：第一类包括公司层面关于工资问题的抗议活动。金融危机初期经济衰退最严重的阶段已经过去，经济形势开始好转，从公共部门到采掘业等不同部门的工会都重申了加薪要求。第二类涉及华沙（Warsaw，Warszawa）和波兰其他主要城市所有三个工会联合举行的大规模抗议和示威游行。此类行动涉及与金融危机有关的主题和紧缩议程。例如，2010年秋季的一系列示威活动针对公共部门的工资冻结计划，同时还抗议政府计划将仍处于国家控制下的铁路部门部分私有化。[①]此外，工人的抗议行动还满足了更广泛的社会需求，2013年3月三个工会和两个较小的激进工人组织共同举行总罢工期间，工会批评了三方谈判的失败以及进一步灵活化工作时间的规定。此外，它们主张将最低工资提高到平均工资的50%，并减少低收入者的税负。总罢工是转型后的第一次，有8.5万

① MROZOWICKI A. Autumn's union protests put pressure on government and employers [EB/OL]. [2024-09-28]. http://www.eurofound.europa.eu/observatories/eurwork/articles/industrial-relations/autumns-union-protests-put-pressure-on-government-and-employers.

名工人参加，他们以西里西亚（Silesia）为中心，同时在其他大城市组织了小规模的抗议活动。在这一活动的鼓舞下，三个工会举行了历史性的执行委员会联席会议，并发起了一场反对政府单方行为的全国性运动，其口号是“停止漠视人民！”（Stop Ignoring the People!）。2013年9月，工会在华沙组织了一系列联合行动，即所谓的“全国抗议日”（National Days of Protest）。工会与劳动力市场专家举行会议，并组织了一场10万多人的示威游行，这是1989年后波兰规模最大的公众集会。与西里西亚总罢工一样，抗议者要求解决更广泛的社会经济问题。他们要求政府撤销其最近的决定，即工作时间灵活化以及退休年龄提高到67岁。他们还要求提高最低工资标准，并采取监管措施来遏制“垃圾工作”的蔓延。这三个工会都远离政治，但它们对政府新自由主义政策路线的批评非常一致。用NSZZ “Solidarność”主席的话来说，“唐纳德·图斯克政府有一个无可置疑的可以引以为傲的成就，即让三个工会联合在一起”。[①]

表6-4　　波兰2010—2013年重大罢工和抗议行动

年份	行动形式	部门	抗议的理由/关注的问题
2010	抗议	金属加工企业	工资
2010	团结示威	船舶部件生产商	重组和解雇
2010	游行示威	全国	女性权益和性别工资差距
2010	游行示威	公共部门工会	2011年的计划性工资冻结
2010	抗议	铁路部门	私有化和重组
2010	罢工警告	矿业企业	重组和工资缩减
2010	抗议	全国（欧洲行动日的一部分）	最低工资和低收入者的税负

① RADIO POLAND. Poland's trade unions to coordinate anti-government protests [EB/OL]. [2024-09-28]. http://archiwum.thenews.pl/1/12/Artykul/136221.

续表

年份	行动形式	部门	抗议的理由/关注的问题
2010	抗议	零售行业	工作条件和集体协议条款
2010	罢工	医疗机构	—
2010	罢工	检察官	—
2010	罢工	机场机组人员	工作条件
2010	罢工	电力供应商	工资和重组
2011	9天饥饿罢工	护士	护士的自由职业合同
2011	罢工警告和游行示威	铁路部门	私有化和重组
2011	罢工和消极怠工	煤矿业	集体协议方式和国家支持
2011	游行示威和消极怠工	铜矿企业	工资
2011	大城市游行示威	全国	最低工资和对低收入者的支持
2011	游行示威	全国	最低工资和对低收入者的支持
2011	罢工	铁路部门	工资
2011	游行示威	全国和欧洲	紧缩措施和劳动力市场灵活性
2011	抗议运动	全国工会	不稳定的劳动合同
2011	运动和收集签名	全国工会	延迟退休年龄
2012	大城市游行示威	全国	延迟退休年龄
2012	向监察员和工人组织提出申诉	全国工会	关于罢工权的法院裁决
2012	抗议和游行示威	护士	延迟退休年龄和工作条件
2013	罢工	铁路工人	削减补贴和重组

续表

年份	行动形式	部门	抗议的理由/关注的问题
2013	总罢工	地区	缺乏社会对话，劳动力市场灵活性
2013	退出三方机构	全国	缺乏社会对话
2013	六次集会和游行示威	全国工会	缺乏社会对话，工作条件

资料来源：EUROWORK［EB/OL］.［2022-01-07］. https：//www.eurofound.europa.eu/observatories/eurwork.

在金融危机期间，波兰工会不再仅仅依靠其原有资源，它们试图获得新的话语权，并通过加强动员和公开批评国家政策来增强其社团力量。波兰工会的变化不能仅仅归因于金融危机的爆发，虽然经济衰退成为工会战略目标转变的催化剂，但这种转变不仅受到金融危机以及当时政策的影响，而且受到困扰波兰经济的长期问题的驱动。

一方面，工会战略的改变可以看作其对金融危机时期社会对话质量低下的失望表达。尽管1989年以后的大多数政府都试图让社会伙伴处于边缘地位并最大限度地减少他们对政策制定的影响，但在经济衰退期间执政的公民纲领党（Civic Platform，PO）和波兰农民党（Polish Peasant Party，PSL）联合政府特别无视程序规则和三方谈判的结果。这个联合政府有选择地实施工会和雇主组织提出的反危机一揽子计划，从某种程度上来说，可以被视为最后一根稻草，使工会放弃了现有的三方协调机制，在谈判桌之外寻找合作伙伴和战略解决方案。

另一方面，工会对动员活动的日益依赖反映了其对波兰政府新自由主义政策路线的不满。虽然波兰的GDP在整个经济衰退期间保持了正增长，但表面的宏观经济数据掩盖了困扰波兰劳动关系的严重结构性问题。其中最紧迫的问题是非典型就业的比例越来越大以及失业率越来越高，这是波兰加入欧盟后劳动力外流的主要因素之一。[①]另外，还有生产率和工资增长之间的不匹配问题。这很好地说明了整个转型过程中中东欧国家所遵循的“紧缩”原则，政府和雇主将其视为吸引FDI和“追赶”西欧各国发展水平的先决条件。在加入欧盟的过程中，这种以未来福利为名限制现有福利的做法受到了多方面的压力，“从一开始就希望有更好的欧洲生活标准”。[②]随着金融危机的爆发，人们发现尽管自己做出了巨大让步，但是期待已久的与西欧社会“趋同”的愿望在可预见的未来根本无法实现。自此，中东欧社会似乎到达了耐心的极限，不仅在波兰出现了改变新自由主义政策范式的要求，而且在其他新欧盟成员国中也出现了同样的要求。[③]

三、金融危机后：政府持续主导阶段

金融危机后，波兰经济逐渐恢复。与2012年相比，2018年波兰的GDP增长了24%。[④]2018年，波兰总体失业率很低，年平均失业率为3.9%（1989年以后的历史最低水平），大大低于欧盟28国的平均水平（6.8%）。[⑤]

金融危机是一个考验，显示了波兰社会对话所处的位置。最初担心这场金融危机将严重影响波兰经济，社会伙伴和图斯克领导的中右翼联盟政府动员了各级社会对话，商定了一系列反危机措施，缓解了

① KUREKOVÁ L. From job search to skill search： political economy of labor migration in Central-Eastern Europe［D］. Budapest： Central European University，2011.

② ŠĆEPANOVIĆ V. Have your competitiveness and eat it，too： the pull and limits of cost competition in Hungary and Slovakia ［M］// BERNACIAK M. Market expansion and social dumping in Europe. London： Routledge，2015： 191.

③ BERNACIAK M. Beyond the CEE “black box”： crisis and industrial relations in the new EU member states［R］. Brussels： ETUI，2015.

④ EUROFOUND. Working life in Poland ［EB/OL］.［2024-09-28］. https： //www.eurofound.europa.eu/country/poland#background.

⑤ BERNACIAK M. Beyond the CEE “black box”： crisis and industrial relations in the new EU member states［R］. Brussels： ETUI，2015.

劳动力市场的压力，并在一定程度上为现有工作提供了保护。然而事实证明，这场金融危机的影响比预期要轻得多，这对社会对话来说是一把“双刃剑”。一方面，不会出现社会对话的崩溃，这已经在几个金融危机较为严重的西欧国家经历过；另一方面，良好的经济态势使波兰政府更加肆无忌惮，在起草财政紧缩措施时无视社会伙伴。尽管遭到广泛反对，但图斯克政府仍坚持并单方面立法削减预算。

2015年的总统和议会选举大大改变了波兰的政治舞台。在以自由主义为导向的公民纲领党执政8年之后，波兰人民将权力授予由雅罗斯瓦夫·卡钦斯基（Jarosław Kaczyński）领导的保守右翼法律与正义党。尽管PiS总统候选人安德烈·杜达仅以微弱优势击败当时的总统布罗尼斯瓦夫·科莫罗夫斯基（Bronisław Komorowski），但该党在2015年10月议会选举中的胜利是压倒性的，拥有37.58%的选票。PiS的选举成功可以部分归因于这样一个事实，即除了保守主义的意识形态之外，该党还采用了传统左翼言论的许多要素。2015年，PiS代表多次表达了对社会原则的坚持。杜达承诺采取行动，如调整退休年龄、取消“垃圾合同”，并将最低工资提高到平均工资的50%，他还呼吁加强社会对话并增加对家庭的援助。当时即将上任的总理比阿塔·西德尼奥（Beata Szydło）也说，如果波兰人赋予PiS权力，工会对就业和社会问题的要求将得到满足。她还概述了该党的《国家就业计划》（National Employment Plan），该计划预计为年轻人创造120万个就业机会，并承诺提高公共部门的工资。

PiS的政治承诺与工会在金融危机时期密集抗议提出的要求密切相关。这给了工会希望，即它们的目标可以通过政治手段实现，并重新引起它们对合作的兴趣。NSZZ “Solidarność” 于2015年5月正式提出支持该党的总统候选人。OPZZ采取了观望态度。然而，在PiS胜利之后，OPZZ副主席拉齐科夫斯基（Radzikowski）提到，PiS的改革方向与OPZZ的要求一致，并宣称如果新政府在履行社会承诺方面被证明是专业和坚定的，没有人（即OPZZ）会阻碍良好的变化。FZZ再次体现了其非政治性，FZZ主席加尔迪亚斯（Gardias）在选举几个月后表示，保持沉默是其组织最大的资产。

在选举的同一时期，即2015年7月，波兰重建三方社会对话制度的新立法《社会对话委员会和其他社会对话机构法》（Act on the Social Dialogue Council and other Institutions of Social Dialogue）通过；同年10月，新的三方机构社会对话委员会（the Social Dialogue Council，RDS）开始运作。该机构具有更广泛的权限、一系列新机制和明显增强的社会伙伴地位。此外，西德尼奥总理确实提出了一些面向社会的建议，例如，为以完成一定工作任务为期限的合同（task-specific contracts）引入12兹罗提（约3欧元）的最低小时工资率，为家庭中的第二个孩子提供额外补助。但是，新政府与工会之间也存在一些分歧。2016年1月，NSZZ “Solidarność” 主席兼RDS主席致函总理，对其单方面引入新征税方式提出意见。他还提出，具有社会经济影响的立法提案应征求RDS的意见。欧盟委员会提出临时派驻国外雇员与东道国雇员同工同酬的提议，而波兰政府在雇主组织的支持下，没有批准同工同酬规定，认为这将威胁波兰的经济利益并扰乱欧盟内部工资趋同的市场化进程。三个工会对政府的决定表示失望。

随着时间的推移，可以看出，PiS的政策制定方法遵循一条新的社会保守主义路线。在三个主要工会组织中，NSZZ “Solidarność” 成为政府最亲密的盟友，尽管偶尔存在分歧，但总体来说，工会领导人通常会为PiS的政策辩护，并将PiS的社会政策取向与前任政府的自由政策进行对比。NSZZ “Solidarność” 和PiS之间的和解对工会之间的关系产生了负面影响，这些工会在金融危机期间建立起来的合作关系被破坏。例如，在2017年对初中学校的清算导致该部门大量裁员期间，NSZZ “Solidarność”没有反对改革，也没有支持OPZZ附属教师工会ZNP发起的抗议行动。它同样忽视了邮政行业小型工会组织为改善工作条件而发起的行动。2018年年初，没有一个大型工会公开谴责政府提出的在工厂层面制定工会代表性新标准的提议，该提议把小型工会从工作场所中剔除。总体来看，波兰工人运动中的团结观念被不断动摇，一些工会对PiS的做法越来越不满，公开质疑PiS的单边决策模式。但是，PiS至少是支持社会原则的，它将民众的意见融合在政策中，从某种程度上来说，PiS已经“解除”了工会的武装，大大降低了工会的动员能力。PiS的社会政策很受欢迎，这表明在社会问题上动员大规模群体行动的可能性不大。

利益相关者的种种举措使得三方社会对话的危机再次加深。尽管RDS内部进行了多次辩论、信息交流和磋商，但有关重要主题的辩论水平明显下降，许多问题仅在主题小组中进行了讨论。尽管RDS修订了与社会对话有关的法律，增加了一些新的特权，并且增加了代表性社会伙伴的数量，但这些都不能掩盖RDS近年来越来越像其前身TK的事实。

总体来看，在杜达政府运作之初，进行了许多有利于工人的法律调整，政府对三方协商的重视程度较高，但是自2017年以来，越来越多的迹象表明，杜达政府似乎采取了前政府的选择性做法，例如，只要被视为阻碍政府政策目标的实现，三方协商就会被避免或无视。这些情况证明了两点：第一，当波兰经济面临金融危机时，双边和三方社会对话会被认真对待。此外，社会伙伴也证明了他们已经足够成熟，能够达成令各方满意的解决方案。第二，在参与社会对话的三方主体中，政府仍然是最不愿合作的一方。这种行为削弱了政策合法性，疏远了公众。因此，政府需要更加真切地考虑社会伙伴的立场和要求。

第四节　小结

在维谢格拉德国家中，工会分裂严重，社会对话在劳动关系发展中的作用很有限，经济极其依赖外资，波兰也不例外。吸引FDI、灵活的劳动力市场政策以及限制福利，以未来与西欧各国发展水平的趋同为名，构成了波兰转型的基石。自1989年转型以来，波兰的劳动关系发展经历了许多挑战，政府主导、对投资者友好以及社会伙伴地位较低都对波兰劳动关系的发展产生影响。

第一，在转型初期，波兰劳动关系的调整主要受政府影响，更多采用适应市场经济需要的解决办法，如大规模裁员、出台关于就业和失业的法律。在金融危机前，工会基本上处于防守地位，在社会经济环境发生变化的情况下，很难重新获得权力，因此，工会长期处于支离破碎、政治化和政府主导的社会对话中。

第二，在金融危机爆发以及再次三方协商尝试失败之后，波兰工会放弃了徒劳的谈判。它们利用社会对新自由主义政策的不满，动员会员反对劳动力市场灵活化改革，要求解决更广泛的社会问题。2010—2015年，波兰工会克服了传统障碍，尽管仍然存在弱点，但它们设法调和了工会组织内部的差异，并尝试创新的话语和活动方式。

第三，金融危机后，工会和政府之间的关系有所缓和，NSZZ "Solidarność" 成为政府最亲密的盟友。但是自2017年开始，社会对话似乎又成了摆设，没有发生实质性改变。随着时间的推移，杜达政府在实施社会政策时也很少考虑工会的意见，有时还违背工人和工会的利益。此外，对吸引FDI的高度重视以及议会反对修订规则都表明，波兰的社会经济政策模式鲜有改变。

总而言之，波兰社会对话仍然处于不确定状态，虽然新的三边对话模式为建设性对话创造了机会，但这种机会比前几年利用得更好吗？新的社会对话模式是否有助于民众从波兰经济状况和劳动力市场状况的改善中获益更多？是否有助于雇员和雇主代表达成妥协，从而促进劳动法律条款的调整以适应现代经济的需求？然而，如果没有新方案促进波兰经济创新和竞争力改善，社会对话机制的新发展就难以真正实现。

经济政策的新解决方案需要考虑中小企业、服务业的利益，以及经济全球化、数字化的日益发展，以及它们对劳动力市场的影响。最重要的挑战包括产业政策和集体劳动关系的全面改革，以及波兰《劳动法》的调整。三方协商机制的发展需要进一步达成妥协以平衡各方利益，政府可以通过说明困境并提出解决方案来积极参与协商，同时在制定具体方案的过程中，应该更加重视发挥工会和雇主组织等社会伙伴的作用。转型后，波兰劳动关系的发展尽管遇到了种种经济和社会问题，以及冲突和信任危机，但总体来说，其经验还是值得借鉴的。波兰成功地奠定了社会对话的良好基础，并随着时代的变化不断做出调整。

第七章

维谢格拉德集团模式的劳动与雇佣管制体系：基于斯洛伐克的案例研究

本章对斯洛伐克劳动与雇佣管制进行了回顾和梳理，分析了社会对话在斯洛伐克应对金融危机中的作用。本章首先对斯洛伐克的经济和社会背景进行梳理，并对劳动关系主体与现状进行简单介绍，继而通过分析社会伙伴和政府在经济和社会理事会（the Economic and Social Council，HSR）中的活动来考察社会伙伴在参与制定国家政策和发展劳动关系中的作用。

第一节　斯洛伐克劳动与雇佣管制发展背景

斯洛伐克的劳动关系体系是在20世纪90年代初建立社会伙伴组织时形成的。斯洛伐克的劳动关系主要以共识为导向，而且相当平和。大多数集体劳动纠纷是通过调解来解决的，只有少数纠纷需要通过仲裁程序解决，罢工也很少发生。集体谈判在工作条件和工资的确定中起着重要作用。斯洛伐克不存在国家层面的集体协议，大多数经济部门都签订了多雇主集体协议。集体谈判是自愿的，但缔结的协议具有法律约束力。2008年金融危机对斯洛伐克的经济发展和劳动力市场产生了重要影响，但近年来其经济和劳动力市场情况逐渐好转。为了更好地了解在斯洛伐克劳动与雇佣领域工会等社会伙伴以及其他利益相关者所发挥的作用，本节首先对斯洛伐克的经济、劳动力市场及政治背景进行梳理。

一、宏观经济背景

21世纪初，斯洛伐克实施了经济和社会改革，直至金融危机来临前，其经济发展状况良好。2004—2008年，斯洛伐克年平均GDP增长率为7.3%，是欧盟经济增长率最高的国家之一，这也促进了就业和工资的增长。斯洛伐克统计局（Slovak Statistical Office，ŠÚSR）称，2007—2008年，平均实际工资增长3.8%；失业率在2004年超过18%，随后逐渐下降，2008年为9.6%。[①]

金融危机对斯洛伐克产生了严重影响，特别是在2008—2009年。根据ŠÚSR的统计，斯洛伐克的工业生产在2008—2009年下降了14.6%，这导致汽车和机械行业经济表现较差。2009年，斯洛伐克的GDP下降了5.5%。由于实施反危机措施的额外支出，国家预算赤字从2008年的2.3%增加到2009年的7.9%。2010年，全球经济开始复苏，斯洛伐克出口增加，主要是由于德国的订单增加了，这使得2010年斯洛伐克的GDP增长了5.1%。自2011年以来，斯洛伐克的就业率一直是上升的。2009年1月1日，斯洛伐克加入欧元区，这对其货币稳定至关重要。斯洛伐克年通货膨胀率从2006—2008年的平均3.4%降至2009年的0.9%，实际工资有所增加。2017年斯洛伐克国家预算赤字占GDP的比重为1.04%，这是该国历史上公共财政赤字最低的一年。2017年斯洛伐克对外贸易顺差为正，出口额高于进口额30.512亿欧元，这两项指标的平均值同比增长了7.4%。2017—2018年，斯洛伐克经济增长率为4%，主要原因是投资增加（特别是汽车行业）和出口增长，这对劳动力市场产生了积极影响。斯洛伐克经济的发展在很大程度上取决于FDI的涌入。2017年，斯洛伐克的FDI为52.861亿欧元，比2016年增长了22.2%。[②]

① 根据Statistical Office of the Slovak Republic（ŠÚSR）（https：//slovak.statistics.sk /wps /portal/ext/aboutus/！ ut / p / z1/lZBBT4MwGIZ_iweu_T5oocVbOw3rQlRwi6wXAwsyjJSFsTX-e5nxY - Ja5xPf2Js_zHl4wUICx5bFtyrHtbfkx9bWJXjOuhVK-RPFwp1DzlGdCK_qoAng5B_J71Ev5lOQL5iMLwfzTPwdOPv4RiZNvvpFZIueMp4giTULUcr7K44xSlPQHuLLxXFtYgGmrjrhNR5CwgIURxjyIWOwHPA5PP0hbUdGAGeq3eqgHchime7bjuNvfeuihc45UrW3Ipu88vCRs-0Ix W8Odt2qwHd mqk 938wVo9WFg/dz/d5/L2dBISEvZ0FBIS9nQSEh/）资料整理。

② 根据Statistical Office of the Slovak Republic（ŠÚSR）（https：//slovak.statistics.sk/wps/portal/ext/aboutus/！ ut / p / z1 /lZBBT4MwGIZ_iweu_T5oocVbOw3rQlRwi6wXAwsyjJSFsTX-e5nxY - Ja5xPf2Js_zHl4wUICx5bFtyrHtbfkx9bWJXjOuhVK-RPFwp1DzlGdCK_qoAng5B_J71Ev5lOQL5i MLwfzTPwdOPv4RiZNvvpFZIueMp4giTULUcr7K44xSlPQHuLLxXFtYgGmrjrhNR5CwgIURxjyIWOwHPA5PP0hbUdGAGeq3eqgHchime7bjuNvfeuihc45UrW3Ipu88vCRs-0IxW8Odt2qw-Hdmqk938wVo9WFg/dz/d5/L2dBISEvZ0FBIS9nQSEh/）资料整理。

二、劳动力市场背景

金融危机来临之际，雇主通过公司重组来应对经济衰退。2008年10月—2009年5月，雇主向中央劳动、社会事务和家庭办公室（the Central Office of Labour，Social Affairs and Family，ÚPSVAR）的区域办事处报告了超过3.7万名雇员的大规模解雇，主要集中在工业领域。斯洛伐克的失业率从2008年的9.6%上升到2010年的14.5%。尽管2009年有23 367名雇员受到大规模解雇的影响，但这一数字在2012年降至3 173名。然而，金融危机对就业率和失业率产生了长期影响。例如，20~64岁男性就业率从2008年的77.4%下降到2010年的71.9%，女性就业率从2008年的60.3%下降到2010年的57.5%，15~24岁青年失业率从2007年的20.1%上升至2013年的33.6%。[①]

劳动力市场的复苏也与出口订单的增加密切相关，但是斯洛伐克政府采取的反危机措施以及劳动立法的调整也在增加就业方面发挥了重要作用。根据中央劳动、社会事务和家庭办公室的资料，政府的措施有助于保住多达4.5万个工作岗位。据称，如果没有实施这些措施，斯洛伐克的失业率将在2009年上升2.3%。[②]

金融危机也减缓了工资增长，但在后危机时期逐渐恢复。2007—2008年，名义工资平均增加了7%，但这一数字在2009—2010年下降至3%，在2011年下降至2.2%，然后恢复到4%以上。2017年平均名义月工资达到954欧元，实际工资在2011—2012年出现负增长，在2013年转为正增长。根据劳动、社会事务和家庭部（the Ministry of

① OECD. Employment Outlook 2015［R］. Paris：OECD，2015.
② 根据The Ministry of Labour，Social Affairs and Family 2007-15报告整理。

Labour, Social Affairs and Family, MPSVR SR）以及Trexima公司[①]发布的工作条件信息系统（the Information System on Working Conditions, ISPP）的数据，近年来名义工资平均增长率逐渐回升，2014年为3.2%，2015年为3.5%，2016年为3.6%，2017年为4.5%。2017年，所有经济部门的工资都有所增加，教育（32%）、行政服务部门（31%）、房地产（28%）、公共行政和国防（28%）以及医疗保健和社会服务部门（27%）都有较大幅度增长。信息和通信、金融和保险以及电力、天然气、蒸汽动力和空气调节供应部门（electricity, gas, steam and air conditioning supply sectors）的月平均工资最高，分别为1 940欧元、1 783欧元和1 673欧元。工资水平最低的是酒店和餐饮服务业（677欧元）。最低工资的提高也显示出积极的信号，最低工资在2018年增加到480欧元，高于2017年的435欧元。[②]

另外，非全日制工作的比例从2007年的2.6%增加到2014年的5.2%，其中女性非全日制工作的比例远远高于男性。另一个积极的发展趋势可以从失业率下降中看出来，失业率同比下降2.82%，在2017年达到历史最低点5.94%。[③]

金融危机后，斯洛伐克的经济和劳动力市场环境逐步好转。2012—2017年，斯洛伐克的GDP增长了14.5%，高于欧盟各国同期7.4%的平均增长率；总体失业率下降，青年失业率下降幅度最大，从2012年的15.1%下降至2017年的8.9%。2017年其总失业率为7.9%，而欧盟各国同年平均失业率为7.4%。总就业率上升，特别是

① Trexima是一家研究和咨询公司。自1992年以来，它一直在研究工资、就业、生产力、集体谈判、教育和工作条件等问题。

② EUROFOUND. Working life in Slovakia［EB/OL］.［2024-09-28］. https: //www.eurofound.europa.eu/country/slovakia#pay.

③ EUROFOUND. Working life in Slovakia［EB/OL］.［2024-09-28］. https: //www.eurofound.europa.eu/country/slovakia#pay.

女性的就业率，2012—2017年上升了4.2%。2017年的总就业率为72.1%，略低于同年欧盟各国平均水平73.4%。

三、政治背景

斯洛伐克政党之间的竞争关系使得社会对话机构和劳动法律时常处于变动之中。2005年，Mikuláš Dzurinda右翼联合政府（斯洛伐克民主党和基督教联盟-民主党）（the Slovak Democratic and Christian Union-Democratic Party，SDKÚ-DS）废除了其前任政府通过的《经济和社会协会理事会法》（the Act on the Economic and Social Concertation Council）。2000年，根据政府法令设立经济和社会伙伴关系委员会（the Economic and Social Partnership Council，RHSP）。2006年，Robert Fico政府（方向-社会民主党）（Direction-Social Democracy，SMER-SD）同意社会伙伴将RHSP转为经济和社会理事会。自2007年以来，关于国家三方协商的第103/2007号法令（Act No.103/2007 on National Tripartite Consultations）正式对这一三方机构做出相应规定。2010—2012年，Iveta Radičová领导下的保守派自由联合政府（Conservative-Liberal Coalition Government，SDKÚ-DS）沿用了前任Fico政府设立的三方机构。

劳动立法的调整是2010—2012年和2012—2016年政府政治议程的重要组成部分。2011—2013年，政府发布了对斯洛伐克《劳动法》（the Labour Code）的11项修正案，其中2项对工作、就业和劳动关系做出了较为重大的调整，但是不同执政党在劳动立法方面有着完全相反的政治动机。[①]Radičová政府主要是针对劳动力市场自由化和雇佣关系灵活性做出调整。工会对这些变化感到失望，它们对政府的不信

① BULLA M，CZIRIA L，KAHANCOVÁ M. Impact of legislative reforms on industrial relations and working conditions in Slovakia［R］. Prague: Central European Labour Studies Institute（CELSI），2014.

任增加。而Fico政府在2012年实施的措施更加关注雇员的就业保障和社会保护，并支持工会更多地参与公司层面的社会对话。这表明政府之间存在“政策竞争”（policy competition）。随后，2011年Fico政府对斯洛伐克《劳动法》的重大调整由Radičová政府进行了修正，但工会要求恢复其先前的权利。在2012年提前举行大选后，Fico政府重新掌权，并按照选举前的承诺，通过修订斯洛伐克《劳动法》撤销了之前的大多数变更。与Radičová政府相比，斯洛伐克社会民主党的Fico政府更倾向于工人和工会，而Radičová政府更倾向于雇主方。尽管存在这些分歧，但在此期间，三方社会对话并未中断，正如1998年Vladimír Mečiar政府期间的情况一样。

第二节　斯洛伐克劳动关系体系

政府、工会、雇主组织和三方机构等主体在管理劳动关系结构、工作条件以及协调劳动争议方面发挥着关键作用。本节对斯洛伐克劳动与雇佣领域的主要利益相关者以及劳动关系调整体系进行介绍。[①]

一、公共机构

劳动、社会事务和家庭部是在劳动法律监管及劳动关系体系中起决定性作用的主要公共权力机构。通过斯洛伐克《劳动法》，MPSVR SR对基本的个体和集体劳动关系、就业和工作条件、工资以及职业健康和安全等做出规定，并促进各方进行社会对话。

国家劳动监察局（The National Labour Inspectorate，NIP）是在实

① EUROFOUND. Working life in Slovakia［EB/OL］.［2024-09-28］. https://www.eurofound.europa.eu/country/slovakia#highlights-working-life-in-2019.

践中执行劳动立法的国家主管机构，其活动受第125/2006号法令的管制。劳动监察机构对公司进行检查，当发现雇主违反法律时，劳动监察机构有权要求他们采取补救行动并实施处罚。

二、工会

工会在斯洛伐克有着悠久的历史，其运作受关于公民协会的第83/1990号法令（Act No.83/1990 on the Association of Citizens）管制。工会通常按部门组织，存在于私人和公共部门，其成员资格是自愿的。2004年斯洛伐克工会密度约为25%，2007年下降到20%左右，2010年下降至17%，2015年进一步下降到12%左右，2018年维持在12%左右。尽管如此，斯洛伐克劳动关系体系并未受到显著影响。在金融危机期间，工会的活动主要集中在维持就业上，并没有组织任何重大的社会行动。

主要工会组织。斯洛伐克最大的工会组织是斯洛伐克工会联合会（the Confederation of Trade Unions of the Slovak Republic，KOZ SR）。2018年，KOZ SR与24个部门工会建立起联系，约有215 850名成员。第二大工会组织是2018年10月成立的斯洛伐克联合工会（Joint Trade Unions of Slovakia，SOS），接下来是斯洛伐克独立基督教工会（the Independent Christian Trade Unions of Slovakia，NKOS）、总自由工会联合会（the General Free Trade Union Association，VSOZ）和艺术与文化联合会（the Confederation of Art and Culture，KUK）。所有这些工会的会员人数都在减少。具体情况见表7-1。

三、雇主组织

20世纪90年代初，雇主组织几乎从零开始建立。雇主组织的成员资格是自愿的，其密度逐步增加，并相对稳定，维持在30%~35%。

表 7-1　　　　　　　　**斯洛伐克的主要工会组织**

全称	缩写	成员数量（2018）	参与集体谈判
斯洛伐克工会联合会（Konfederacia Odborovych Zvazov Slovenskej republiky，Confederation of Trade Unions of the Slovak Republic）	KOZ SR	215 850	是
斯洛伐克联合工会（Splocne Odbory Slovenska，Joint Trade Unions of Slovakia）	SOS	28 000	是
斯洛伐克独立基督教工会（Nezavisle Krestanske Kdbory Slovenska，Independent Christian Trade Unions of Slovakia）	NKOS	3 000	是
自由工会联合会（Vseobecny Slobodny Odborovy Zvaz，General Free Trade Union Association）	VSOZ	500	是

资料来源：EUROFOUND. Working life in Slovakia [EB/OL]. [2022-02-25]. https://www.eurofound.europa.eu/country/slovakia#actors-and-institutions.

根据关于公民协会的第83/1990号法令修正案设立的雇主组织有权参加集体谈判。符合标准的雇主组织可以参加国家级三方社会对话，部门级雇主组织的代表可以参加多雇主集体谈判。为了不被多雇主集体协议所涵盖，一些雇主尽可能避免参与部门集体谈判，有的甚至阻止扩展集体协议。

主要雇主组织。从1991年起，所有雇主组织都隶属于斯洛伐克雇主协会联合会（the Federation of Employers Association of the Slovak Republic，AZZZ SR）。2004年，全国雇主联盟（the National Union of Employers，RUZ）成立，成为第二大雇主组织。AZZZ SR和RUZ联合部门级雇主组织，约有579 000名雇员。除了AZZZ SR和RUZ，城市和市政协会（the Association of Cities and Municipalities，ZMOS）也

代表雇主，它将城市和市政当局创办的企业联合起来，并为这些企业提供公共服务。AZZZ SR、RUZ和ZMOS参加HSR的国家级三方协商。ZMOS还参与多雇主集体谈判，以达成公共部门员工的集体协议。ZMOS下属的组织雇用了大约142 000名雇员。2016年，产业雇主组织脱离了AZZZ SR和RUZ，成立了一个新的大型雇主组织——产业联合协会（the Association of Industrial Unions，APZ）。斯洛伐克工艺产业联合会（the Slovak Craft Industry Federation，SZZ）包含了资格行业协会（Licensed Trade Associations）、行会和其他工艺工人以及中小企业，约有2万名雇员。具体情况见表7-2。

表7-2　**斯洛伐克的主要雇主组织**

全称	缩写	成员数量（2018）	参与集体谈判
斯洛伐克雇主协会联合会（Asociacia Zamestnavatelskych Zvazov a Zdruzeni Slovenskej Republiky，Federation of Employers Associations of the Slovak Republic）	AZZZ SR	29个雇主协会和2个独立公司，包含约330 000名雇员	是
全国雇主联盟（Republikova Unia Zamestnanvatelov，National Union of Employers）	RUZ	33个雇主组织和27个独立公司，包含超过248 750名雇员	是
城市和市政协会（Zdruzenie Miest a Obci Slovenska，Association of Towns and Communities of Slovakia）	ZMOS	2 783家企业，拥有142 000名雇员	是
产业联合协会（Asociacia Priemyselnych Zvazov，Association of Industrial Unions）	APZ	6个雇主协会，拥有131 200名雇员	是

资料来源：EUROFOUND. Working life in Slovakia [EB/OL]. [2022-02-25]. https：//www.eurofound.europa.eu/country/slovakia#actors-and-institutions.

四、三方和双方机构

斯洛伐克于1990年引入三方机构，由政府、雇主和工会自愿加入。从1993年到2004年，国家级三方社会对话在经济和社会协商委员会（the Economic and Social Concertation Council，RHSD）举行。2004年，该机构更名为经济和社会伙伴关系委员会；2007年，该机构又更名为经济及社会理事会。经济及社会理事会是政府与社会伙伴之间进行社会对话的机构。斯洛伐克工会联合会（雇员方面）和RUZ、AZZZ SR及ZMOS（雇主方面）代表HSR的社会伙伴。根据第103/2007号法令，只有代表至少10万名雇员的大型工会和雇主组织以及活动区域在5个地区以上的雇主才能参加HSR。三方社会对话通常涉及公共政策的实施、通过与营商环境改善相关的立法，公民的生活水平和就业条件是最重要的问题。在金融危机期间，HSR三方社会对话最先磋商了反危机措施的实施情况。部门级三方社会对话也同时进行，包括运输、邮政和电信部门等。2013年，工业和建筑领域的社会合作伙伴创建了行业双边机构（Industry Bipartite），以便更好地为HSR三方协商奠定基础。斯洛伐克主要的三方及双方机构见表7-3。

表7-3　**斯洛伐克主要的三方及双方机构**

机构名称	类型	级别	关注问题
经济及社会理事会（Hospodarska a Socialna Rada，Economic and Social Council，HSR）	三方机构	国家级	影响该国经济和社会政策的所有相关问题，如工作、生活、就业条件和工资
行业双边机构（Priemyselna Bipartita，Industry Bipartite）	双方机构	跨部门级	通常与HSR讨论与主题有关的问题

续表

机构名称	类型	级别	关注问题
运输、邮政和电信部门的部门三方机构（Odvetvove Tripartity Unie Dopravy，Post a Telekomunikacii，Sectoral Tripartite Bodies in the Transport，Post and Telecommunications Sectors）	三方机构	部门级	与运输、邮政和电信部门有关的所有问题
医疗保健部门三方理事会（Odvetvova Hospodarska a Socialna Rada v Rezorte Zdravotnictva，Sectoral Tripartite Council in the Healthcare Sector）	三方机构	部门级	与该部门管理有关的问题

资料来源：EUROFOUND. Working life in Slovakia [EB/OL]. [2022-02-25]. https: //www.eurofound.europa.eu/country/slovakia#actors-and-institutions.

五、工作场所级员工代表

在斯洛伐克，直到2001年，雇员才由工会代表。自2002年以来，雇员可以由工会、工作委员会或雇员受托人（works councils or employee trustees）代表。自2003年以来，斯洛伐克实施双重代表机制（a dual channel of representation），工作委员会/雇员受托人可与企业工会共存。所有级别的雇员代表都得到法律（即斯洛伐克《劳动法》）的支持。一般来说，雇员超过50名的公司可以组建工作委员会，有3~49名雇员的公司可指定雇员受托人。雇员代表有权获得信息，可进行咨询，可以共同决策并对活动有控制权，但只有工会才有权进行集体谈判。在没有集体协议的企业中，工作委员会可以与管理层就雇佣和工作条件达成协议（但这些协议与集体协议的地位不同）。工会、工作委员会成员和雇员受托人由企业的雇员选举产生。在大多数情况下，工作场所的主要雇员代表机构是工会。有关工会运作及工会与管理层合作的详细信息通常在集体协议中约定。工作委员会无权参与集体谈判，但可以与没有达成集体协议的企业管理层签订一些协议。

第三节 利益相关者在斯洛伐克劳动与雇佣管制发展中的作用

2008年金融危机对斯洛伐克造成严重影响。政府实施了反危机措施，对劳动立法做出了调整，并在HSR内部与社会伙伴进行了磋商。本节对斯洛伐克社会对话在金融危机中以及后金融危机时期发挥的作用进行介绍，可以看到，为了将金融危机的影响降到最低，斯洛伐克政府、雇主和工会共同做出了巨大努力。

一、金融危机中及金融危机后社会对话在国家决策中的作用

1.社会对话在金融危机中的作用

如前所述，国家层面社会对话的主要平台是HSR。该机构成立于2007年，三方协商再次受到法律监管。[①]为了有资格参加HSR，雇主组织的成员公司至少要有10万名雇员，这些公司在斯洛伐克的一些地区很活跃。与此相对应，工会也必须代表至少10万名雇员。每个党派在HSR会议上有7个席位，雇主和工会有权为它们所代表的每10万名雇员提供一个席位。3个雇主组织共享7个席位，但工会由斯洛伐克工会联合会作为代表，也有7个席位。HSR根据需要开会，但通常每月一次。会议的成果包括协议、社会伙伴的声明和对政府的建议。会议纪要在政府办公室网站公布。[②]HSR会议不向公众开放，但

① Dzurinda政府废除了《经济和社会协会理事会法》，并通过政府法令设立了经济和社会伙伴关系理事会。

② 根据Website of The Government Office（http：//www.vlada.gov.sk/）整理。

每次会议后，通常会召开新闻发布会。

在金融危机中，社会对话的需求增加了。斯洛伐克在2008年12月15日的HSR会议上首次讨论了这场危机，此后会议的频率有所提高，所讨论的问题数量也有所增加。但是，HSR的运作模式没有发生变化。社会伙伴认为，工会与雇主之间的沟通与合作有所改善，这使得它们在2008—2009年能共同采取反危机措施。在2008年金融危机中，斯洛伐克三方社会对话以及国家在劳动关系中的作用通过国家-社会对话平台HSR得到了加强。为了减轻金融危机对经济和公民生活的影响，斯洛伐克政府在2008—2009年出台了大约60项与金融危机有关的措施。有些措施是跨部门的，有些措施则涉及具体部门。例如，国家补贴鼓励人们用新车替换旧车，并向公寓业主提供补助金以帮助他们安装隔热材料，间接支持了建筑行业的发展。此外，政府还与三方HSR中的雇主方和工会方就具体反危机措施的实施和劳动立法的调整进行了磋商。2008年11月至2009年2月期间，政府实施了三个一揽子计划，主要是反危机措施，涉及宏观经济政策、对汽车产业的支持以及商业发展（包括中小企业）。这些措施旨在以多种方式维持就业和保留工作岗位：向不解雇工人而是保留工人，且工人工资维持在其日常工资60%以上的雇主提供国家津贴，实施Flexikonto系统（灵活的工作时间账户），暂缓团结基金[①]（Solidarity Fund）的强制缴费，为那些自谋职业的登记失业者提供财政支持。Flexikonto系统的实施（通过2009年斯洛伐克《劳动法》修正案引入）在维持制造业就业方面发挥了特别重要的作用。如果社会伙伴和政府之间没有就优先维持就业水平的必要性达成共识，就不可能减轻金融危机的负面影响。雇主方称，三方社会对话允许社会伙伴之间更好地进行沟通，以制定有效的缓解措施，有助于解决金融危机产生的社会和经济

① 由自营职业者支付给社会保险局。

问题。[1]

此外，在2008年12月HSR磋商期间，政府和社会伙伴承认此次金融危机是一个非常严重的威胁，并决定让更多利益相关方参与国家层面的社会对话。2009年年初，政府和社会伙伴建立了“三方+”经济危机委员会（“Tripartite Plus” Council for the Economic Crisis，RHK），该机构在2009年制定反危机措施方面发挥了重要作用。RHK是一个多党派组成的政府咨询机构，不仅有社会伙伴，而且有中小企业雇主、财政部门专家、市政当局和研究人员。RHK于2009年1月开始运作，并在9个月的时间内出台了一系列应对金融危机的政策措施。通过RHK的社会对话，工会和雇主组织提出了更好的设计反危机措施建议，并有助于其顺利实施。当经济开始复苏时，下一届政府于2010年解散了RHK。

斯洛伐克政府于2009年2月与斯洛伐克工会联合会签署了《关于解决金融和经济危机对斯洛伐克社会影响的合作备忘录》（the Memorandum on Cooperation in Solving Impacts of Financial and Economic Crises upon Slovak Society）。[2]该备忘录显示出政府和工会的共同努力，以采取措施减轻金融危机对公民生活和企业生产的影响。在该备忘录中，政府承诺只执行不威胁社会凝聚力的措施，并支持各部门和工会之间进行部门级社会对话。例如，斯洛伐克工会联合会可以根据劳动生产率就实际工资进行谈判，并将社会对话作为维护社会稳定的手段。虽然雇主方没有签署该备忘录，但该备忘录为雇主方与工会就应对金融危机的措施达成共识奠定了基础。可以说，政府和工

---

① GUARDIANCICH I，MOLINA O. Talking through the crisis：social dialogue and industrial relations trends in selected EU countries［EB/OL］.［2024-09-28］. http：//www2.ilo.org/wcmsp5/groups/public/---dgreports/---dcomm/---publ/documents/publication/wcms_548950.pdf.

② EUROFOUND. Trade unions and government unite efforts to fight economic crisis［EB/OL］.［2024-09-28］. http：//www. eurofound. europa. eu/search? search_block_form=SK0805029Iandop=Search.

会都履行了该备忘录中的承诺，对金融危机做出了相对妥善的回应。

从2010年7月起，Radičová政府上台。为了支持商业发展并减少政府赤字，Radičová政府采取了一揽子经济措施，包括削减2011年国家预算，但没有对国家三方HSR做出改变。2010年，HSR共召开了16次会议，但没有一次专门针对反危机措施。此后，HSR的运作方式发生了一些变化。2012年，斯洛伐克方向-社会民主党组建了一个一党政府，并探索一种征求政府决策反馈意见的运作机制。该政府承诺将与HSR的社会伙伴讨论影响雇员和雇主的所有拟议措施，社会伙伴也能就HSR会议的议程做出决定。HSR的运作比以往更有计划性，也更有规律了，政府试图在每次会议前10天向社会伙伴提交文件。然而，政府在2008—2009年过多地考虑了社会伙伴的意见，对大量文件的审查也非常耗时，而且一些磋商过于正式，效率较低。鉴于社会伙伴的能力有限，一些人认为，只就他们觉得特别重要或特别感兴趣的某些问题进行磋商就可以了。

2.金融危机后的社会对话

2010年之后，斯洛伐克政府没有与社会伙伴达成进一步的三方或双方社会契约，HSR仍然是全国社会对话的主要平台，其运作没有发生重大变化，但协商变得更加频繁，计划也更多了。尽管社会伙伴之间存在一些分歧，但三方社会对话并未中断。HSR会议议程与政府的立法计划密切相关，磋商中的冲突有所缓和，社会伙伴比2008—2009年表现得更专业。HSR的三方社会对话在制定经济和社会政策方面起着重要作用。

金融危机后，社会对话的内容主要涉及重要国家经济和社会措施的出台以及劳动立法的调整。关于欧盟2020年欧洲战略（Europe 2020），斯洛伐克政府于2010年11月通过了国家改革计划（National Reform Programme，NRP）。2011年4月，斯洛伐克政府批准了2011—

2014年NRP框架，该框架与斯洛伐克同一时期的稳定计划（the Stability Programme）密切相关。自此，斯洛伐克政府相继批准了2013年、2014年和2015年的NRP，以及2013—2016年、2014—2017年和2015—2018年的稳定计划。就NRP和稳定计划而言，政府每年都会咨询HSR的社会伙伴，在没有重大异议的情况下也会提供拟议文件。

（1）社会对话平台的发展。

金融危机后，社会伙伴的倡议也有助于斯洛伐克社会对话的进一步发展，社会对话平台得以延续和创新。“三方+”经济危机委员会在2010年没有运作，最终被解散。政府于2012年建立了一个新的“三方+”机构，即团结与发展委员会，它是政府的非正式协商机构，其常任理事是总理、副总理、财政部部长，以及劳动、社会事务和家庭部部长。工会、雇主组织、教会、专业机构和非营利组织的代表也参加RSR会议。RSR的磋商对于政府重要问题的决策是必要的，例如，2015年7月8日，RSR讨论了斯洛伐克经济和政治局势以及“加强斯洛伐克作为一个法律上一致的国家的行动计划”（Action Plan for Strengthening the Slovak Republic as a Legally Consistent State）。RSR平均每年举行4次会议。

2010—2014年，在欧洲社会基金的支持下，斯洛伐克实施了国家社会对话中心项目（the National Centre for Social Dialogue）。该项目包括推进国家和部门一级三方协商，以及在部门和公司一级进行双边社会对话。这些活动为相关社会伙伴提供了一个机会，使他们能够更多地了解社会对话，从而提高他们的沟通技巧，并定期参与磋商。为了支持这一活动，劳动关系专家编写了一系列背景文件，并对罢工监管、集体协议的扩展以及劳动力市场中的弱势群体等问题进行了研究。该项目还提高了社会伙伴在三方协商和双边谈判中相互合作的能力。

2013年1月31日，制造业和建筑业的社会伙伴高级代表签署了“合作合同”（Contract on Cooperation），并成立了行业双边机构，这是一个协商和协调其活动（不是集体谈判）的机构。这是斯洛伐克第一次建立跨部门的双边机构。“合作合同”由3个部门工会（OZ Kovo、IOZ和OZ PBGN）和5个雇主组织（ZSP SR、SEA、ZAP SR、ZHTPG和ZSPS）签署，代表斯洛伐克工业中经济状况最好的部门。2015年6月，行业双边机构的雇主为制造业和建筑业建立了一个联合雇主组织“工业协会联盟”（the Alliance of Industry Associations）。

（2）劳动力市场改革的社会对话。

自2010年以来，劳动立法领域经历了两项重大修订。之后，工会和雇主代表进行了密集磋商，首先是在劳动、社会事务和家庭部建立的专业工作组中进行，后来又在三方HSR中进行。社会伙伴和政府关注的是法律调整的过程和内容，尽管它们没有签署任何三方协议。劳动立法的变化主要涉及雇佣关系的灵活性、劳动力成本的降低、雇员代表权利和能力的变化，以及集体谈判监管。这些问题不仅是三方社会对话的重要组成部分，也是2006—2016年三届政府政治议程的重要组成部分。

2018年，斯洛伐克工会联合会提交了一项调整最低工资的提案，坚持将最低工资提高到平均工资水平的60%，由每月201欧元提高至635欧元，以解决“工作穷人”问题。人们对2019年最低工资提案进行了广泛讨论，产生了巨大分歧。最低工资增加到520欧元对雇主协会联合会来说就已经太高了，该协会提出的最低工资标准为502欧元。斯洛伐克工会联合会不同意这个数额，它们建议将最低工资设定为635欧元，它们还认为应遵照欧洲社会权利委员会（the European Committee of Social Rights）的建议，将最低工资设定为该国平均工资水平的60%。政府预计在未来一段时间内会出现宏观经济发展和价格上涨的趋势，城市和市政协会同意了该提案，而全国雇主联盟没有表示明确的态度，但它们提出应该有一个固定的和有约束力的最低工资调整机制。

2018年2月8日，斯洛伐克工会联合会签署了关于加入数字联盟的备忘录并做出了自己的承诺。提高雇员的数字技能是终身学习和未来工作的重要组成部分。斯洛伐克工会联合会主席Jozef Kollár表示，有必要关注什么类型的职业和工作将会消失的问题，也需要关注即将出现的工作类型以及为了适应这样的变化需要哪些工作技能。劳动立法还必须应对数字化转型引起的劳动和就业关系的变化。

3.欧盟对社会对话的影响

为响应欧盟2020年欧洲战略，Radičová政府于2010年11月通过了国家改革计划，并于2011年4月批准了2011—2014年NRP框架。Fico政府批准了2012年NRP，并于2013年4月向欧盟委员会提交了NRP 2013年和2013—2016年稳定计划。此后，政府批准了2014年和2015年NRP。

2014年NRP提出了2012—2016年计划宣言，包括实现目标的措施，以及对欧盟针对斯洛伐克具体建议书（Country-Specific Recommendations，CSRs）的回应。社会伙伴在2014年4月14日的HSR会议上讨论了主要领域的目标，主要包括公共财政、就业、社会包容、教育、科学与创新、公民的健康、良好透明的营商环境、执法、基础设施、有效的公共行政、能源以及可持续的环境。斯洛伐克工会联合会接受了该NRP，没有提出任何特别的反对意见。雇主方还建议批准一些文件，包括RUZ关于营商环境和ZMOS关于市政当局的权限等。2014年6月26日，该NRP获得批准。2015年4月中旬，社会伙伴再次就NRP 2015进行了磋商，并建议进一步完善立法程序，该NRP在月底被正式批准。

欧盟委员会在斯洛伐克的代表参与编写了关于斯洛伐克的年度国家报告，并与利益相关方，包括社会伙伴一起组织了有关活动。与社会伙伴和民间代表的磋商主要是通过专题研讨会和专题介绍等方式进行的。例如，2014年9月，欧盟委员会的代表组织斯洛伐克的欧盟代表和工会代表举办了“欧盟经济和社会政策背景下的斯洛伐克”（Slovakia in the Context of the EU Economic and Social Policies）主题圆桌会议。2015年，欧盟委员会的代表与雇主协会和商会代表举行了“斯洛伐克营商环境质量”（the Quality of the Business Environment in Slovakia）会议，还举办了一次关于“就业的可持续增长”（Sustainable Increase in Employment）研讨会，MPSVR SR的代表和社会伙伴参加了研讨会。

二、后金融危机时期的劳动关系和集体谈判

本小节主要介绍金融危机后雇主组织和工人组织的变化、金融危机对集体谈判的影响以及集体谈判在金融危机之后的发展。

1.雇主组织和工会的变化

金融危机导致数千人被裁员并影响了工会密度，工会密度从2007年的约20%下降到2014年的约15%。截至2007年，主要工会组织斯洛伐克工会联合会附属的工会协会没有发生重大的组织变化，KOZ SR覆盖了斯洛伐克90%以上的工会会员。由于工会会员人数减少，会员费也减少，工会收入逐渐降低。为了降低成本，工会需要裁减其雇员，这使得一些部门工会进行了合并。2008年独立公共道路运输联盟（the Independent Public Road Transport Union）以及2009年冶金联盟（the Metallurgy Union）与金属联盟（the Metal Union，OZ Kovo）合并；纺织和皮革工会（The Textile and Leather Union）、运输

工会（the Transport Union）与建筑工会（the Construction Trade Union Association）合并，于 2009 年 1 月 1 日成立了综合工会协会（the Integrated Trade Union Association，IOZ）。同样是在2009年，化学工会（the Chemical Union）与能源工人工会（the Energy Workers' Union）合并，组成了联合能源和化学工人工会（Joint Energy and Chemical Workers Union，ECHOZ）。这类合并导致斯洛伐克工会联合会附属工会数量减少，从2007年的35个减少到2010年的28个，2015年进一步减少到26个。但是，在这一时期，多雇主集体协议的签订仍然在继续进行，这主要是因为合并后的工会要通过签订新协议来囊括原来的所有会员。

2018年1月24日，斯洛伐克成立了一个新工会联合会，名为斯洛伐克共同联盟（Common Unions of Slovakia，Spoločné Odbory Slovenska，SOS）。这个工会联合会由5个工会组成，包括现代工会协会（Moderné Odbory AIOS）、现代工会大众协会（Moderné Odbory Volkswagen）、护士和助产士贸易协会（Odborové Združenie Sestier a Pôrodných Asistentiek）、新警察工会（Nový Odborový Zväz Polície）和新学校工会（Nové Školské Odbory）。这个工会联合会要求加入的工会和协会独立于政党，那些与雇主或任何雇主协会有关联的组织也不能加入该联合会。

金融危机中，雇主组织的密度保持相对稳定，金融危机对雇主组织的影响要小于对工会的影响。在国家层面，雇主隶属于3个组织：雇主协会联合会、全国雇主联盟、城市和市政协会，其密度在30%~35%之间波动。[①]较大的变化是建立了产业协会联盟（the Alliance of Industry Associations），该协会也希望参加HSR三方协商。

---

① EUROFOUND. Slovakia: impact of the crisis on industrial relations [EB/OL]. [2024-09-28]. http://eurofound.europa.eu/observatories/eurwork/comparative-information/national-contributions/slovakia/slovakia-impact-of-the-crisis-on-industrial-relations.

2. 金融危机对集体谈判的影响和集体谈判在金融危机后的发展

集体谈判受第2/1991号法令修正案管制。多雇主集体协议中商定的条件可以依据单一雇主-雇员协议中有利于雇员的条款进行修改。2008—2009年金融危机中及金融危机后，集体谈判制度没有发生变化，包括工资制定机制。在私营部门，公司层面的谈判权力下放趋势仍在继续。据MPSVR SR称，2010—2014年达成/到期的多雇主集体协议数量在减少，但是，达成集体协议数量的减少部分归因于谈判单位数量的同步下降，即主要是由于2009年工会合并导致集体协议数量减少。多雇主协议通常持续2年或3年，而且并不是每年都在MPSVR SR注册生效，这也是一个主要原因。集体谈判覆盖率略有下降，2008年集体谈判覆盖率约为35%，2009—2014年为30%~35%。集体谈判覆盖率因行业而异，公共部门约占90%，但私营部门相对较低。例如，在金属和化学部门以及建筑业中，集体谈判覆盖率只占15%~20%。

集体协议扩展规则的变革在集体谈判覆盖范围内发挥了重要作用。社会伙伴之间关于扩展的意见在金融危机前和金融危机中是不同的，并且这种不同一直在持续。工会希望即使未经有关雇主同意，也可以将集体协议扩展到有类似活动的大多数公司（按NACE分类）。它们表示，这种扩展将导致更加平等的工作条件和更高的工资，并且可以更好地打击“工资倾销”（wage dumping）。但是雇主强调不能违背其意愿强制扩展，因为这可能损害企业的运转并导致裁员。自2007年9月1日起，根据第328/2007号法令，集体协议的扩展必须遵守NACE法规对企业的分类，并且未经雇主同意也可以进行。在集体协议扩展搁浅几年之后，工会利用了这次机会，仅在2009年就实施了5项扩展。自2010年12月31日（Radičová政府）起，必须征得雇主同意再次成为强制性规定。但是，自2014年1月1日起生效的法案修正案使未经雇主同意的集体协议扩展再次成为可能，工会提议将多雇主集体协议扩展至机械工程、电气工程、建筑、冶金、采掘业和地质以及公共道路运输等部门。这些扩展使集体协议覆盖的雇员人数增长了一倍以上。[①]2015年集体协议进行了再次扩展。

雇主接受集体协议扩展可以促进更公平竞争环境的说法，但认为目前的安排是不公平的。在某些情况下，多雇主集体协议可能由少数公司签订，这些公司仅占该部门公司总数的10%或20%；而在集体协议扩展之后，它几乎适用于整个部门。雇主提议为多雇主协议引入某种形式的门槛，但尚未与工会达成协议。在雇主看来，应该有一个合适的集体协议扩展标准，否则就不应该扩展。在某些情况下，集体协议扩展似乎确实缺乏合适的标准，例如，在有600多家公司的汽车行业，约有60家公司签订了协议，后来又扩展至另外30家公司，而其余的则不受影响。[②]

在金融危机中，工会将注意力集中在维持就业上，这影响了集体谈判的范围。除了标准的集体谈判议题，如工作时间、工资和职业安全与卫生（occupational safety and health，OSH）之外，集体协议还增加了增强就业灵活性以及降低解雇的社会影响等内容。为了最大限度地降低经济衰退对公司业务和劳动力市场的影响，一些公司（主要是汽车和电子行业）与雇员代表（通常是工会）达成了协议，实施灵活的工作时间（flexikonto和短期工作）。但是在有些情况下，还是需要裁减劳动力。在这种情况下，为了留住核心工作人员，派遣员工（temporary agency workers）首先被裁员，公司停止了一些以前外包的业务。在2009年金融危机最严重的时候，在集体协议中同意支付慷

① EUROFOUND. Extension of multi-employer collective agreements marks a turning point [EB/OL]. [2024-09-28]. https://www.eurofound.europa.eu/timelinedate/slovakia-extension-of-multi-employer-collective-agreements-marks-a-turning-point.

② EUROFOUND. Developments in collective bargaining in the 21st century [R]. Luxembourg: Publications Office of the European Union, 2015.

慨遣散费（高于斯洛伐克《劳动法》标准）的公司数量减少了。私营公司试图通过减薪以及削减雇员福利和奖金的办法来降低劳动力成本。在公共部门，劳资双方同意工资增长速度放缓，甚至冻结工资，而工作时间没有发生重大变化。

2011—2012年，政府特别允许雇主在集体谈判中可以适当地“不遵从”斯洛伐克《劳动法》，有效期约为16个月，例如，有一项调整款项允许延长新雇员的试用期。[①]在2011年之前以及2013年之后，这样的特别允许没有出现过。尽管雇主采取了紧缩措施，社会伙伴仍主张社会稳定，集体谈判在防止劳资冲突方面发挥了重要作用。大多数集体协议都在公司层面签署，包括解决劳资纠纷的程序。据MPSVR SR称，2009年所有集体劳动争议都是通过调解或仲裁成功解决的，没有一起导致罢工。

第四节　小结

通过本章的梳理，我们发现，斯洛伐克国家级三方社会对话的主要平台是经济及社会理事会。尽管社会伙伴与政府之间存在严重分歧，但其协商从未中断。在金融危机期间和之后，三方社会对话在制定和实施相关经济和社会政策中发挥了重要作用。与金融危机时期相比，目前HSR的协商进行得更好了，社会伙伴在对话中也更加专业了。HSR的会议议程与政府的工作计划密切相关，三方协商时会提前进行规划。在双边社会对话方面，变革最多的是多雇主集体协议的扩展。目前的集体谈判法规允许在未经有关雇主同意的情况下扩展集体协议。工会利用这一点实施了扩展计划，扩大了有关部门的集体谈

① 这一款项仅在2011年9月—2012年12月适用，实际上只能在2012年集体协议中使用。

判覆盖面。

政府和社会伙伴的行动有利于三方社会对话，重要事项有：第一，2010年金融危机理事会解散后，当时的政府于2012年建立了一个新的“三方+”机构，即团结与发展委员会（the Council for Solidarity and Development，RSR）。它是政府就特殊问题做出决定的非正式协商机构。第二，2010—2014年，斯洛伐克实施了国家社会对话中心项目。在欧洲社会基金的支持下，它让工会和雇主能够更加专业地参与三方和双方社会对话。第三，为加强三方磋商中的合作与协调，工业和建筑部门的3个大型工人组织和5个雇主组织的高级代表于2013年1月成立了行业双边机构。2015年6月，这些雇主组织成立了联盟。

三方和双方社会对话有助于斯洛伐克金融危机后的经济复苏和经济增长，在出台与经济和社会发展有关的文件和措施方面发挥了重要作用。自金融危机以来，斯洛伐克核心的国家政策以及与经济、劳工和社会立法相关的方面都受到了特别关注。例如，政府与社会伙伴合作开展了连续的国家改革计划（NRP）。在某些情况下，三方协商促使社会伙伴之间达成共识，如关于NRP的意见等。在另一些情况下，社会伙伴通过磋商达成妥协，如受执政政府“导向”影响的劳动法修正案等。在最低工资增长和集体协议扩展的规定方面，社会伙伴无法达成妥协，政府通常采用单方面行动。

总体来说，目前基于法律的三方社会对话机制运作良好，国家级三方社会对话在未来也会持续发挥作用。

第八章

中东欧国家社会保障制度：基于利益相关者视角的分析

转型后，中东欧国家的社会保障制度呈现出不同的发展轨迹和特征。本章先对中东欧国家的社会保障制度模式进行分析，探讨中东欧国家社会保障制度模式是否可以归于福利国家模式，或形成一个独特的模式。但是仅探讨分类是不够的，到底是什么原因形成了这样的分类模式也需要进一步探讨。从利益相关者视角进行分析可以帮助我们进一步理解中东欧国家社会保障制度模式的形成过程，因此第二节通过利益相关者视角对中东欧国家养老保险的改革进行概述，并对保加利亚、罗马尼亚和斯洛伐克养老保险现状及改革的情况进行介绍。第三节对中东欧国家医疗保险领域的改革进行概述，并对斯洛伐克和匈牙利的医疗保险现状及改革进行介绍。

第一节　中东欧国家社会保障制度模式

英国学者理查德·提特莫斯（Richard M. Titmuss）提出了福利国家分类方案，对补缺式与制度式福利国家进行分辨，[①]这个分类被认为是社会政策模式的先驱。对福利国家类型进行进一步研究而产生深远影响的是丹麦社会学家埃斯平·安德森（Esping Anderson）。根据去商品化和社会分层标准，基于国家、市场和家庭之间的关系，可以将福利国家划分为3种理论模型：自由主义模式、保守主义模式和社会民主主义模式。[②]

尽管埃斯平·安德森对福利国家的分类是进一步研究的基础，但其方法受到一些批评。批评者指出其划分标准简单，在某些领域是不

① TITMUSS R. Social policy ［M］. London: Allen and Unwin, 1974.

② ESPING-ANDERSON G. The three worlds of welfare capitalism ［M］. Princeton: Princeton University Press, 1990.

适用的。[①]Bambra（2005）根据埃斯平·安德森的分析进行了一项研究，其中包括将医疗保健服务纳入研究范围。在分析了18个样本国家的情况后，他发现其中一些国家不能被划分到传统的3个类型中，而是形成了单独的类型。基于此，Bambra区分了5种福利国家类型：自由主义模式、保守主义模式、社会民主主义模式、自由主义模式亚群体和保守主义模式亚群体。[②]还有学者认为埃斯平·安德森的分类中没有全面考察南欧国家，而仅仅选择了该地区的一个国家意大利，将其归于保守主义模式中。[③]很多学者指出，尽管地中海模式和保守主义模式有非常相似的地方，但是两者之间存在一些根本差异。Sapir（2006）同意地中海模式的存在，他确定了4种福利国家模式：北欧模式、盎格鲁-撒克逊模式、大陆模式和地中海模式。[④]Sapir福利国家的前三种类型和埃斯平·安德森的分类是一致的。

埃斯平·安德森的研究没有包括中东欧国家。McMenamin（2003）的分析表明，福利国家除了社会民主主义模式、自由主义模式和保守主义模式外，还有中东欧的福利国家模式。根据他的说法，这些国家的政治特点差异很大。捷克、匈牙利和波兰偏向民主，大多数措施的目的是提供慷慨的福利，这种福利降低了市场的重要性并将国家置于市场之前。尽管如此，中东欧国家的社会转移支付规模仍然很小。这些国家的性别歧视更大，就业水平较低，并且存在性别薪酬

---

① DACKO-PIKIEWICZ Z，WALANCIK M. The economic or social dimension of lifelong learning?［J］Forum Scientiae Oeconomia，2016，4（2）：13-25；ŠTEFKO R，JENČOVÁ S，LITAVCOVÁ E，et al. Management and funding of the healthcare system［J］. Polish Journal of Management Studies，2017，16（2）：266-277.

② BAMBRA C. Cash versus services：worlds of welfare and the decommodification of cash benefits and health care services［J］. Journal of Social Policy，2005，34（2）：195-213.

③ SAINT-ARNAUD S，BERNARD P. Convergence or resilience? A hierarchical cluster analysis of the welfare regimes in advanced countries［J］. Current Sociology，2003，51（5）：499-527.

④ SAPIR A. Globalization and the reform of European social models［J］. Journal of Common Market Studies，2006，44（2）：369-390.

差距。McMenamin指出，对雇主而言，较高的社会保险缴费率是这些福利国家最突出的特征之一。[①]Soede等（2004）也确定了5个福利国家模式：斯堪的纳维亚模式、大陆模式、盎格鲁-撒克逊模式、地中海模式和东欧模式。根据他的分析，东欧国家的失业救济金、伤残津贴、儿童津贴和养老金大大低于其他欧洲国家，但是这些国家的政府收入也较少，因此限制了其向民众提供足够社会援助的能力。[②]东欧国家主要依靠基于缴费的养老金制度，如果政府无法管理公共部门的资金，养老金可能会减少。[③]

在转型初期，学者们对中东欧国家福利制度的研究兴趣越来越浓厚。关于中东欧国家社会保障模式的文献主要研究了两个问题：[④]第一个问题是学者们一直争论不休的，即中东欧国家的社会保障制度是否与西欧模式趋同，并可以适用埃斯平·安德森（1989）的福利国家分类标准，或者说它们是否是特殊的，是否产生了新的福利类别。[⑤]第二个问题是所有中东欧国家的社会保障制度是属于同一类别还是属于不同类别。

关于第一个问题，该领域大多数研究都基于制度分析，重点是4个因素：历史、制度、环境和社会互动。许多学者认为，中东欧国家的福利制度属于独特类别，尽管与西方福利国家原型的融合程度不断

---

① MCMENAMIN I. Is there an East-Central European variety of democratic capitalism. A twenty-two country cluster analysis［R］. Dublin：Dublin City University，2003.

② SOEDE A J，VROOMAN J C，FERRARESI P M，et al. Unequal welfare states［M］. The Hague：Social and Cultural Planning Office，2004.

③ NOVICKYTĖ L，RABIKAUSKAITĖ V. The evaluation of the Ⅱ pillar pension's funds：an integrated approach using multi-criteria decision methods［J］. Business：Theory and Practice，2017，18（1）：109-127.

④ POLESE A，MORRIS J，KOVÁCS B，et al. "Welfare States" and social policies in Eastern Europe and the former USSR：where informality fits in?［J］Journal of Contemporary European Studies，2014，22（2）：184-198.

⑤ DEACON B. Developments in East European social policy［M］// JONES C. New perspectives on the welfare state in Europe. London：Routledge，1993：163-183；FAJTH G. Social security in a rapidly changing environment：the case of the post-communist transformation［J］. Social Policy and Administration，1999，33（4）：416-436.

提高，但并不能归类为埃斯平·安德森所提出的类型。[①]例如，Cerami（2005）认为，尽管有全球化和欧洲化的力量在起作用，但它们正在逐渐形成独特的东欧模式——普遍的独特的团结模式。[②]由于受到俾斯麦社会保险模式、普遍主义模式和市场计划模式的影响，这种模式的再分配政策特征格外突出。Tomka（2006）、Beblavy（2008）以及Haggard和Kaufman（2009）后来得出了几乎相同的结论。[③]他们都认为，中东欧地区新兴的福利制度与埃斯平·安德森所界定的所有福利国家类型都不符。中东欧地区新兴的福利制度是混合的，是这些制度的不同要素的混合体，Tomka（2006）称其为"无特征"制度（"faceless" regime）。[④]

关于第二个问题，所有中东欧国家是否都属于同一福利制度类别，学者之间存在更大的分歧。一些学者认为，所有中东欧欧盟成员国都有相同的社会保障制度类型，并且不同意中东欧国家存在多种社会保障制度类型的说法。[⑤]即使转型后强烈的路径依赖已将中东欧国家政府推向截然不同方向的共识已经达成，但是一些学者仍然认同其相似性。例如，Aidukaite（2011）在对新老欧盟成员国的主要社会经

① KEUNE M. The European social model and enlargement［M］// JEPSEN M, PASCUAL A S. Unwrapping the European social model. Bristol：Policy Press，2006：167-188；AIGINGER K，LEONI T. Typologies of social models in Europe［EB/OL］.［2024-09-28］. http：//www.socialpolitik.ovgu.de/sozialpolitik_media/papers/Aiginger_Karl_uid563_pid502.pdf；HACKER B. Hybridization instead of clustering：transformation processes of welfare policies in Central and Eastern Europe［J］. Social Policy and Administration，2009，43（2）：152-169.

② CERAMI A. Social policy in Central and Eastern Europe. The emergence of a new European model of solidarity?［D］ Erfurt：Universität Erfurt，2005.

③ TOMKA B. East Central Europe and the European social policy model：a long-term view［J］. East European Quarterly，2006，40（2）：135-159；BEBLAVY M. New welfare state models based on the new member states' experience?［EB/OL］.［2024-09-28］. http：//papers.ssrn.com/sol3/papers.cfm? abstract_id=2403764；HAGGARD S，KAUFMAN R R. The Eastern European welfare state in comparative perspective［M］// CERAMI A，VANHUYSSE P. Post-communist welfare pathways：theorizing social policy transformations in Central and Eastern Europe. London：Palgrave Macmillan UK，2009：217-236.

④ TOMKA B. East Central Europe and the European social policy model：a long-term view［J］. East European Quarterly，2006，40（2）：135-159.

⑤ HAGGARD S，KAUFMAN R R. The Eastern European welfare state in comparative perspective［M］// CERAMI A，VANHUYSSE P. Post-communist welfare pathways：theorizing social policy transformations in Central and Eastern Europe. London：Palgrave Macmillan UK，2009：217-236.

济指标进行分析后发现，新成员国中表现最好和最差的国家之间的社会经济差异仍然存在，并且不容易消失。但是，她坚持认为，8个新欧盟成员国彼此之间的相似性要比欧盟其他国家更高，并且显示出许多重要的制度特征，这些特征为中东欧国家福利制度的统一性构想提供了证据。[①]

但是，更多的学者认为中东欧国家的社会保障制度类型是不同的。Fenger（2007）认为，由于中东欧国家彼此不同，很难将其划分到一个模型中，这个地区的一些国家已经取得了很大进步，成为欧盟成员，而其他国家仍处于过渡时期。根据Fenger的观点，就政府支出而言，这些国家可以归结为保守主义类型，但其中政府项目的所有变量都落后于西欧国家。Fenger（2007）认为，高度不信任和所考察社会状况变量之间的差异（收入不平等、妇女参与、GDP增长、通货膨胀和人口指标）是这些国家与其他类型国家之间的本质不同。[②]

Hacker（2009）也认为不存在单一的中东欧国家福利制度类型，他认为这是显而易见的。自转型以来，中东欧国家一直没有一个统一的参照模板，它们之间的差异越来越明显。此外，不同的中东欧国家没有建立一种新的单一社会保障安排，而是在不同的社会保障领域呈现出不同的西方福利模式特点。[③]

Beblavy（2008）也支持这一看法，根据他的分析，考虑到支出、再分配、路径依赖和制度因素，他建议将中东欧国家的福利制度类型分为5类：无形派（invisible）（拉脱维亚）、自由派（liberal light）

① AIDUKAITE J. Welfare reforms and socio-economic trends in the 10 new EU member states of Central and Eastern Europe［J］. Communist and Post-Communist Studies, 2011, 44（3）: 211-219.

② FENGER M. Welfare regimes in Central and Eastern Europe: incorporating post-communist countries in a welfare regime typology［J］. Contemporary Issues and Ideas in Social Sciences, 2007, 3（2）: 1-30.

③ HACKER B. Hybridization instead of clustering: transformation processes of welfare policies in Central and Eastern Europe［J］. Social Policy and Administration, 2009, 43（2）: 152-169.

（爱沙尼亚、立陶宛）、保守派（conservative light）（捷克、匈牙利和波兰）、偏保守派（nearly conservative）（斯洛文尼亚）和不确定的中间派（uncertain middle）（保加利亚、罗马尼亚和斯洛伐克）。[①] Beblavy关于中东欧国家社会保障类型的分类在一定程度上得到许多研究人员的验证，即使用各种指标进行层次聚类分析，结论也是一样的。[②]这些研究中的大多数支持以下观点：与欧洲其他国家相比，中东欧国家之间更加相似；中东欧国家属于欧盟成员国两个集群中的一个，而老欧盟成员国则属于另一个。[③]但是，研究结果还表明，中东欧国家之间也存在某些差异，其中最突出的是波罗的海国家与其他中东欧国家之间的差异，随着时间的推移，它们在许多指标上表现出不同之处。[④]如Põder和Kerem（2011）所述，中东欧国家有两条发展道路：大陆派和自由派。波罗的海国家更接近后者，但其他中东欧国家则更接近大陆-地中海模式。[⑤]

总而言之，中东欧国家的福利制度类型不属于埃斯平·安德森（1989）的福利国家分类标准，应被视为特殊的类型。关于所有中东欧国家是否都属于同一福利制度类型的问题，有两种不同的观点：一种声称中东欧国家内部比其他欧盟国家更相似，因此属于一个相对统一的制度类型；另一种则声称中东欧国家内部有许多独特的福利制度

① BEBLAVY M. New welfare state models based on the new member states' experience? Centre for European policy studies［EB/OL］.［2024-09-28］. http: //papers. ssrn. com/sol3/papers.cfm? abstract_id=2403764.

② BECERRA-ALONSO D，ANDRONICEANU A，GEORGESCU I. Sensitivity and vulnerability of European countries in time of crisis based on a new approach to data clustering and curvilinear analysis［J］. Administratie Si Management Public，2016，(27)：46-61.

③ FENGER M. Welfare regimes in Central and Eastern Europe： incorporating post-communist countries in a welfare regime typology［J］. Contemporary Issues and Ideas in Social Sciences，2007，3（2）：1-30；DRAXLER J，VAN VLIET O. European social model： no convergence from the East［J］. Journal of European Integration，2010，32（1）：115-135.

④ AIGINGER K，LEONI T. Typologies of social models in Europe［EB/OL］.［2024-09-28］. http: //www.socialpolitik.ovgu.de/sozialpolitik_media/papers/Aiginger_Karl_uid563_pid502.pdf；PÕDER K，KEREM K. Social models' in a European comparison［J］. Eastern European Economics，2011，49（5）：55-74.

⑤ PÕDER K，KEREM K. Social models' in a European comparison［J］. Eastern European Economics，2011，49（5）：55-74.

类型。前者的结论主要采用定性方法得出，而后者的结论主要采用定量方法得出。这种分歧表明，现有研究成果存在重大分歧。此外，很多研究都是基于旧数据的，广泛地集中于20世纪90年代至21世纪初。一些学者认为，鉴于情况不断变化，需要重新审视福利国家的分类标准。[①]

Lauzadyte-Tutliene等人（2018）进行的层次聚类分析显示，被分析的29个欧洲国家可以分为5种模式：地中海模式、欧洲小国模式、原欧洲国家模式、东欧模式和中欧模式，其中后两种是中东欧国家形成的两个独立福利国家模式。东欧模式包括立陶宛、拉脱维亚、爱沙尼亚、保加利亚和罗马尼亚，中欧模式包括捷克、克罗地亚、波兰、斯洛文尼亚、斯洛伐克和匈牙利。[②]表8-1列出了在层次聚类分析中将中东欧国家进行区分的主要指标。第一，收入不平等是以最富的20%人口与最贫穷的20%人口的收入比来衡量的。与中欧国家相比，东欧国家的这个比率更高。就平均而言，中欧国家的这一比率为4.2，而东欧国家则高达6.6。就该指标而言，收入不平等程度最高的国家是罗马尼亚。第二，中欧模式中的临时合同工人占劳动力比例较东欧模式高出9.8%。临时合同经常引起争议，但它们在经济衰退期间确实能作为缓解措施，可以就提高报酬并提高生产率进行谈判。[③]此外，临时合同的存在反映了劳动力市场的灵活性。[④]但在东欧福利模式中，临时合同工人占劳动力比例最高不到5%，表明这些国家的劳动力市场并不灵活。第三，将东欧和中欧分为两个福利国家类型的另一个指标是政府支出占GDP的比重，与中欧国家相比，东欧国家的

① FENGER M. Welfare regimes in Central and Eastern Europe: incorporating post-communist countries in a welfare regime typology［J］. Contemporary Issues and Ideas in Social Sciences，2007，3（2）：1-30.

② LAUZADYTE-TUTLIENE A，BALEZENTIS T，GOCULENKO E. Welfare state in Central and Eastern Europe［J］. Economics and Sociology，2018，11（1）：100-123.

③ ADDESSI W. The productivity effect of permanent and temporary labor contracts in the Italian manufacturing sector［J］. Economic Modelling，2014，36：666-672.

④ MALO M A，CUETO B. Temporary contracts across generations：long-term effects of a labour market reform at the margin［J］. Cuadernos De Economia，2013，36：84-99.

政府支出占GDP的比重要低8.3%。在东欧福利模式中，政府支出的最大部分（约31.9%）分配给了社会保护，但是与欧盟28国的平均水平相比，仍然低了8.5%。最大的社会保护支出集中于老欧盟成员国，尤其是丹麦、法国、芬兰等国（见表8-1和表8-2）。

表8-1　　**中欧和东欧福利模式之间的差异**

国家	收入不平等（S80/S20比率）	临时合同工人占劳动力比例（%）	失业率（男女）（%）	政府支出占GDP的比重（%）	社会缴费占GDP的比重（%）
东欧福利模式					
保加利亚	6.8	4.6	1.18	42.1	7.9
爱沙尼亚	6.5	2.8	1.16	38.0	11.1
拉脱维亚	6.5	2.9	1.20	37.3	8.7
立陶宛	6.1	2.4	1.33	34.8	11.5
罗马尼亚	7.2	1.1	1.20	34.9	8.6
平均值	6.6	2.8	1.21	37.4	9.6
中欧福利模式					
捷克	3.5	8.0	0.69	42.6	14.8
克罗地亚	5.1	14.4	0.90	48.2	11.8
波兰	4.9	22.4	0.89	42.1	13.2
斯洛伐克	3.9	7.4	0.94	41.6	13.6
斯洛文尼亚	3.7	13.7	0.85	49.8	14.6
匈牙利	4.3	9.6	0.96	49.9	13.1
平均值	4.2	12.6	0.87	45.7	13.5

资料来源：LAUZADYTE-TUTLIENE A，BALEZENTIS T，GOCULENKO E. Welfare state in Central and Eastern Europe［J］. Economics and Sociology，2018，11（1）：110.

表8-2　　　　　　　　政府支出结构（2014）　　　　　　　　（%）

国家	一般公共服务	国防	公共安全	经济	环境保护	住房	医疗保健	文化娱乐	教育	社会保障
ES 28	13.9	2.8	3.7	8.8	1.7	1.4	15	2.1	10.2	40.4
爱尔兰	15.9	0.9	3.7	8.4	1.5	1.9	19.9	2.0	11.1	34.6
东欧福利模式										
保加利亚	14.9	3.3	6.5	11.7	1.6	3.9	13.0	3.5	9.7	31.9
爱沙尼亚	10.5	4.7	5.1	12.6	1.6	1.2	13.5	5.2	14.7	31.0
拉脱维亚	13.2	2.4	5.4	13.1	1.8	3.0	10.2	4.5	15.8	30.7
立陶宛	13.3	3.0	4.8	9.3	1.6	1.0	15.9	2.6	15.5	33.0
罗马尼亚	13.4	2.4	6.0	17.1	2.2	3.3	11.5	2.7	8.6	32.7
平均值	13.1	3.2	5.6	12.8	1.8	2.5	12.8	3.7	12.9	31.9
中欧福利模式										
捷克	11.3	1.7	4.0	14.4	2.5	2.1	18.0	2.8	12.2	31.1
克罗地亚	18.5	3.0	4.3	12.8	0.9	1.5	13.9	2.8	9.8	32.5
波兰	11.9	3.5	5.3	11.0	2.1	1.7	11.0	2.8	12.5	38.2
斯洛伐克	13.6	2.2	5.4	10.8	1.7	1.5	4.5	2.2	9.9	48.1
斯洛文尼亚	15.1	1.7	3.3	11.5	2.0	1.8	13.2	3.4	11.9	36.2
匈牙利	20.4	1.2	3.9	14.8	2.4	1.8	10.0	4.0	10.3	31.2
平均值	15.1	2.2	4.4	12.6	1.9	1.7	11.8	3.0	11.1	36.2
欧洲小国福利模式										
卢森堡	11.0	0.7	2.4	10.5	2.6	1.8	11.9	3.0	12.2	43.9
马耳他	16.4	1.8	3.2	12.5	3.7	0.8	13.9	2.5	13.5	31.8
平均值	13.7	1.3	2.8	11.5	3.2	1.3	12.9	2.8	12.9	37.9
地中海福利模式										
希腊	19.8	5.4	4.3	7.4	3.1	0.4	9.3	1.2	8.8	40.2
西班牙	15.5	1.9	4.5	9.9	1.9	1.1	13.7	2.6	9.1	39.6
意大利	17.4	2.4	3.7	8.1	1.9	1.3	14.0	1.4	7.9	41.8

续表

国家	一般公共服务	国防	公共安全	经济	环境保护	住房	医疗保健	文化娱乐	教育	社会保障
塞浦路斯	38.5	3.0	3.6	5.7	0.5	4.6	5.5	1.8	11.8	25.0
葡萄牙	16.9	1.9	4.3	13.3	0.9	1.2	12.1	1.7	12.0	35.7
平均值	21.6	2.9	4.1	8.9	1.7	1.7	10.9	1.7	9.9	36.5
原欧洲国家福利模式										
奥地利	13.0	1.1	2.6	14.1	0.9	0.7	15.0	2.3	9.4	40.9
比利时	15.2	1.6	3.4	12.8	1.7	0.7	14.7	2.3	11.4	36.2
丹麦	12.9	2.1	1.8	6.5	0.8	0.4	15.6	3.2	12.8	43.8
英国	12.2	4.9	4.6	6.8	1.9	1.4	17.3	1.5	11.8	37.5
荷兰	11.3	2.4	4.1	9.1	3.2	1.0	17.4	3.2	11.7	36.5
挪威	9.6	3.2	2.2	10.6	1.8	1.5	17.1	3.1	11.2	39.6
法国	11.6	3.0	2.8	8.8	1.7	2.5	14.3	2.5	9.6	43.1
芬兰	14.3	2.4	2.3	8.3	0.4	0.7	14.3	2.5	11.0	43.8
瑞典	15.0	2.5	2.6	8.3	0.6	1.5	13.6	2.1	12.7	41.1
德国	14.3	2.3	3.5	7.5	1.3	0.9	16.3	1.8	9.7	42.4
平均值	12.9	2.6	3.0	9.3	1.4	1.1	15.6	2.5	11.1	40.5

资料来源：LAUZADYTE-TUTLIENE A，BALEZENTIS T，GOCULENKO E. Welfare state in Central and Eastern Europe［J］. Economics and Sociology，2018，11（1）：122.

在东欧福利模式中，政府支出用于教育、经济（运输、燃料和能源、农业和其他经济领域）、医疗保健和一般公共服务的大约各占13%。但是，东欧国家之间也存在一些差异，例如，对经济的支出从立陶宛的9.3%到罗马尼亚的17.1%不等。在东欧福利模式中，各国对环境保护的关注最少，即在东欧福利模式国家中，政府支出中分配给该部门的比例最小，平均为1.8%。但是，这一比例从保加利亚、爱沙尼亚和立陶宛的1.6%到罗马尼亚的2.2%不等。所以，尽管东欧福利模式国家的经济增长速度稍快于老欧盟成员国，但由于其用于环境保护的支出所占比例很低，引发了人们对这种增长是否可持续的疑问。[①]在中欧福利模式中，政府支出中用于环境保护的比例也很低，平均为1.9%，即比东欧福利模式高0.1%。在中欧福利模式中，用于住房的政府支出比例最低（1.7%），而最高份额分配给了社会保障（和东欧福利模式一样），这一比例从捷克的31.1%到斯洛伐克的48.1%不等。另外，与所有其他被研究国家（包括新老欧盟成员国）相比，斯洛伐克的社会保障支出比例是最高的。在中欧福利模式中，平均有12.6%的政府支出分配给了经济，比东欧福利模式少0.2%，但高于其他被研究国家。

东欧福利模式中，社会缴费约占GDP的比重为9.6%；而中欧福利模式中，社会缴费占GDP的比重为13.5%（见表8-1）。政府支出与其收入相关，因此当社会缴费较少时，政府就不可能实施慷慨的社会政策。社会保障支出占政府支出的很大比例，我们看一下社会保障支出的结构。在东欧福利模式和中欧福利模式中，社会保障支出的最大份额都在养老金领域。在东欧福利模式中，养老金支出占社会保障支出的比例为20.9%；而在中欧福利模式中，这一比例为17.9%（见表8-3）。

表8-3　**社会保障支出结构（2014）**　（%）

国家	疾病和残疾	养老金	寡妇	家庭和儿童	失业	住房	社会排斥	其他
ES 28	5.9	21.4	n/d	3.6	3.0	1.1	1.7	0.7
爱尔兰	6.3	9.6	2.4	5.8	6.5	2.4	1.4	0.2

① SZYJA P. The role of the state in creating green economy［J］. Oeconomia Copernicana, 2016, 7（2）: 207-222.

续表

国家	疾病和残疾	养老金	寡妇	家庭和儿童	失业	住房	社会排斥	其他
东欧福利模式								
保加利亚	0.6	23.8	n/d	6.0	0.2	0.1	0.2	1.0
爱沙尼亚	5.2	17.6	0.2	4.6	2.6	0.1	0.3	0.5
拉脱维亚	5.2	19.9	0	2.4	1.1	0.3	1.0	0.7
立陶宛	8.1	17.7	1.0	2.8	1.1	0.2	1.7	0.4
罗马尼亚	2.3	25.7	0.2	2.4	0.5	0	0.8	0.6
平均值	4.3	20.9	0.4	3.6	1.1	0.1	0.8	0.6
中欧福利模式								
捷克	5.2	18.7	1.5	2.7	0.6	0.7	1.2	0.5
克罗地亚	6.1	21.9	4.3	3.3	1.3	0.1	0.7	0.4
波兰	10.3	13.9	2.8	3.1	0.8	0.1	0.7	0.9
斯洛伐克	17.9	17.6	2.1	3.1	0.5	0	1.1	5.8
斯洛文尼亚	4.6	20.3	3.0	4.2	1.5	0	1.7	0.8
匈牙利	6.5	15.0	2.3	4.0	1.0	0.7	1.2	0.4
平均值	8.4	17.9	2.7	3.4	1.0	0.3	1.1	1.5
欧洲小国福利模式								
卢森堡	4.9	25.7	0	8.1	3.2	0.1	1.8	0.1
马耳他	3.2	18.6	3.8	2.9	1.2	0.3	0.8	1.1
平均值	4.1	22.2	1.9	5.5	2.2	0.2	1.3	0.6
地中海福利模式								
希腊	3.2	30.7	3.3	1.4	1.3	0.2	0	0.2

续表

国家	疾病和残疾	养老金	寡妇	家庭和儿童	失业	住房	社会排斥	其他
西班牙	5.3	20.6	5.4	1.3	5.6	0.1	0.6	0.7
意大利	3.5	27.3	5.4	2.8	2.4	0.1	0.5	0
塞浦路斯	1.1	11.8	2.9	4.7	2.6	0	1.8	0.2
葡萄牙	2.6	23.1	3.4	2.2	3.0	0	0.5	1.0
平均值	3.1	22.7	4.1	2.5	3.0	0.1	0.7	0.4
原欧洲国家福利模式								
奥地利	3.8	24.9	2.8	4.3	2.7	0.2	1.8	0.4
比利时	5.6	16.1	3.4	4.2	4.1	0.4	2.0	0.5
丹麦	8.9	15.0	0	8.6	5.6	1.3	3.3	0.9
英国	6.3	19.3	0.1	3.7	0.5	3.1	3.7	0.8
荷兰	10.2	14.8	0.3	2.1	4.0	0.9	4.2	0.1
挪威	13.6	14.2	0.4	7.4	1.0	0.3	1.7	1.1
法国	5.0	23.8	2.8	4.4	3.4	1.6	1.7	0.4
芬兰	8.0	20.9	1.4	5.7	4.4	0.6	1.4	1.2
瑞典	8.8	21.2	0.6	4.9	2.7	0.7	2.0	0.2
德国	6.7	20.6	4.2	3.5	4.1	1.0	0.8	1.6
平均值	7.7	19.1	1.6	4.9	3.3	1.0	2.3	0.7

资料来源：LAUZADYTE-TUTLIENE A，BALEZENTIS T，GOCULENKO E. Welfare state in Central and Eastern Europe [J]. Economics and Sociology，2018，11（1）：123.

在中欧福利模式中，社会保障支出中有较大比例分配给了疾病和残疾。除波兰、斯洛伐克、荷兰和挪威（占社会保障支出的比例分别为10.3%、17.9%、10.2%和13.6%）外，社会保障支出中用于疾病和残疾的比例不超过10%。但是，尽管这两种模式的大部分资金都分配给了社会保障，这一支出份额仍低于老欧盟成员国的平均水平。此外，对政府支出结构进行分析可以发现，与中欧福利模式相比，东欧福利模式的政府支出情况更加相似。

在分析了两种模式之间的差异后，可以看出，中欧福利模式比东欧福利模式更先进，并且更接近欧洲其他国家的福利模式。在东欧国家，其劳动力市场僵化且歧视问题严重，其政府推行慷慨社会政策的财政能力比较低。

第二节　中东欧国家养老保险制度：基于利益相关者视角的分析

在分析了中东欧国家社会保障制度类型之后，本节基于利益相关者视角对中东欧国家养老保险制度改革进行概述，并对保加利亚、罗马尼亚和斯洛伐克养老保险现状及改革情况进行介绍。

一、概述

向市场经济过渡比预期的要痛苦得多。[①]在转型的最初几年，所有中东欧国家的实际GDP增长都急剧下降，经济恶化以不同强度打击转型中的国家。转型10年后，仅捷克、匈牙利、波兰、斯洛伐克和斯洛文尼亚的GDP增幅恢复到了1989年的水平。经济放缓的负面影响在保加利亚、爱沙尼亚、拉脱维亚、立陶宛和罗马尼亚尤为明显，通货膨胀也越发严重。失业是转型时期各国面临的最大冲击，它

① UNDPAD. World economic and social survey [R]. New York: United Nations Department of Economic and Social Affairs, 2003.

破坏了政治和社会稳定。青年人、老年人、残疾人、无技能的工人、长期失业工人以及妇女仍然是最脆弱的群体。[①]持续的经济衰退造成政治和社会方面的其他负面影响，首先是政府及其机构政治动荡，人们拒绝必要的改革，对极右翼或民族主义政党更加支持；其次是加重了社会苦难、对穷人（如Roma Minority（罗姆少数民族））的排斥、对富人的排斥，换句话说，就是排斥那些享有特殊和未公开特权的“不同”受益者。

重组已有40多年历史的养老金系统并非易事。自转型起，中东欧各国政府一方面面临向市场经济平稳过渡的问题，另一方面要避免旧制度的全面崩溃，从而确保原受益人仍然能够获得一些好处。但是，经济发展和社会保障目标往往是相悖的。在几乎所有国家，转型后的优先事项首先是经济发展，其次才是社会保障等相关事项。经济发展是确保社会保障真正发挥作用的前提。例如，保加利亚和罗马尼亚等一些国家试图推迟改革，但是这一做法在经济发展困难时期难以为继，国际组织对此提出了紧缩措施要求，这些国家才得以继续发展。

政治不稳定是转型初期最明显的特征之一。例如，在保加利亚和斯洛伐克，政府的短期化成为常态。在匈牙利，一揽子紧缩措施的出台导致财政部部长Lajos Bokrós立即被解雇。而在捷克，由于工会的强烈反对，Václav Klaus提出的新自由主义改革根本没有实施。政治领域的不确定性导致改革过程中的不确定性，[②]这使得改革出现了几种结果：未完成改革（波兰改革），改革受阻（匈牙利的Lajos Bokrós一揽子计划），改革完全无法开展（在捷克和斯洛文尼亚，强制性私

---

① SZELÉNYI I. Poverty, ethnicity, and gender in transitional societies [M]. Budapest: Akadémiai Kiadó, 2002.

② FULTZ E, RUCK M. Pension reform in Central and Eastern Europe: an update on the restructuring of national pension schemes in selected countries [R]. Budapest: ILO Subregional Office for Central and Eastern Europe, 2000.

人计划无法引入）。另外，这还使得政府与国际组织之间的摩擦日益加剧，这些国际组织（如IMF和世界银行）已同意在养老金计划私有化的特定条件下提供财政援助。例如，在保加利亚和波兰，世界银行冻结了其贷款，因为政府未按计划进行养老金制度重建。

对于没有成功实施新自由主义改革的原因，Laviec和Fultz（2002）总结了5个常见的解释性因素：第一，明确指出其养老金体系从现收现付制过渡到基金积累制将面临高昂的财务费用。第二，各国政府被迫达成共识，有的是通过其联盟地位（如斯洛文尼亚）达成的，有的是通过少数派政府接任（如捷克）达成的。第三，私有化计划遭到了工会的反对，因为工会认为私有化对公共养老金体系的未来财务实力构成威胁。在各国实施改革的过程中，工会发挥的作用是不同的，捷克、斯洛文尼亚的工会成功地阻止了改革，但波兰的"团结"工会（Solidarnosch）大力支持市场导向政策。第四，在养老金结构调整方面，由欧盟赞助的计划（如PHARE）强烈支持欧洲主流导向。第五，外债水平相对较低，这可能使这些国家不太愿意受到私有化倾向明显的国际金融组织的影响。①

这些都是至关重要的因素，有助于解释中东欧国家养老金制度的发展。同时，转型前的社会政策特征也极大地影响了其向市场经济过渡，影响了其养老金制度的特征。在转型前的中东欧国家，国家是社会保障体系的主要承担者，其养老金计划是高度集中的。退休年龄普遍较低，男性通常为60岁，女性通常为55岁，有人还可能提前退休，因此许多"婴儿养老金领取者"（baby pensioners）在领取福利的同时继续工作。养老金费率统一，并且仅有"现收现付"的第一支柱。这种高度平等的养老金计划是社团主义和普遍主义相结合的产

① LAVIEC J-P，FULTZ E. Foreword［M］// FULTZ E. Pension reform in Central and Eastern Europe. Restructuring of public pension schemes： case studies of Czech Republic and Slovenia-Volume 2. Budapest： ILO Subregional Office for Central and Eastern Europe，2002.

物，但国家某些部门仍然享有特权。

三方社会对话是确保民主决策的重要手段，但实际上，由于不同利益相关者之间的利益冲突无法协调，对话过程常常陷入僵局。为了保证养老金系统的稳定性，与此相关的措施可能要求所有利益相关者支付更多的保险费或降低养老金水平。公众通常坚决反对提高缴费率，也强烈反对削减福利和延长养老金缴费年限。

在某些国家，国家养老金福利的部分私有化和引入自动平衡机制①的目的是试图避开政治障碍，但是，第二支柱养老金制度（second-pillar pension systems）的收缩或废除表明，私有化一定会受到政治影响。此外，如果没有完善的机制来保证最低收益水平，自动平衡机制可能使收益水平大大降低。只有在充分了解改革的短期和长期影响的基础上，在全国范围内达成共识的情况下，人们才能商定长期稳定养老金制度的解决方案。只有通过持续承诺和对改革执行情况进行永久监督，才能维持这种共识。

负责管理养老金系统的政府机构和养老金机构应帮助主要利益相关者在养老金制度改革中做出合理的决策。政府在制定不同政策方案并将这些方案及其财务影响告知主要利益相关者方面就显得至关重要。社会伙伴起着重要作用，他们监督养老金福利水平、财务可持续性及效率，并提供反馈信息以确保该系统满足基本要求。

二、国别举例

转型之后，保加利亚、罗马尼亚、斯洛伐克都在养老保险领域进行了一系列改革，虽然细节不尽相同，但最终都建立了三支柱养老金体系，其中政府、社会伙伴以及国际组织发挥了重要作用。在此我们对这3个国家的养老保险改革进行简要介绍。

① 根据预期寿命来调整指数化率或变更退休年龄。

1.保加利亚

在保加利亚，1924年第一部法律引入了俾斯麦养老保险模式，使得工薪人员的职业地位得到了保障。这种状况一直持续到第二次世界大战，地位均等化成为战后体制的主要原则。在此期间，生效的大多数法律经过多次修改，都得以保存。1957年的立法（后来进行了多次修改）根据一致原则设立了多种类型的养老金，如老年养老金、各种伤残抚恤金、遗属抚恤金和社会抚恤金。雇主是最重要的资金来源，国家负责保障和维护宪法权利，再分配是决策的主要优先事项。

保加利亚是转型最痛苦的国家之一。在整个改革过程中，通货膨胀率持续上升，造成了巨大的社会成本。在这种情况下，也很容易理解为什么保加利亚需要立即得到经济援助。该国政府与IMF和世界银行立即展开讨论，并获得了大笔贷款，而获得援助的前提是保加利亚货币贬值并承诺采取紧缩措施。世界银行的条件虽然没有正式宣布，但已足够明确：首先，废除原资助结构；其次，建立市场友好型社会保险，这种保险应取代国民养老金和医疗保健部门。1997年，保守的民主力量联盟（The Union of Democratic Forces）赢得选举，将福利国家改革作为优先事项。养老金制度的重组是与美国国际开发署（US Agency for International Development，USAID）合作进行的，保加利亚坚定地推进私有化改革。

1991年《保加利亚宪法》（第51条第1款和第3款）仍然是最重要的法案，它界定了公民的基本权利。保加利亚的所有公民均享有社会保障权，该权利在国家责任之下，与老年、疾病和生育的风险有关。成立于1992年的全国三方合作委员会（The National Council for Tripartite Cooperation，NCTC）是讨论与社会保障有关的拟议法律的机构。该委员会是一个三方机构，由代表政府、工会和雇主组织的14名成员组成。在1999年的养老金改革中，保加利亚政府努力与社会伙伴达成共识。通过谈判，政府对雇员和雇主的缴费比例、延长退休年龄的计划表以及从事危险或繁重体力劳动的雇员继续享有提前退休权利等做出了让步。此外，工会和雇主组织被允许建立自己的职业养老金。

保加利亚的养老金计划基于三个支柱。

养老金第一支柱是现收现付的公共养老保险制度，包括：第一，养老金；第二，各种伤残抚恤金；第三，遗属抚恤金；第四，社会养老金（与社会救助挂钩）。第一支柱资金来自雇主和雇员的缴费，以及国家预算的转移支付，国家弥补由于收入不足而导致的赤字。养老金第一支柱由国家社会保障协会（the National Social Security Institute，NSSI）管理，该机构负责在公民暂时丧失工作能力、产假和失业的情况下认定和支付养老金及提供其他社会保险福利。养老金政策由劳动和社会政策部（the Ministry of Labour and Social Policy）制定和执行。

第二支柱是补充性强制性养老保险制度。它基于由有资质的私人养老保险公司管理的个人退休储蓄账户（Individual Retirement Savings Aaccounts）。第二支柱由两种类型的养老基金组成：国民养老金（the Universal Pension Fund）和专业养老金（the Professional Pension Fund）。国民养老金覆盖所有在1960年1月1日及之后出生的公共养老保险投保人。专业养老金覆盖所有从事危险工作或繁重体力劳动的人员（如矿工、钢铁工人、飞行员等，约占雇员总数的4%）。该基金为法定退休年龄以下的人提供定期提前退休养老金（Fixed-Term Early Retirement Pensions），并在投保人死亡时向其家庭成员支付，其缴费全部由雇主承担。

第三支柱是补充性自愿养老保险制度。这是一项养老金储蓄计划，其基础是存入私人养老基金的自愿存款，由有资质的养老保险公司管理。它有两种类型：自愿养老金（the Voluntary Pension Fund）

和职业养老金（the Occupational Pension Fund）。后者根据职业计划提供，以集体协议为基础。第三支柱的缴费由雇员本人或其雇主承担。

2.罗马尼亚

罗马尼亚的养老金体系经历了重大改革，改革的主要内容是巩固在转型前已经建立的俾斯麦保险模式，以及向三支柱计划转变。在转型初期（1989—1997年），罗马尼亚政府根据一致原则设立了不同类型的养老金，如老年养老金、各种伤残抚恤金、遗属抚恤金和社会抚恤金。1996年11月，民主政党联盟（a Coalition of Democratic Parties）赢得选举，于1997年宣布养老金制度改革为优先事项，并按照世界银行的建议实行三支柱计划。第一支柱现收现付制是最重要的，第二支柱补充养老金是对第一支柱的补充。此外，还有针对农民、律师、军人和战争伤残者等群体的特殊规定。

在罗马尼亚，社会伙伴积极参与三支柱养老金制度的管理。国家公共养老金院（the National House of Public Pensions，CNPP）的管理委员会是一个三方机构，在地方政府一级也是如此。私人养老金系统监督委员会的理事会（The Council of the Private Pension System Supervisory Commission，CSSPP）至少有两名成员，他们是根据罗马尼亚的主要三方机构——社会经济理事会（the Social and Economic Council）的建议任命的，该理事会在立法过程中发挥咨询作用。

在这样的体制框架下，社会伙伴密切参与了主要的养老金改革。在公共养老金制度改革中，工会强烈主张保持养老金和工资的一致性，工会和雇主组织都要求降低社会保险缴费率，以减轻负担，创造更多的就业机会。在2010年的养老金改革中，工会强烈反对延迟法定退休年龄的提议，认为法定退休年龄的提高应该与罗马尼亚公民预期寿命的延长有关，而不涉及其他方面。但社会合作伙伴在建立私人养老金支柱中发挥的作用不大，这反映了社会合作伙伴在该领域的专业知识不足。

3.斯洛伐克

斯洛伐克自转型以来，主要还是采用俾斯麦社会保险模式。劳动、社会事务和家庭部是负责社会政策的机构。

《斯洛伐克宪法》（the Slovak Constitution）第39条规定，养老金领取者有权得到适当的物质保障。根据该条款，国家应为所有无法参加社会保险的公民（如失业者、社会救助对象等）支付费用。《斯洛伐克宪法》确立的团结原则和对特别计划的坚持是转型前体制最重要的遗产，但是并没有阻碍三支柱计划的实施。

国家社会保险由劳动、社会事务和家庭部通过社会保险局（the Social Insurance Agency）管理，社会保险局局长由斯洛伐克政府任命；此外还设立了社会保险局监事会（The Social Insurance Agency Supervisory Board），作为监督和控制机构。该监事会由11名成员组成：1名主席，为劳动、社会事务和家庭部部长；3名工会提名的代表、3名雇主协会提名的代表、3名政府提名的代表，还有1名养老金受益人。该监事会成员（不包括主席）由国民议会选举产生，任期为5年。

在斯洛伐克，国民议会和政府采取立法措施以通过新法律或对现有法律进行修正。养老金领域的法律通常由劳动、社会事务和家庭部制定。立法提案草案需经过内部协商和外部审核程序。内部协商在该部门内部进行，外部审核需要法定审查员、有关当局和机构、雇主和雇员代表以及广大公众提出意见。经济及社会理事会讨论与社会保障有关的立法，该理事会是国家级政府和社会伙伴的协商和谈判机构。经过上述程序后，立法提案草案将提交给国民议会，并进行三审。在一审中，国民议会将做出决定，拒绝该草案或同意对该草案进行二审，在此阶段不会进行任何修改。在二审中（这是关键阶段），国民议会将讨论拟议的法案，若提交修正案，则需要至少15位国会议员同意。在三审中，国会议员只能提出少量技术或语言更正意见。三审结束时，国民议会将批准该法案。在这个过程中，工会和雇主组织可以提出意见。例如，在针对2004—2005年拟议养老金改革的讨论中，工会于2003年3月27日表示不同意拟议的改革，但此前政府宣布该法律草案已提交国民议会，为时已晚，不能停止该议程；雇主组织也提出了反对意见，但是政府无视社会伙伴的意见并加快了这一进程。三方机制并没有发挥作用。

斯洛伐克的养老金也是三支柱体系。

养老金第一支柱是强制性现收现付的公共养老金制度，由社会保险局管理，提供养老金、残疾补助金、遗属补助金、病假工资、产妇补助金、失业补助金以及工伤和职业病保险。

养老金第二支柱是被称为“养老金储蓄”（Old-Age Pension Savings）的养老保险计划，由私营养老基金管理公司（private pension fund management companies, Dôchodková správcovská spoločnost′）管理。这些公司由大型欧洲保险公司和银行全资或共同所有，如果雇员加入养老金保险计划，则其养老金缴费的一半将存入由其选择的养老金管理公司管理的个人账户。该计划是基本的法定保险计划，可以归类为补充养老金计划。

养老金第三支柱是由私营养老金补充公司（Doplnková Dôchodková Spolo Nos）管理的补充养老储蓄计划（a complementary pension savings scheme）。私人人寿保险也可以包括在第三支柱中。该计划是非强制性的，雇主可自愿缴费，但是，从事高强度体力劳动和危险工作的人员或从事特殊职业（如舞者）雇员的雇主必须参加该计划。补充养老储蓄计划的目的是允许雇员在年老时或提前退休时（对于特殊类别的雇员）获得补充养老金收入。

第三节　中东欧国家医疗保险制度：基于利益相关者视角的分析

本节对中东欧国家医疗保险领域的改革进行概述，并对斯洛伐克和匈牙利的医疗保险现状及改革情况进行介绍。

一、概述

转型前，中东欧部分地区的医疗保健主要是谢马什科（Semashko）系统，该系统高度集中，属于中央计划经济的一部分。Semashko系统中关于医疗保健计划的决定是在国家层面做出的，几乎不需要了解地方的需求，其覆盖范围是全面的，但高发病率、医疗服务效率低下以及忽视基础设施建设和医疗设备缺乏是常态。此外，医务人员和病床的数量也不符合地方的实际需求。由于该计划是由税收资助的，因此医疗费用的支付主要取决于可用的预算，这使得医疗保健支出一直低于OECD和西欧各国的平均水平。转型后，各国对这一领域进行改革的呼声越来越高，需要立即采取行动的原因主要有三个：首先，公民对医疗服务质量不满意；其次，医疗保健支出占GDP的比重需要大大提高才能符合国际标准；最后，医疗保健人员公开表示出对低薪的不满。

在几乎所有中东欧国家，重建医疗保险都是受欢迎的，原因在于：第一，这在很大程度上取决于这些国家的历史，在转型前，中东欧国家已经建立了某种形式的俾斯麦保险模式；第二，人们相信医疗保险的引入将使资金来源与国家预算分离，理想的结果是可以立即增加医疗保健支出，而又不增加国家预算；第三，医疗保健人员期望从医疗保险中获得更多的经济利益，而不是从税收资助的系统中受益；第四，满足国际组织提出的各种要求，通过医疗保险促进医疗保健服务的私有化。

二、国别举例

转型后，斯洛伐克和匈牙利进行了一系列系统性改革，其标志是从转型前的Semashko医疗保健模式转变为俾斯麦式的社会医疗保险体系。[①]其中经历了许多大规模的变化，从基于税收的医疗融资模式转变为医疗保险缴费、建立医疗保险基金，以及引入买方-卖方分担机制（purchaser-provider split）。这两个国家在医疗保健领域引入了一些市场导向的机制，包括部分初级医疗保健私有化，以及通过自由选择医疗保健提供者而引入竞争机制等。[②]其结果是，虽然这两个国家的医疗保险体系仍然以公共医疗保障为主，并且国家仍然发挥强大作用，但是其医疗保险经历了系统性变化。在此我们对这两个国家的医疗保险改革进行简单介绍。

1.斯洛伐克

斯洛伐克有俾斯麦医疗保险传统，这种传统一直持续到第二次世界大战后。在转型前，医疗保健和疾病预防的责任完全由国家承担。随着体制转型，斯洛伐克的医疗体系发生了一些变化，涉及权力下放、重新建立医疗保险以及增加个人责任。1992年9月发布的《斯洛伐克宪法》是最重要的立法，其中确认了所有公民均享有疾病保护权。这一宪法权利由关于医疗的第277/1994号法案（后来经过修正）保障，该法案申明，每个人（不仅是被保险人）都有权获得包括药物

① MARRÉE J，GROENEWEGEN P P. Back to Bismarck：Eastern European health care system in transition［M］. Avebury：Aldershot，1997.

② ROBERTS A. The politics of healthcare reform in post-communist Europe：the importance of access［J］. Journal of Public Policy，2009，29（3）：305-325.

在内的医疗保健，所收取的保险费将根据人口需求进行重新分配。医疗保健设施的提供和管理是分散的，但国家控制程度仍然很高。医疗保健福利非常全面，覆盖面很广，只有少数治疗不包含在内①，这是前政权最显著的遗产。②1998年，政府向民众保证，"将只会允许将医疗设施私有化，作为改善医疗服务的手段"。③

在斯洛伐克，医疗改革市场化的新自由主义思想首先通过政策讨论引入，该文件的标题为"医疗改革战略：公民的真正改革"（Strategy of Healthcare Reforms：A True Reform for a Citizen）（2001）。该文件对医疗保健部门的改革提出了详尽建议，论述了医疗保健改革的主要思想，确定了斯洛伐克医疗保健部门的关键问题并分析了原因。该文件强调了医疗保健系统的核心问题，即保险部门和医院的高负债。该问题的主要原因在于融资和监督系统集权管理。集中管理的医疗体系以及严格的医疗服务价格控制导致灵活性较差，对问题的反应迟缓，医疗服务提供者的动力不足，患者态度消极，并且在系统层面严重扭曲了价格机制，抑制了竞争。为了解决这些问题，该文件强调要通过医疗保健服务购买者多元化和竞争性、医疗保险基金的分散化和再分配、引入医疗保健融资的自愿性支柱、将公立医院和保险资金改制为股份制企业，以实质性地限制国家在医疗保健服务中的作用。④

医疗改革战略被纳入Mikulás Dzurinda政府的医疗改革官方提案。

① 例如针灸、绝育、流产、整容手术、实验治疗和精神分析。

② VAGAC L，HAULIKOVA L. Study on the social protection systems in the 13 applicant countries：Slovakia［R］. Brussels：the European Commission Employment and Social Affairs DG，2003.

③ CONSENSUS PROGRAMME Ⅱ：SLOVAKIA. Monitoring the development of social protection reform in the CEECs，part 1-4. Country reports：Bulgaria，Czech Republic，Estonia，Hungary，Latvia，Lithuania，Poland，Romania，Slovak Republic，Slovenia［R］. Brussels：Consensus Programme Ⅱ，part 3，1999：102.

④ PAZITNÝ P，ZAJAC R，MARCINCIN A. Reform models：health reform in Slovakia［EB/OL］.［2024-09-28］. http：//www. hpi. sk/images/attachments/Reform_Models_ -_Health_Reform_in_Slovakia.pdf.

Dzurinda政府是在2002年9月选举后成立的，当时斯洛伐克民主和基督教联盟（the Slovak Democratic and Christian Union，SDKU）战胜了其主要对手——保守派民主斯洛伐克运动（the Conservative Movement for Democratic Slovakia's，HZDS），后者的选举支持率比以前大幅度下降。[①]自20世纪90年代以来，由Vladimír Meciar领导的HZDS是该国政治舞台上最强大的政党，2002年9月的选举结果表明该国的政治格局发生了变化。选举后，SDKU与其他三个政党，即保守的基督教民主运动（the Conservative Christian Democratic Movement，KDH）、新公民自由联盟（the Liberal Alliance of the New Citizen，ANO）和匈牙利联盟的中右翼政党（the Moderately Center-Right Party of the Hungarian Coalition，SMK-MKP）组成了一个右翼政府，由SDKU的领导人Dzurinda担任总理。

政府提出的正式医疗改革建议以2001年的改革建议为基础，并在2004年8月以题为"为公民提供更健康的医疗服务：从构思到实施的改革故事"（Healthier Health in the Service of Citizens：Story of Reforms from Conception to Implementation）的白皮书提出。与最初的提议类似，该白皮书提出了以市场为导向改革医疗政策的必要性，批评了现有医疗体系的不良状况及由国家主导的特征。作为改革的总体目标，它规定要为医疗保健部门的运营创造稳定的条件，这就需要阻止不断增加的债务并在收支之间建立平衡。它认为，转向以市场为导向的系统将促使医疗保健服务的使用者对自身的医疗保健承担更大的责任，阻止其过度医疗，并鼓励他们在医疗保健消费方面进行成本-收益分析。[②]根据改革计划，政府提案还提出了6项医疗法律大纲，

---

① DEEGAN-KRAUSE K. Slovakia［M］// KENDALL J. The handbook of political change in Eastern Europe. 3rd edition. Bradford：Emerald Group Publishing Limited，2014：255-290.

② HLAVACKA S，WAGNER R，RIESBERG A. Health care systems in transition：Slovakia［R］. Copenhagen：WHO Regional Office for Europe，2004.

其中规定了将现有系统转变为面向市场的系统所需要的法律变革，从而提高了系统效率，并防止债务的产生。这些法律带来了4个主要变化：第一，引入医疗保健产品和服务共同付款和使用者费用；第二，建立自愿医疗保险；第三，将医疗保险基金管理机构转变为营利性股份公司；第四，将医院的法律地位从国家机构变更为股份公司和非营利组织。①

Dzurinda政府提出的这些医疗保健转型计划是新自由主义改革的一部分。该计划不仅涉及医疗保健部门的改革，还涉及养老金部门的改革，以及税收和财政分权改革。②Dzurinda政府表示，这些改革的主要目标是到2006年将公共赤字降低到GDP的3%以下，以符合欧盟的标准。此外，改革旨在提高竞争力和促进投资，其宗旨是加快经济增长速度，帮助斯洛伐克更快地赶上其他欧盟成员国。③强调符合欧盟标准是斯洛伐克政府改革议程的主旨，并且显示在Dzurinda为首的SDKU选举标语中："我们将完成我们的工作。我们走的是正确的道路"，"蓝色是美好的"，强调了政府为使斯洛伐克成为欧洲共同体的正式成员所做的持续努力。④

作为改革的第一步，斯洛伐克卫生部颁布了一项条例，引入使用者付费制度。医生诊治和药物处方的单次费用为20斯洛伐克克朗（0.5欧元），住院一天为50斯洛伐克克朗（1.24欧元）。反对收费的人士批评收费不符合《斯洛伐克宪法》，并将其提交到宪法法院审查。但是，宪法法院裁定这些收费不与《斯洛伐克宪法》相抵触，理由是

① FISHER S, GOULD J, HAUGHTON T. Slovakia's neoliberal turn [J]. Europe-Asia Studies, 2007, 59 (6): 977-998.

② HAUGHTON T, RYBÁL M. A change of direction: the 2006 parliamentary elections and party politics in Slovakia [J]. Journal of Communist Studies and Transition Politics, 2008, 24 (2): 232-255.

③ FISHER S, GOULD J, HAUGHTON T. Slovakia's neoliberal turn [J]. Europe-Asia Studies, 2007, 59 (6): 977-998.

④ HAUGHTON T. Explaining the limited success of the communist-successor left in Slovakia: the case of the Party of the Democratic Left (SDL') [J]. Party Politics, 2004, 10 (2): 177-191.

这些收费不危害基本的医疗保健权。[①]作为改革的第二步，政府于2004年6月推出了6项医疗改革法案，这些法案借鉴了白皮书中概述的6项法律提案，于同年9月成功通过，成为法律。《医疗保险法》（Law on Health Insurance）和《医疗保险公司法》（Law on Health Insurance Companies）明确了医疗保险公司作为营利性股份公司的法律地位，并明确了其权限、管理和组织形式。《医疗保健法》（Law on Healthcare）、《社会医疗保险所涵盖的医疗保健服务范围法》（Law on the Scope of Healthcare Services Covered by Social Health Insurance）、《医疗保健提供者法》（Law on Healthcare Providers）和《紧急服务法》（Law on Emergency Services）重组了医疗保健服务，限制了国家在其中的作用，限制了强制性医疗保险所覆盖的福利范围，并规定了医院改制为股份公司的程序。[②]

改革方案通过几个月后，斯洛伐克总统Ivan Gašparovic否决了所有6项医疗改革法，但是，他的否决权被议会推翻，所有6项法律都以原来的形式第二次获得通过。[③]然而，尽管政府改革取得了成功，但民意调查显示，医疗改革并不受欢迎。公众最反对Dzurinda政府的医疗改革。2006年的一项民意调查显示，74%的受访者不同意医疗改革，而35%的受访者不同意养老金改革。[④]

2. 匈牙利

匈牙利在公共卫生服务方面有着悠久的历史，其关于公共卫生的第一部法案于1876年颁布（1876年第XIV号法案）。根据该法律，符

---

① SPECTATOR. Health reform in pain [EB/OL]. [2024-09-28]. https: //spectator.sme.sk/c/20022519/health-reform-in-pain.html.

② HLAVACKA S, WAGNER R, RIESBERG A. Health care systems in transition: Slovakia [R]. Copenhagen: WHO Regional Office for Europe on behalf of the European Observatory on Health Systems and Policies, 2004.

③ SPECTATOR. Presidential veto broken [EB/OL]. [2024-09-28]. http: //spectator.sme.sk/c/20023942/presidential-veto-broken.html.

④ JEVCÁK A. Health care reform-unpopular even in Slovakia [J]. ECFIN Country Focus, 2006, 3 (2): 1-6.

合条件的穷人可在特殊手术中获得免费医疗服务。医疗保健是通过私营部门和一些公立医院提供的。1949年《匈牙利宪法》（Constitution）宣布由国家负责全体公民的健康。1989年修订的《匈牙利共和国宪法》（Constitution of the Republic of Hungary）在很大程度上重申了这些普遍价值观，强调所有公民享有健康环境和最佳身心健康权利。尽管有这种社团主义倾向，但仍有极少部分人口没有医疗保险。政府负责以下工作：第一，医疗服务监管；第二，对国家医疗保险基金进行监督；第三，提供资金；第四，筹集资金并提供公共医疗服务；第五，提供三级护理服务；第六，弥补医疗保险基金的赤字。[①]社会事务部（The Ministry of Social Affairs）制定医疗政策，自1990年《地方政府法》（Local Government Act）颁布后，由地方当局负责提供医疗服务。匈牙利医疗保险是强制性的，基于职业地位并需要缴费。医疗服务通过医疗保险计划合同，由公共卫生机构直接提供给病人。医疗服务包括普通和专科护理、基本牙科护理和预防保健。匈牙利的医疗保健部门仍然受到转型前诸多因素的影响，俾斯麦社会保险模式的许多要素仍然存在。

与斯洛伐克相反，匈牙利的医疗改革计划是在非常不同的政治背景下进行的。21世纪初，匈牙利的政治特点是匈牙利社会党（the Hungarian Socialist Party，MSZP）和匈牙利公民联盟（the Hungarian Civic Alliance，FIDESZ）这两个主要政党之间的分化日益加剧。[②]2006年4月的选举结果证实了这种分化，因为MSZP和FIDESZ分别赢得了43%和42%的选票。选举结束后，政府由MSZP领导，由MSZP及其忠实盟友自由党SzDSz（the Liberal SzDSz）组成。由MSZP领导

① WHO. Health care systems in transition.［EB/OL］.［2024-09-28］. http://www.euro.who.int/observatory/TopPage.

② PALONEN E. Political polarisation and populism in contemporary Hungary［J］. Parliamentary Affairs，2009，62（2）：318-334.

人Ferenz Gyurcsány领导的多数派政府成为匈牙利转型后第一个连任两届的政府。

2006年成立政府后，社会党-自由党联盟（the Socialists-Liberal Coalition）宣布了医疗改革重大计划。与斯洛伐克类似，匈牙利的医疗改革计划基于先前准备的题为“必须做的正确的事情”（What is Right Has to Be Done）（2005）的政策文件，由SzDSz的专家Lajos Molnár撰写，他后来担任Gyurcsány第二届政府的卫生部部长。Molnár的提案批评现有医疗保健体系存在系统错误，这导致了腐败和债务等问题，而这些缺陷只能通过“纠正系统”（correcting the system）的大规模改革来弥补。该提案还概述了改革的内容，包括消除国家垄断，并建立一个可自由选择的竞争性保险制度；此外，他还提出了其他方面的改革，如基本福利计划的界定以及共同支付范围的扩大等。①

政府正式提出的医疗改革建议以该文件为基础，在政府成立后仅3个月就发布了标题为“匈牙利医疗保健绿皮书”（The Green Book of the Hungarian Health Care）。该绿皮书要求进行大规模改革，包括建立一个分散化、有竞争力的保险制度，私人医疗设施以及服务使用者支付费用等。该绿皮书指出，这些改革将减少过度使用医疗服务的情况，合理利用现有资源，提高整个系统的透明度。政府将使用者付费制度作为改革计划的第一步，认为这种费用将极大地提高医疗保健服务的效率。改革将减少不必要的医疗服务需求，增加保险部门的收入，且有助于解决医疗部门的腐败问题。②

与斯洛伐克的医疗改革类似，匈牙利的医疗改革是一项更大计划

---

① MIHÁLYI P. Health insurance reform in Hungary［EB/OL］.［2024-09-28］. https://sites.google.com/site/pmihalyi/newenglishlanguagebookonthehungarianheal.

② BAJI P，PAVLOVA M，GULÁCSI L，et al. Informal payments for healthcare services and short-term effects of the introduction of visit fee on these payments in Hungary［J］. The International Journal of health planning and management，2011，27（1）：63-79.

的一部分，该计划不仅要改革医疗领域，还要改革高等教育部门。政府在宣布这两个部门的改革计划时指出，这些改革将实现福利国家现代化并使支出合理化。反过来，这又有助于匈牙利实现融合目标，使匈牙利符合加入欧盟的要求。①强调福利改革的欧洲整体环境有助于匈牙利政府为医疗改革提出强有力的依据，并强调要实现这些变革以满足融合计划的严格条件。

在议会讨论绿皮书之后，政府出台了一系列医疗保健法。第一部是《建立医疗保险监督管理机构法》（Law on the Establishment of Health Insurance Supervisory Authority），其中引入了监督管理机构，这是建立竞争性医疗保险市场的第一步。第二部是修订的《医疗保险法》（Law on Healthcare Insurance），引入了使用者付费制度，医生和医院就诊的费用为300匈牙利福林（1.40欧元）。第三部是《医院发展和重组法》（Law on Hospital Development and Restructuring），允许医院私有化。第四部是《医疗保险基金管理法》（Law on the Management of Health Insurance Funds），要求建立分散的竞争性保险制度。②

与斯洛伐克类似，在匈牙利，总统László Sóloyom否决了这些法律，但是2008年2月，议会否决了总统的否决权，并第二次成功通过了这些法律。③与斯洛伐克形成鲜明对比的是，这并不是匈牙利医疗改革的终结。面对越来越多的民众对改革的批评，政府内部的种种分歧导致Lajos Molnár部长被新任卫生部部长Ágnes Horváth所取代，后者也是自由党SzDsz的成员。此外，改革的反对者也开始就取消使用

① BAJI P，PAVLOVA M，GULÁCSI L，et al. Informal payments for healthcare services and short-term effects of the introduction of visit fee on these payments in Hungary［J］. The International Journal of health planning and management，2011，27（1）：63-79.

② ［1］MIHÁLYI P. Health insurance reform in Hungary［EB/OL］.［2024-09-25］. https：//sites.google.com/site/pmihalyi/newenglishlanguagebookonthehungarianheal.［2］GÁL R. Hungary：pensions，health and long-term care［R］. Brussels：European Commission，2009.

③ MIHÁLYI P. Health Insurance Reform in Hungary［EB/OL］.［2024-09-28］. https：//sites.google.com/site/pmihalyi/newenglishlanguagebookonthehungarianheal.

者付费制度进行全民公决。2007年6月匈牙利宪法法院批准了公民投票，2008年3月举行了全民投票。全民投票以超过80%的压倒性票数废除了使用者付费制度。[①]受到全民投票结果的影响，议会于2008年5月撤销了另一项法律，即《医疗保险基金管理法》。反改革措施的巨大成功导致政府联盟中的冲突增多，SzDSz放弃了其政府职位。[②]改革失败的政治结果是卫生部部长Ágnes Horváth被罢免，政府联盟分裂。[③]

从以上分析可以看到，作为解决医疗部门债务和腐败问题的方法，以及为了实现加入欧盟的目标，新自由主义思想不仅为社会政策改革提供了蓝图，而且为政府改革议程提供了依据。还有些学者的研究发现，在全球金融危机背景下，新自由主义思想对欧洲社会政策变革的影响日益加剧。[④]虽然斯洛伐克和匈牙利的市场化医疗改革都基于新自由主义思想，其改革结果却截然不同。在斯洛伐克，尽管人们反对改革，但政府仍设法相对平稳地实施了改革计划；而在匈牙利，政府不得不在强大的公众压力下撤销了改革计划。

第四节　小结

本章通过梳理相关资料发现，中东欧国家社会保障制度表现出许多独特的制度相似性。与西欧国家的比较显示，除斯洛文尼亚外，其他中东欧国家的社会保障制度在满足公民的社会需求方面不那么慷

① GAÁL P，SZIGETI S，CSERE M，et al. Hungary health system review［J］. Health Systems in Transition，2011，13（5）：1-266.

② TOKA G，POPA S. Hungary［M］// KENDALL J. The Handbook of Political Change in Eastern Europe. 3rd edition. Bradford：Emerald Group Publishing Limited，2014：291-338.

③ BAJI P，PAVLOVA M，GULÁCSI L，et al. Informal payments for healthcare services and short-term effects of the introduction of visit fee on these payments in Hungary［J］. The International Journal of Health Planning and Management，2011，27（1）：63-79.

④ NAVARRO V，MUNTANER C. The financial and economic crises and their impact on health and social well-being［M］. New York：Routledge，2016.

慨，也没那么有效。但是，中东欧国家的社会保障体系还是存在较大差异的，无法形成一个集群，因此可以将其区分为两种福利模式：东欧福利模式和中欧福利模式。在分析了两种模式之间的差异后，可以看出，中欧福利模式比东欧福利模式更先进，并且更接近欧洲其他国家的福利模式。东欧国家的劳动力市场僵化且歧视严重，其政府推行慷慨社会政策的财政能力较低。

本章还通过利益相关者视角对中东欧国家养老保险制度改革和医疗保险制度改革进行了分析和举例。在养老保险改革领域，重组已有40多年历史的养老金系统并非易事。自转型起，中东欧各国政府一方面面临向市场经济平稳过渡的问题，另一方面又要避免旧制度的全面崩溃，从而确保原受益人仍然能够获得一些好处。在几乎所有中东欧国家，转型后的优先事项首先是经济发展，其次才会涉及社会保障等相关事项。养老金制度改革的私有化进程受到严重阻碍，保加利亚、罗马尼亚、斯洛伐克等国家都在养老保险领域进行了一系列改革，虽然细节不尽相同，但最终都建立了三支柱养老金体系，政府、社会伙伴以及国际组织发挥了重要作用。其中，国际组织，如世界银行提出了三支柱建议，促进了私有化改革；社会伙伴则监督养老金福利水平、财务可持续性及效率，并提供反馈信息以确保该系统满足基本要求。

在医疗保险改革领域，转型前，中东欧部分地区的医疗保健主要是谢马什科系统，高发病率、医疗服务效率低下以及忽视基础设施建设和医疗设备缺乏是常态，医疗保健支出一直低于OECD和西欧各国的平均水平。转型后，公众对这一领域进行改革的呼声越来越高，部分中东欧国家对医疗体系进行了大规模改革，引入了一些市场导向机制，从基于税收的医疗融资模式转变为医疗保险缴费、建立医疗保险基金，以及引入买方-卖方分担机制等。但是改革结果截然不同，在斯洛伐克，尽管人们反对改革，但政府仍设法相对平稳地实施了改革计划；而在匈牙利，政府不得不在强大的公众压力下撤销改革计划。

参考文献

[1] CROWLEY S. Explaining labor weakness in post-communist Europe: historical legacies and comparative perspective [J]. East European Politics and Societies, 2004, 18 (3): 394-429.

[2] OST D. The consequences of postcommunism trade unions in Eastern Europe's future [J]. East European Politics and Societies, 2009, 23 (1): 13-33.

[3] HALL P A, SOSKICE D. Varieties of capitalism: the institutional foundations of comparative advantage [M]. Oxford: Oxford University Press, 2001.

[4] VARGA M, FREYBERG-INAN A. Post-communist state measures to thwart organized labor: the case of Romania [J]. Economic and Industrial Democracy, 2015, 36 (4): 677-699.

[5] WEISHAUPT J T. From the manpower revolution to the activation paradigm: explaining institutional continuity and change in an integrating Europe [M]. Amsterdam: Amsterdam University Press, 2011.

[6] OST D. The end of postcommunism: trade unions in Eastern Europe's future [J]. East European Politics and Societies, 2009, 23 (1): 13-33.

[7] ILO. Trade union density rate [EB/OL]. [2024-09-21]. https: //www.ilo.

org/ilostat/faces/oracle/webcenter/portalapp/pagehierarchy/Page27. jspx? indicator=ILR_TUMT_NOC_RTandsubject=IRandlocale=enanddatasetCode=Aand collectionCode=IRand_adf. ctrl-state=tcdig7wiu_25and_afrLoop=1815437161943041and_afrWindowMode=0and_afrWindowId=null#! % 40%40%3Findicator% 3DILR_TUMT_NOC_RT% 26_afrWindowId% 3Dnull% 26subject% 3DIR% 26locale% 3Den% 26_afrLoop% 3D1815437161943041%26datasetCode% 3DA% 26collectionCode% 3DIR% 26_afrWindowMode% 3D0%26_adf.ctrl-state%3Dw6zlnhkkg_4.

[8] GLASSNER V. Central and Eastern European industrial relations in the crisis: national divergence and path dependent change [J]. Transfer, 2013, 19 (2): 155-169.

[9] ILO. Collective bargaining coverage rate [EB/OL]. [2024-09-21]. https: //www. ilo. org/ilostat/faces/oracle/webcenter/portalapp/pagehierarchy/Page27. jspx? indicator=ILR_CBCT_NOC_RTandsubject=IRandlocale=enanddatasetCode=AandcollectionCode=IRand_adf. ctrl-state=tcdig7wiu_ 4and_afrLoop=1816090478936402and_afrWindowMode=0and_afrWindowId=w6zlnhkkg_39#! % 40%40%3Findicator% 3DILR_CBCT_NOC_RT% 26_afrWindowId% 3Dw6zlnhkkg_39%26subject% 3DIR% 26locale% 3Den% 26_afrLoop% 3D1816090478936402%26datasetCode% 3DA% 26collectionCode% 3DIR% 26_afrWindowMode% 3D0%26_adf. ctrl-state% 3Dw6zlnhkkg_63.

[10] BOHLE D, GRESKOVITS B. Capitalist diversity on Europe's periphery [M]. Ithaca: Cornell University Press, 2012.

[11] STANOJEVIĆ M, KLARIČ M. The impact of socio-economic shocks on social dialogue in Slovenia [J]. Transfer: European Review of Labour and Research, 2013, 19 (2): 217-226.

[12] STANOJEVIĆ M. Conditions for a neoliberal turn: the cases of Hungary and Slovenia [J]. European Journal of Industrial Relations, 2014, 20 (2):

97-112.

[13] KAHMANN M. Changes in national trade unions structures: organisational restructuring by mergers in Central and Eastern Europe, Germany, the U.K. and Australia [EB/OL]. [2024-09-28]. http: //www. metiseurope. eu/content/pdf/4_vs_syndicalismo_etui_union_mergers_2003.pdf.

[14] NELSON J. Social costs, social-sector reforms, and politics in post-communist transformations [M] // NELSON J, TILLY C, WALKER L. Transforming postcommunist political economies. Washington DC: National Academy Press, 1997: 92.

[15] KRZYWDZINSKI M. Organizing employees in Central Eastern Europe: the approach of Solidarność [J]. European Journal of Industrial Relations, 2010, 16 (3): 277-292.

[16] POLLERT A. Trade unionism in transition in Central and Eastern Europe [J]. European Journal of Industrial Relations, 1999, 5 (2): 209-234.

[17] WP. Slovenia trade unions [EB/OL]. [2024-09-128]. http: //www. worker-participation. eu/National-Industrial-Relations/Countries/Slovenia/Trade-Unio-ns.

[18] AVDAGIĆ S. Loyalty and power in union-party alliances: labor politics in postcommunism [EB/OL]. [2024-09-28]. http: //www. mpifg. de/pu/mpifg_dp/dp04-7.pdf.

[19] TÓTH A. The collapse of the post-socialist industrial relations system in Hungary [J]. Journal for Labour and Social Affairs in Eastern Europe, 2013, 16 (1): 5-19.

[20] MAILAND M. The uneven impact of the European Employment Strategy on member states' employment policies: a comparative analysis [J]. Journal of European Social Policy, 2008, 18 (4): 353-365.

[21] COPELAND P, TER HAAR B. A toothless bite? The effectiveness of the European Employment Strategy as a governance tool [J]. Journal of

European Social Policy, 2013, 23 (1): 21-36.

[22] HAVERLAND M. Does the EU cause domestic developments? The problem of case selection in Europeanization research [EB/OL]. [2024-09-28]. http: //eiop.or.at/eiop/pdf/2005-002.pdf.

[23] STANOJEVIĆ M, MRČELA A K, BREZNIK M. Slovenia at the crossroads: increasing dependence on supranational institutions and the weakening of social dialogue [J]. European Journal of Industrial Relations, 2016, 22 (3): 281-294.

[24] EUROPEAN COUNCIL. Council Recommendation of 12 July 2011 on the national reform programme 2011 of Lithuania and delivering a council opinion on the updated convergence programme of Lithuania, 2011-2014 [EB/OL]. [2024-09-28]. https: //eur-lex.europa.eu/LexUriServ/LexUriServ.do? uri=OJ: C: 2011: 210: 0001: 0004: EN: PDF.

[25] DUE J, MAILAND M. Social dialogue in Central and Eastern Europe: present state and future development [J]. European Journal of Industrial Relations, 2004, 10 (2): 179-197.

[26] SIPPOLA M. The two faces of Nordic management? Nordic firms and their employee relations in the Baltic States [J]. The International Journal of Human Resource Management, 2009, 20 (9): 1929-1944.

[27] OST D. Illusory corporatism in Eastern Europe: neoliberal tripartism and postcommunist class identities [J]. Politics and Society, 2001, 28 (4): 503-530.

[28] HEINISCH R. The state of corporatism in Central Europe in transition [M] // COLLIER I, ROGGEMANN H, SCHOLZ A. Welfare states in transition: East and West. Basingstoke: Macmillan Press, 2001: 50-92.

[29] ORENSTEIN M, HALE L E. Corporatist renaissance in postcommunist Central Europe? [M] // CANDLAND C, SIL R. The politics of labor in a global age: continuity and change in late-industrializing and post-socialist

economies. Oxford: Oxford University Press, 2001: 258-284.

[30] IANKOVA E, TURNER L. Building the new Europe: Western and Eastern roads to social partnership [J]. Industrial Relations Journal, 2004, 35 (1): 76-92; 85.

[31] IANKOVA E. Multi-level bargaining during Bulgaria's return to capitalism [J]. Industrial and Labor Relations, 2000, 54 (1): 115-137.

[32] GARDAWSKI J, MEARDI G. Keep trying? Polish failures and half-successes in social pacting [M] // POCHET P, KEUNE M, NATALI D. After the Euro and enlargement: social pacts in the European union. Brussels: ETUI, 2010: 371-394.

[33] CHIVU L, CIUTACU C, DIMITRIU R, et al. The impact of the legislative reforms on industrial relations in Romania [EB/OL]. [2024-09-22]. https: //www. ilo. org/sites/default/files/wcmsp5/groups/public/@europe/@ro-geneva/@sro-budapest/documents/publication/wcms_219711.pdf.

[34] CZARZASTY J. Poland: government accepts anti-crisis package submitted by social partners [EB/OL]. [2024-09-22]. http: //www. eurofound. europa.eu/eiro/2009/06/articles/pl0906019i.htm.

[35] GONSER M. How hard a blow for the collective representation of labour interests? The Baltic industrial relations and the financial crisis [EB/OL]. [2024-09-22]. http: //www.emecon.eu/current-issue/gonser/.

[36] KALLASTE E, WOOLFSON C. Negotiated responses to the crisis in the Baltic countries [J]. Transfer: European Review of Labour and Research, 2013, 19 (2): 253-266.

[37] KRAŠOVEC P, LUZAR B. Slovenia: impact of the crisis on industrial relations [EB/OL]. [2024-09-22]. http: //eurofound.europa.eu/observatories/eurwork/comparative-information/national-contributions/slovenia /slovenia-impact-of-the-crisis-on-industrial-relations.

[38] VISSER J. Wage bargaining institutions: from crisis to crisis [R].

Brussels: ECFIN, 2013.

[39] TRAXLER F. Coordinated bargaining: a stocktaking of its preconditions, practices and performance [J]. Industrial Relations Journal, 2003, 34 (3): 194-209.

[40] TRIF A. Social dialogue during the economic crisis: the impact of industrial relations reforms on collective bargaining in the manufacturing sector: Romania [R]. Manchester: University of Manchester, 2014.

[41] BARBUCEANU S. 2013 annual review of labour relations and social dialogue in South East Europe: Romania [EB/OL]. [2024-09-20]. https://library.fes.de/pdf-files/bueros/belgrad/10537.pdf.

[42] CLAUWAERT S, SCHÖMANN I. The crisis and national labour law reforms. Country Report: Romania [EB/OL]. [2024-09-22]. http://www.etui.org/Publications2/Working-Papers/The-crisis-and-national-labour-law-reforms-a-mapping-exercise.

[43] KRÉN I. Annual Review 2013: Hungary-labour relations and social dialogue [EB/OL]. [2024-09-20]. https://library.fes.de/pdf-files/bueros/warschau/10436-20140107.pdf.

[44] SZABÓ I. Between polarization and statism-effects of the crisis on collective bargaining processes and outcomes in Hungary [J]. Transfer: European Review of Labour and Research, 2013, 19 (2): 205-215.

[45] MYANT M, DRAHOKOUPIL J. International integration, varieties of capitalism and resilience to crisis in transition economies [J]. Europe-Asia Studies, 2012, 64 (1): 1-33.

[46] MYANT M. The impact of the economic crisis on collective bargaining in the Czech Republic [J]. Transfer, 2013, 19 (2): 185-194.

[47] KAHANCOVÁ M. The demise of social partnership or a balanced recovery? The crisis and collective bargaining in Slovakia [J]. Transfer: European Review of Labour and Research, 2013, 19 (2): 171-183.

[48] KARNITE R. Latvia: impact of the crisis on industrial relations [EB/OL]. [2024-09-22]. http://www.eurofound.europa.eu/eiro/studies/tn1301019s/lv1301019q.htm.

[49] OSILA L, MASSO M. Estonia: the impact of crisis on industrial relations [EB/OL]. [2024-09-22]. http://www.eurofound.europa.eu/eiro/studies/tn1301019s/ee1301019q.htm.

[50] TOMEV L. The new EU economic governance and its impact in Bulgaria [M] //ROCHA F. The new EU economic governance and its impact on the national collective bargaining systems. Madrid: Fundación 1 de Mayo, 2014: 39-65.

[51] GRESKOVITS B. The political economy of protest and patience: East European and Latin American transformations compared [M]. Budapest: Central European University Press, 1998.

[52] MEARDI G. Social failures of EU enlargement: a case of workers voting with their feet [M]. London: Routledge, 2012.

[53] SOMMERS J, HUDSON M. Latvia's economic disaster heralded as a neoliberal success story: a model for Europe and the US? [EB/OL]. [2024-09-28]. http://www.baltic-course.com/eng/direct_speech/? doc=68375.

[54] EUROFOUND. EIRO (Now EURWORK) Report Database [EB/OL]. [2024-09-28]. https://www.eurofound.europa.eu/en/about-eurwork.

[55] ŠĆEPANOVIĆ V. Have your competitiveness and eat it too: the pull and limits of cost competition in Hungary and Slovakia [M] // BERNACIAK M. Market expansion and social dumping in Europe. London: Routledge, 2015.

[56] MROZOWICKI A, MACIEJEWSKA M. Conflicts at work in Poland's new capitalism: worker resistance in a flexible work regime [M] // GALL G. New forms and expressions of conflict at work. Basingstoke: Palgrave Macmillan, 2013: 191-211.

[57] KAPSTEINEB M B. Responding to globalization: social policy in emerging

market economies [J]. Global Social Policy, 2001, 1 (2): 191-212.
[58] PETERSON J, BOMBERG E. Decision-making in the European Union [M]. London: Macmillan, 1999: 62.
[59] VAN VLIET O, KOSTER F. Europeanization and the political economy of active labour market policies [J]. European Union Politics, 2011, 12 (2): 217-239.
[60] LUTZH. European social fund and labor market policy [J]. Austrian Economic Quarterly, 1998, 3 (4): 209-217.
[61] JACOBSSON K, WEST C. Joining the European employment strategy: europeanisation of labour market policy in the Baltic States [M] // HEIDENREICH M, ZEITLIN J. Changing European employment and welfare regimes: the influence of the open method of coordination on national reforms. London: Routledge, 2009: 112-133.
[62] DEACON B, HULSE M. The making of post-communist social policy: the role of international agencies [J]. Journal of Social Policy, 1997, 26 (1): 43-62.
[63] EUROPEAN COMMISSION. The phare programme: annual report [EB/OL]. [2024-09-22]. http://aei.pitt.edu/33799/1/COM_ (2000) _183_final.pdf.
[64] DRAXLER J, VAN VLIET O. European social model: no convergence from the East [J]. Journal of European Integration, 2010, 32 (1): 115-135.
[65] WHYMAN P B, BAIMBRIDGE M, MULLEN A. The political economy of the European social model [M]. London: Routledge, 2012: 40.
[66] EUROPEAN COMMISSION. The PHARE 2000 review: strengthening preparations for membership [M]. Brussels: DG Enlargement, 2000: 7.
[67] VAN GOOL M, SCHRÖTER H. PHARE final report [EB/OL]. [2024-09-28]. https://www.eurocontrol.int/phare/gallery/content/public/documents/99-70-09pharefinal10.pdf.

[68] ORENSTEION M A. How politics and institutions affect pension reform in three post-communist countries [EB/OL]. [2024-09-28]. https: //documents1. worldbank.org/curated/en/300251468752776388/text/multi-page.txt.

[69] WORLD BANK. Republic of Bulgaria country assistance evaluation [EB/OL]. [2024-09-22]. https: //ieg. worldbankgroup. org/sites/default/files/Data/reports/bulgaria_cae.pdf.

[70] WORLD BANK-OED (Operations Evaluation Department). Republic of Bulgaria country assistance evaluation [EB/OL]. [2020-07-07]. https: //ieg.worldbankgroup.org/sites/default/files/Data/reports/bulgaria_cae.pdf.

[71] CERAMI A. Social policy in Central and Eastern Europe: the emergence of a new European model of solidarity [EB/OL]. [2024-09-22]. https: //www.db-thueringen. de/servlets/MCRFileNodeServlet/dbt_derivate_00004495/cerami.pdf.

[72] STIGLITZJ E. Globalization and its discontents [M]. New York: W.W. Norton and Company, 2002: 14.

[73] STIGLITZJ E. An agenda for the development in the twenty-first century [M/OL] // PLESKOVIC B, STIGLITZ J E. Annual World Bank conference on development economics. [2024-09-28]. https: //documents1. worldbank.org/curated/en/719821468740214930/text/multi0page.txt.

[74] OECD. Economic survey: Slovak Republic [EB/OL]. [2024-09-22]. https: //read. oecd-ilibrary. org/economics/oecd-economic-surveys-slovak-republic-2002_eco_surveys-svk-2002-en#page14.

[75] MCBRIDE S, WILLIAMS R A. Globalization, the restructuring of labour markets and policy convergence [J]. Global Social Policy, 2001, 1 (3): 281-309.

[76] VOSKO L. Decent work: the shifting role of the ILO and the struggle for global social justice [J]. Journal of Global Social Policy, 2002, 2 (1): 28.

[77] WHO. Ljubljana charter on reforming health care in Europe [EB/OL].

[2024-09-22]. https: //www.euro.who.int/__data/assets/pdf_file/0010/113302/E55363.pdf.

[78] FERGE Z, TAUSZ K. Social security in Hungary: a balance sheet after twelve years [J]. Social Policy and Administration, 2002, 36 (2): 176-199.

[79] COOK L J, ORENSTEIN M A, RUESCHEMYER M. Left parties and social policy in postcommunist Europe [M]. Boulder: Westview Press, 1999: 47-108.

[80] MÜLLER K. The political economy of pension reform in Central and Eastern Europe [M/OL] // OECD. Reforming public pensions: sharing the experiences of transition and OECD countries. [2024-09-28]. https: //www.oecd-ilibrary.org/docserver/9789264105812-en.pdf? expires=1726987294&id=id&accname=guest&checksum=716E0A7FBC972C0045A75006BFAFEB78.

[81] ALLANJ P, SCRUGGS L. Political partisanship and welfare state reform in advanced industrial societies [J]. American Journal of Political Science, 2004, 48 (3): 496-512.

[82] IVERSEN T, CUSACK T R. The causes of welfare state expansion: deindustrialization or globalization? [J]. Discussion Papers Research Unit Economic Change and Employment, 2000, 52 (3): 313-349.

[83] JAHN D, MÜLLER-ROMMEL F. Political institutions and policy performance: a comparative analysis of Central and Eastern Europe [J]. Journal of Public Policy, 2010, 30 (1): 23-44.

[84] TAVITS M, LETKI N. When left is right: party ideology and policy in post-communist Europe [J]. American Political Science Review, 2009, 103 (4): 555-569.

[85] ORENSTEIN M A. How politics and institutions affect pension reform in three post-communist countries [M]. Washington, D.C.: World Bank, 1998:

473–474.

[86] TEPE M, VANHUYSSE P. Parties, unions and activation strategies: the context-dependent politics of active labour market policy spending [J]. Political Studies, 2013, 61 (3): 480–504.

[87] HAGGARD S, KAUFMAN R R. Development, democracy, and welfare states: Latin America, East Asia, and Eastern Europe [M]. Princeton: Princeton University Press, 2008: 360.

[88] EUROPEAN COMMISSION.1999 Regular Report from the commission on Romania's progress towards accesssion [M]. Brussels: European Commission, 1999: 32.

[89] COOK L J. Negotiating welfare in postcommunist states [J]. Comparative Politics, 2007, 40 (1): 41–62.

[90] GUARDIANCICH I, MOLINA O. Talking through the crisis: social dialogue and industrial relations trends in selected EU countries [EB/OL]. [2024-09-22]. https://www.ilo.org/wcmsp5/groups/public/---dgreports/---dcomm/---publ/documents/publication/wcms_548950.pdf.

[91] BERNACIAK M. Coming full circle? Contestation, social dialogue and trade union politics in Poland [EB/OL]. [2024-09-22]. https://www.etui.org/sites/default/files/07%20Contestation%2C%20social%20dialogue%20Poland.pdf.

[92] BERNACIAK M. Beyond the CEE black box: crisis and industrial relations in the new EU member states [EB/OL]. [2024-09-22]. https://papers.ssrn.com/sol3/papers.cfm?abstract_id=2647947.

[93] BERNACIAK M. Social dialogue revival or PR corporatism? Negotiating anti-crisis measures in Poland and Bulgaria [J]. Transfer, 2013, 19 (2): 239–251.

[94] BLANCHFLOWER D, FREEMAN R B. The attitudinal legacy of communist labor relations [J]. Industrial and Labor Relations Review, 1997, 50

(3): 438-459.
[95] IVLEVS A, VELIZIOTIS M. What do unions do in times of economic crisis? Evidence from Central and Eastern Europe [J]. European Journal of Industrial Relations, 2017, 23 (1): 81-96.
[96] STAN L, ERNE R. Is migration from Central and Eastern Europe an opportunity for trade unions to demand higher wages? Evidence from the Romanian health sector [J]. European Journal of Industrial Relations, 2016, 22 (2): 167-183.
[97] MROZOWICKI A, ROOSALU T, SENČAR T B. Precarious work in the retail sector in Estonia, Poland and Slovenia: trade union responses in a time of economic crisis [J]. Transfer, 2013, 19 (2): 276-278.
[98] VARGA M. Post-communist trade unions and precarious work in Central-Eastern Europe [M] // SUSAN J, SCHURMAN S J, EATON A E. Trade union organizing in the informal economy: a review of the literature on organizing in Africa, Asia, Latin America, North America and Western, Central and Eastern Europe. New Brunswick: Rutgers University Press, 2011: 67-69.
[99] KAHANCOVÁ M, MARTIŠKOVÁ M. Bargaining for social rights: reducing precariousness and labour market segmentation through collective bargaining and social dialogue (BARSORI) [EB/OL]. [2024-09-22]. http://archive.uva-aias.net/uploaded_files/regular/BARSORIreportSlovakia-1.pdf.
[100] VISSER J. Database on institutional characteristics of trade unions, wage setting, state intervention and social pacts in 51 countries between 1960 and 2014 [EB/OL]. [2024-09-22]. http://archive.uva-aias.net/207.
[101] EUROFOUND. Collective bargaining in Europe in the 21st century [M]. Luxembourg: Publications Office of the European Union, 2015.
[102] MAGDA I. Do trade unions in Central and Eastern Europe make a difference? [EB/OL]. [2024-09-22]. https://wol.iza.org/uploads/articles/360/pdfs/do-

trade-unions in central-and-eastern-europe-make-a-difference.pdf? v=1.
[103] CROUCHER R, RIZOV M. Union influence in post-socialist Europe [J]. Industrial and Labor Relations Review, 2012, 65 (3): 630-650.
[104] FREGE C, KELLY J. Union strategies in comparative context [M] // FREGE C, KELLY J. Varieties of unionism: strategies for union revitalization in a globalizing economy. Oxford: Oxford University Press, 2003: 31-44.
[105] WP. National industrial relations [EB/OL]. [2024-09-22]. http: //www.worker-participation.eu/National-Industrial-Relations/Countries.
[106] WP. Hungary trade unions [EB/OL]. [2024-09-22]. http: //www.worker-participation. eu/National-Industrial-Relations/Countries/Hungary/Trade-Unions.
[107] LUŽAR B. Capacity building for social dialogue at sectoral and company level: Slovenia, National Report, European foundation for the improvement of living and working conditions [EB/OL]. [2024-09-22]. http: //edz.bib.uni-mannheim.de/daten/edz-ma/esl/07/ef072213en.pdf.
[108] MEARDI G, TRAPPMAN V. Between consolidation and crisis: divergent pressures and sectoral trends in Poland [J]. Transfer, 2013, 19 (2): 195-204.
[109] NEUMANN L. Hungarian unions: responses to political challenges [J]. Management Revue, 2012, 23 (4): 369-385.
[110] DEGRYSE C, TILLY P. 1973-2013: 40 years of history of the European trade union confederation [M]. Brussels: ETUI, 2013.
[111] EUROPEAN COMMISSION. Industrial relations in Europe 2012 [R]. Brussels: Publications Office of the European Union, 2013.
[112] BERNACIAK M. Cross-border competition and trade union responses in the enlarged EU: evidence from the automotive industry in Germany and Poland [J]. European Journal of Industrial Relations, 2010, 16 (2): 199-135.

[113] MEARDI G. Short circuits in multinational companies: the extension of European works councils to Poland [J]. European Journal of Industrial Relations, 2004, 10 (2): 161-178.

[114] EUROSTAT. National accounts [DB/OL]. [2021-01-15]. https://ec.europa.eu/eurostat/web/rss/slovenia_en.

[115] MENCINGER J. Transition to a national and a market economy: a gradualist approach [M] // MRAK M, ROJEC M, SILVA-JÁUREGUI C. Slovenia: from yugoslavia to the European Union. Washington DC: World Bank, 2004.

[116] GUARDIANCICH I. Slovenia: the end of a success story? When a partial reform equilibrium turns bad [J]. Europe-Asia Studies, 2016, 68 (2): 205-231.

[117] PISANI-FERRY J. The Euro crisis and its aftermath [M]. Oxford: Oxford University Press, 2014.

[118] IMAD. Development report 2014 [R]. Ljubljana: Institute for Macroeconomic Analysis and Development, 2014.

[119] DAMIJAN J P. Corporate financial soundness and its impact on firm performance: implications for corporate debt restructuring in Slovenia [J]. Post Communist Economies, 2017, 30 (1): 1-37.

[120] EUROPEAN COMMISSION. Undeclared work in the European union-report [R]. Brussels: European Commission, 2014.

[121] IMAD. Development Report 2015 [R]. Ljubljana: Institute for Macroeconomic Analysis and Development, 2015.

[122] COUNCIL OF THE EU. Council recommendation of 14 July 2015 on the 2015 National Reform Programme of Slovenia and delivering a Council opinion on the 2015 Stability Programme of Slovenia [R]. Brussels: Council of the Eu, 2015.

[123] GOVERNMENT RS. Slovenian Exit Strategy 2010-2013 [R]. Ljubljana: Government of the Republic of Slovenia, 2010.

[124] EUROFOUND. Working life in Slovenia [EB/OL]. [2024-09-22]. https://www.eurofound.europa.eu/country/slovenia.
[125] MRČELA A K. Slovenia: working life country profile [EB/OL]. [2024-09-22]. http://www.eurofound.europa.eu/observatories/eurwork/comparative-information/national-contributions/slovenia/slovenia-working-life-country-profile.
[126] EUROFOUND. Working life in Slovenia [EB/OL]. [2024-09-22]. https://www.eurofound.europa.eu/country/slovenia#actors-and-institutions.
[127] KOPAČ M A. Social dialogue faces new challenges [M] // KAVČIČ F, BERLEC N. Ekonomsko-socialni svet 2004-2014 (Ob dvajseti obletnici delovanja). Ljubljana: Uradni list Republike Slovenije, 2014: 61-64.
[128] EUROFOUND. Employee representation at establishment level in Europe, European Company Survey 2009 [R]. Dublin: European Foundation for the Improvement of Living and Working Conditions, 2011.
[129] CROWLEY S, STANOJEVIĆ M. Varieties of capitalism, power resources, and historical legacies: explaining the Slovenian exception [J]. Politics and Society, 2011, 39 (2): 268-295.
[130] STANOJEVIĆ M. The rise and decline of Slovenian corporatism: local and European factors [J]. Europe-Asia Studies, 2012, 64 (5): 857-877.
[131] STANOJEVIĆ M. Social pacts in Slovenia [M] // POCHET P, KEUNE M, NATALI D. After the euro and enlargement: social pacts in the EU. Brussels: ETUI and OSE, 2010: 317-344.
[132] GUARDIANCICH I. Pension reforms in Central, Eastern and Southeastern Europe: from post-socialist transition to the global financial crisis [M]. London: Routledge, 2013.
[133] MRČELA A K. Slovenia: New Social Agreement 2015-2016 [R/OL]. [2024-09-22]. http://www.eurofound.europa.eu/observatories/eurwork/articles/industrial-relations/slovenia-new-socialagreement-2015-2016.

［134］ GROENENDIJK N， JAANSOO A. Public finance systems for coping with the crises： lessons from the three Baltic states ［J］． Public finance and management， 2015， 15（3）： 257-289.

［135］ KATTEL R， RAUDLA R. The Baltic Republics and the crisis of 2008-2011 ［J］. Europe-Asia Studies， 2013， 65（3）： 426-449.

［136］ KUOKŠTIS V. What type of capitalism do the Baltic countries belong to？［EB/OL］． ［2024-09-22］． http： //www. emecon. eu/current-issue/second/vytautas-kuokstis/.

［137］ EAMETS R， PHILIPS K， ALLOJA J， et al. Benchmarking EU countries against Danish flexicurity model ［EB/OL］. ［2024-09-28］. https： //euro. indiana.edu/docs/archive/working-papers/Eamets_Philips_flexicurity.pdf.

［138］ EAMETS R， BEBLAVÝ M， BHEEMAIAH K， et al. Mapping flexibility and security performance in the face of the crisis ［EB/OL］． ［2024-09-28］． http： //www.style-research.eu/publications/working-papers/.

［139］ BERNACIAK M， KAHANCOVA M. Innovative union practices in Central-Eastern Europe ［M］. Brussels： European Trade Union Institute， 2017.

［140］ STAEHR K. Austerity in the Baltic states during the global financial crisis ［J］. Intereconomics， 2013， 48（5）： 293-302.

［141］ WOOLFSON C. Social dialogue and lifelong learning in new EU member states： “reform fit” in Latvia ［J］． Journal of European Social Policy， 2008， 18（1）： 79-87.

［142］ MORRISON C， CROUCHER R， CRETU O. Legacies， conflict and “path dependence” in the former Soviet Union ［J］. British Journal of Industrial Relations， 2012， 50（2）： 329-351.

［143］ EUROFOUND. Latvia - developments in social partner organisations： employer organisations ［EB/OL］. ［2024-09-22］. https： //www.eurofound. europa. eu/observatories /eurwork/comparative-information/national-contributions/latvia/latvia-developments-in-social-partner-organisations-employer-or ganisations.

[144] FULTON L. Worker representation in Europe [EB/OL]. [2024-09-28]. https: //www. worker-participation. eu/National-Industrial-Relations/Count - ries/Estonia/Trade-Unions.

[145] BLAŽIENĖ I, GRUŽEVSKIS B. Lithuanian trade unions: from survival skills to innovative solutions [M] // BERNACIAK M, KAHANCOVA M. Innovative union practices in Central-Eastern Europe. Brussels: European Trade Union Institute, 2017: 111-124.

[146] GUOGIS A. Social dialogue in Lithuania: achievements and drawbacks in the way out of the crisis [J]. Central European Political Science Review, 2016, 17 (65): 108-149.

[147] CROUCH C. Post-democracy [M]. Cambridge: Polity Press, 2004.

[148] PETERS J. The rise of finance and the decline of organised labour in the advanced capitalist countries [J]. New Political Economy, 2011, 16 (1): 73-99.

[149] VAN GYES G, VANDERBRANDE T, LEHNDORFF S, et al. Industrial relations in the member states of the European Union. A basic comparison of 25 national systems [R]. Dublin: European Foundation for the Improvement of Living and Working Conditions, 2006.

[150] MASSO J, EAMETS R. Macro-level labour market flexibility in the Baltic States [M] // PAAS T, EAMETS R. Labour market flexibility, flexicurity and employment: lessons of the Baltic States. New York: Nova Science, 2007: 101-42.

[151] KALLASTE E, WOOLFSON C. The paradox of post-communist trade unionism: "you can't want what you can't imagine" [J]. Economic and Labour Relations Review, 2009, 20 (1): 93-109.

[152] KALLASTE E, JAAKSON K, EAMETS R. Two representatives but no representation: cases from Estonia [J]. Employee Relations, 2007, 30 (1):

86-97.

[153] EUROFOUND. Working life country profile [EB/OL]. [2024-09-22]. https: //www. eurofound. europa. eu/de/observatories/eurwork/comparative-information/national-contributions/estonia/estonia-working-life-country-profile.

[154] ANTILA J, YLÖSTALO P. Working life barometer in the Baltic countries 2002 [R]. Helsinki: Finnish Ministry of Labour, 2003.

[155] EAMETS R, KALLASTE E. The lack of wage setting power of Estonian trade unions? [J] Baltic Journal of Economics, 2005, 5 (1): 44-60.

[156] BLAŽIENE I. Lithuania: trade unions in focus, European industrial relations observatory [R]. Dublin: European Foundation for the Improvement of Living and Working Conditions, 2004.

[157] PAAS T, EAMETS R, MASSO J, et al. Labour market flexibility and migration in the Baltic States: macro evidences [Z]. Tartu: University of Tartu, 2003.

[158] VATTA A. The enlargement of the European union and social dialogue in Central and Eastern Europe [J]. Perspectives on European Politics and Society, 2001, 2 (1): 127-46.

[159] JENSEN S. Baltic corporatist arrangements-a comparative analysis of tripartite arrangements in Estonia, Latvia and Lithuania [Z]. MA Thesis: University of Bergen, 2003.

[160] FENGER M. Promoting or preventing reforms? Trade unions and social policy reforms in Central and Eastern Europe [J]. Society and Economy, 2006, 28 (1): 1-26.

[161] WOOLFSON C, KALLASTE E. Illusory corporatism "Mark 2" in the Baltic States [J]. Warsaw Forum of Economic Sociology, 2011, 2 (3): 51-72.

[162] CASALE G. Tripartism and industrial relations in Central and Eastern European countries [M] // CASALE G. Social Dialogue in Central and Eastern Europe. Geneva: ILO, 1999: 1-36.

[163] VISSER J. Patterns and variations in European industrial relations, European commission, industrial relations in Europe 2004 [M]. Luxembourg: European Commission, 2005.

[164] ARRO R, EAMETS R, JÄRVE J, et al. Labour market flexibility and employment security: Estonia [R]. Geneva: International Labour Office, 2001.

[165] European Industrial Relations Observatory. Changes in national collective bargaining systems since 1990 [EB/OL]. [2024-09-22]. https://www.eurofound.europa.eu/observatories/eurwork/comparative-information/changes-in-national-collective-bargaining-systems-since-1990.

[166] EUROFOUND. Working life in Latvia [EB/OL]. [2024-09-22]. https://www.eurofound.europa.eu/country/latvia.

[167] LAGERSPETZ M. From NGOs to civil society: a learning process [M]. // LAGERSPETZ M, TRUMMAL A, RUUTSOO R et al. Non-profit sector and the consolidation of democracy. Tallinn: Open Estonian Foundation, 2004: 102.

[168] CLARKE S, FAIRBROTHER P. Beyond the mines: the politics of the new workers' movement [M] // CLARKE S, FAIRBROTHER P, BURAWOY M, et al. What about the workers? Workers and the transition to capitalism in Russia [M]. London: Verso, 1993: 155.

[169] NIKULA J. From state-dependency to genuine worker movement? The working class in socialism and post-socialism [Z]. Tampere: University of Tampere, 1997.

[170] MELIN H. Work situation of main occupational groups in the Baltic States [Z]. Tampere: University of Tampere, 1995.

[171] OST D. The weakness of strong social movements: models of unionism in the East European context [J]. European Journal of Industrial Relations, 2002, 8 (1): 33-51.

[172] JACOBSSON K, WEST C. Europeanization of labor policy-making in the Baltic States [M] //JACOBSSON B. The European union and the Baltic States: changing forms of governance. London: Routledge, 2010: 98-120, 103.

[173] WOOLFSON C, BECK M. The end of labor quiescence? Industrial unrest in contemporary Lithuania [J]. The International Journal of Comparative Labour Law and Industrial Relations, 2004, 20 (2): 227-251.

[174] VISSER J. Why fewer workers join unions in Europe: a social custom explanation of membership trends [J]. British Journal of Industrial Relations, 2002, 40 (3): 403-430.

[175] CARLEY M. Industrial relations developments in Europe 2007 [EB/OL]. [2024-09-28]. http://www.eurofound.europa.eu.

[176] WOOLFSON C, CALITE D, KALLASTE E. Employee "voice" and working environment in post-communist new member states: an empirical analysis of Estonia, Latvia and Lithuania [J]. Industrial Relations Journal, 2008, 39 (4): 314-334.

[177] KALMUS V, VIHALEMM T. Distinct mental structures in transitional culture: an empirical analysis of values and identities in Estonia and Sweden [J]. Journal of Baltic Studies, 2006, 37 (1): 94-123.

[178] SIPPOLA M. The awkward choices facing the Baltic worker: exit or loyalty [J]. Journal of Baltic Studies, 2013, 44 (4): 451-473.

[179] HUDSON M, SOMMERS J. The death of "Social Europe": the myth of the Baltic tigers [EB/OL]. [2024-09-22]. http://www.counterpunch.org/hudson01182011.html.

[180] PETRYLAITE D. The right to strike in EU member states: a comparative overview with particular reference to Lithuania [J]. The International Journal of Comparative Labour Law and Industrial Relations, 2010, 26 (4): 421-434.

[181] WOOLFSON C. "Hardi times" in Lithuania: crisis and "discourses of discontent" in post-communist society [J]. Ethnography, 2010, 11 (4): 487-514.

[182] JAHN D. Diffusion of party positions: policy positions moving from the Nordic to the Baltic States [M] // AYLOTT N. Models of democracy in Nordic and Baltic Europe: political institutions and discourse. London: Routledge, 2016: 153-179.

[183] CURKINA I. Trade union protests against education cuts and reforms [EB/OL]. [2024-09-24]. http://www.eurofound.europa.eu/eiro/2009/08/articles/lv0908029i.htm.

[184] KARNITE R. Latvia: union's pact with political party comes under fire [EB/OL]. [2024-09-24]. https://www.eurofound.europa.eu.

[185] KARNITE R. Latvia: latest working life developments - Q2 2016 [EB/OL]. [2024-09-28]. https://www.eurofound.europa.eu.

[186] BLAZIENE I. Lithuania: teaching unions strike twice in a row after negotiations collapse [EB/OL]. [2024-09-24]. https://www.eurofound.europa.eu.

[187] BLAZIENE I. Lithuania: latest working life developments - Q2 2016 [EB/OL]. [2024-09-24]. https://www.eurofound.europa.eu.

[188] MASSO J, ESPENBERG K, MIERINA I. The Baltic States: convergence with the European social model or further liberalization? [M] //VAUGHAN-WHITEHEAD D. The European social model in crisis: is Europe losing its soul? Cheltenham, UK and Geneva: Edward Elgar and ILO, 2015: 66-120.

[189] OSILA L, KADARIK I, MASSO M. Estonia: working life country profile [EB/OL]. [2024-09-24]. https://www.eurofound.europa.eu.

[190] EUROPEAN ELECTIONS DATABASE. Norwegian centre for research data [D/OL]. [2024-09-24]. http://www.nsd.uib.no/european_election_

database.

[191] SAARTS T. Comparative party system analysis in Central and Eastern Europe: the case of the Baltic States [J]. Studies of Transition States and Societies, 2011, 3 (3): 83-104.

[192] AIDUKAITE J. The emergence of the post-socialist welfare state-the case of the Baltic States: Estonia, Latvia and Lithuania [D]. Huddinge: Södertörns Högskola, 2004.

[193] BLAŽIENĖ I. Lithuania: industrial relations profile [R/OL]. [2024-09-28]. http://www.ilo.org/dyn/travail/docs/2330/EIRO%20Lithuania.pdf.

[194] DOVYDĖNIENĖ R. Trade union responses to globalization in Lithuania. [R]. Geneva: International Institute for Labour Studies, 1999.

[195] ILOSTAT. International labour organisation [EB/OL]. [2024-09-24]. https://www. ilo. org/ilostat/faces/oracle/webcenter/portalapp/pagehierarchy/Page137. jspx? _afrLoop=448123747374569andclean=true#% 40%3F_afrLoop% 3D448123747374569%26clean% 3Dtrue% 26_adf. ctrl-state% 3D16o4f3r3xj_163.

[196] GRUŽEVSKIS B, BLAŽIENĖ I. Lithuania [M] // CAZES S, NESPOROVA A. Flexicurity: a relevant approach in Central and Eastern Europe. Geneva: International Labour Office, 2007.

[197] BLAŽIENĖ I. Lithuania-developments in social partner organisations: employer organisations [EB/OL]. [2024-09-24]. http://www.eurofound.europa. eu/lt/observatories/eurwork/comparative-information/national-contributions/lithuania/lithuania-developments-in-social-partner-organisations-employer-organisations.

[198] USONIS J, BAGDANSKIS T. Problems of introduction of flexibility into Lithuanian labour law [J]. Jurisprudencija, 2011, 18 (2): 595-612.

[199] EUROFOUND. Lithuania: Social partners' involvement in unemployment benefit regimes [EB/OL]. [2024-09-24]. http://www.eurofound.europa.

eu/observatories/eurwork/comparative-information/national-contributions/lithuania/lithuania-social-partners-involvement-in-unemployment-benefit-regimes.

[200] ETF. Short country report: Lithuania [EB/OL]. [2024-09-28]. http://www.etf.europa.eu/webatt.nsf/0/C12578310056925BC1256FFF003BB621/$file/NOTE6CBERK.pdf.

[201] GRAŽULIS V, GRUŽEVSKIS B. Characteristics of Lithuanian labour market policy development (situation analysis and development prospects, second part) [J]. Viešoji Politika ir Administravimas, 2009, 28: 40-51.

[202] DG GROW. Single market scoreboard. Performance per member State: Lithuania [EB/OL]. [2024-09-24]. http://ec.europa.eu/internal_market/scoreboard/_docs/2015/09/member-states/2015-09-lithuania_en.pdf.

[203] EUROPEAN COMMISSION. AMECO [EB/OL]. [2024-09-24]. http://ec.europa.eu/economy_finance/ameco/user/serie/SelectSerie.cfm.

[204] CONSTANTIN D L, GOSCHIN Z, DANCIU A R. The Romanian economy from transition to crisis: retrospects and prospects [J]. World Journal of Social Sciences, 2011, 1 (3): 155-171.

[205] ZAMAN G H, GEORGESCU G. The impact of global crisis on Romania's economic development [J]. Annales Universitatis Apulensis Series Oeconomica, 2009, 11 (2): 611-624; 615-616.

[206] VOINEA L. Budget deficits and their socioeconomic consequences: the economic and fiscal crisis in Romania [EB/OL]. [2024-09-24]. http://www.suedosteuropa-gesellschaft.com/pdf_2009/doku/beitrag_voinea.pdf.

[207] HAYTER S, VARGHA C, MIHES C. The impact of legislative reforms on industrial relations in Romania [R]. Budapest: ILO, 2013.

[208] CLAUWAERT S, SCHÖMANN I. The crisis and national labour law reforms: a mapping exercise [J]. Transfer, 2013, 19 (1): 121-124.

[209] IMF. Romania: 2016 Article Ⅳ consultation-staff report [R/OL]. [2024-

09-28]. https: //www.imf.org/external/pubs/ft/scr/2016/cr16113.pdf.

[210] EUROFOUND. Working life in Romania. [EB/OL]. [2024-09-28]. https: //www.eurofound.europa.eu/country/romania.

[211] LEE A S. Transnational capitalism in East Central Europe's heavy industry: from flagship enterprises to subsidiaries [M]. Ann Arbor: University of Michigan Press, 2016.

[212] TRIF A. Overview of industrial relations in Romania [J]. South-East Europe Review for Labour and Social Affairs, 2004, 7 (2): 43-64.

[213] KEIL T J, KEIL J M. The state and labor conflict in postrevolutionary Romania [J]. Radical History Review, 2002, 82 (1): 9-36.

[214] ADASCALITEI D. From austerity to austerity: the political economy of public pension reforms in Romania and Bulgaria [J]. Social Policy and Administration, 2017, 51 (3): 464-487.

[215] VARGA M. Worker protests in post-communist Romania and Ukraine: striking with tied hands [M]. Manchester: Manchester University Press, 2014.

[216] KIDECKEL D A. Winning the battles, losing the war: contradictions of Romanian labor in the postcommunist transformation [M] // CROWLEY S, OST D. Workers after workers' states: labor and politics in postcommunist Eastern Europe. Washington DC: Rowman and Littlefield, 2001: 97-120.

[217] BUSH L S. Collective labor disputes in post-ceausescu Romania [J]. Cornell International Law Journal, 1993, 26 (2): 373-420.

[218] BUSH L S. Romanian regulation of trade unions and collective bargaining [J]. Cornell International Law Journal, 1999, 32 (2): 319-366.

[219] POP-ELECHES G. From economic crisis to reform: IMF Programs in Latin America and Eastern Europe [M]. Princeton: Princeton University Press, 2008.

[220] EUROPEAN COMMISSION. 1999 regular report from the commission on

Romania's progress towards accession [EB/OL]. [2024-09-28]. https: //ec. europa. eu/neighbourhood-enlargement/sites/near/files/archives/pdf/key_documents/1999/romania_en.pdf.

[221] CERNAT L. Europeanization, varieties of capitalism and economic performance in Central and Eastern Europe [M]. London: Palgrave Macmillan, 2006.

[222] TRIF A. Opportunities and challenges of EU accession: industrial relations in Romania [J]. European Journal of Industrial Relations, 2008, 14 (4): 461-478.

[223] EUROPEAN COMMISSION. 2003 regular report on Romania's progress towards accession [EB/OL]. [2024-09-28]. https: //ec. europa. eu/neighbourhood-enlargement/sites/near/files/archives/pdf/key_documents/2003/rr_ro_final_en.pdf.

[224] IMF. Romania: 2002 Article Ⅳ consultation-staff report [R/OL]. [2024-09-28]. http: //www.imf.org/external/pubs/ft/scr/2003/cr0311.pdf.

[225] IMF. Romania-letter of intent, supplementary memorandum on economic and financial policies, and technical memorandum of understanding [R/OL]. [2024-09-28]. http: //www.imf.org/external/np/loi/2003/rom/02/.

[226] NINUCIA-MARIA P. Trade unions and the amendment of the labour code in Romania [J]. Perspectives on European Politics and Society, 2006, 7 (2): 185-203.

[227] IMF. Romania-letter of intent, memorandum on economic and financial policies, and technical memorandum of understanding [R/OL]. [2024-09-28]. http: //www.imf.org/external/np/loi/2004/rou/01/.

[228] EUROPEAN COMMISSION. 2004 regular report from the commission on Romania's progress towards accesssion [EB/OL]. [2024-09-28]. http: //www. esiweb. org/pdf/romania_EC-Romania% 20Monitoring% 20report-2004%20October_en.pdf.

[229] EUROPEAN COMMISSION. Romania 2005 comprehensive monitoring report [R/OL]. [2024-09-28]. http://aei.pitt.edu/44607/1/romania_2005.pdf.

[230] WORLD BANK. Romania-first programmatic adjustment loan [R/OL]. [2024-09-28]. http://documents.worldbank.org/curated/en/353361468297586033/pdf/33414.pdf.

[231] IMF. Romania: 2006 Article Ⅳ Consultation-staff report [R/OL]. [2024-09-28]. http://www.imf.org/external/pubs/ft/scr/2006/cr06168.pdf.

[232] IMF. Romania: 2008 Article Ⅳ Consultation-staff report [R/OL]. [2024-09-28]. http://www.imf.org/external/pubs/ft/scr/2008/cr08208.pdf.

[233] IMF. Romania-Staff Report for the 2010 Article Ⅳ consultation, fourth review under the stand-by arrangement [R/OL]. [2024-09-28]. http://www.imf.org/external/pubs/ft/scr/2010/cr10227.pdf.

[234] IMF. Romania: letter of intent, and technical memorandum of understanding [R/OL]. [2024-09-28]. https://www.imf.org/external/np/loi/2010/rou/122210.pdf.

[235] KOUKIADAKI A, et al. Joint regulation and labour market policy in Europe during the crisis [M/OL]. [2024-09-28]. Brussels: ETUI, 2016. http://www.etui.org/Publications2/Books/Joint-regulation-and-labour-market-policy-in-Europe-during-the-crisis.

[236] NÖLKE A, VLIEGENTHART A. Enlarging the varieties of capitalism: the emergence of dependent market economies in East Central Europe [J]. World Politics, 2009, 61 (4): 670-702.

[237] IMF. Romania: staff report for the 2012 Article Ⅳ consultation [R/OL]. [2024-09-28]. https://www.imf.org/external/pubs/ft/scr/2012/cr12290.pdf.

[238] EUROPEAN COMMISSION, IMF. Draft emergency ordinance to amend Law 62/2011 on social dialogue joint comments of European commission and IMF staff [EB/OL]. [2024-09-28]. https://www.ituc-csi.org/IMG/pdf/romania.pdf.

[239] IMF. Romania: letter of intent, memorandum of economic and financial policies, and technical memorandum of understanding [R/OL]. [2024-09-28]. https://www.imf.org/external/np/loi/2013/rou/091213.pdf.
[240] BLANTON R G, BLANTON S L, PEKSEN D. The impact of IMF and World Bank programs on labor rights [J]. Political Research Quarterly, 2015, 68 (2): 324-336.
[241] KENTIKELENIS A E, STUBBS T H, KING L P. IMF conditionality and development policy space, 1985-2014 [J]. Review of International Political Economy, 2016, 23 (4): 543-582.
[242] O'DWYER C, KOVALČÍK B. And the last shall be first: party system institutionalization and second-generation economic reforms in postcommunist Europe [J]. Studies in Comparative International Development, 2007, 41 (4): 3-26.
[243] UNCTAD. World investment report: transnational corporations and the internationalization of R&D [EB/OL]. [2024-09-28]. http://unctad.org/en/Docs/wir2005_en.pdf.
[244] BOHLE D. Race to the bottom? Transnational companies and reinforced competition in the enlarged European Union [M] // VAN APELDOORN B, DRAHOKOUPIL J, HORN L. Contradictions and limits of neoliberal European governance: from Lisbon to Lisbon. Basingstoke: Palgrave Macmillan, 2009: 163-186.
[245] BECKER J, JÄGER J. Development trajectories in the crisis in Europe [J]. Debatte, 2010, 18 (1): 5-27.
[246] GUS DATABASE. Central statistical office of Poland [EB/OL]. [2024-09-28]. https://stat.gov.pl/en/.
[247] MYANT M, DRAHOKOUPIL J. Transition economies: political economy in Russia, Eastern Europe, and Central Asia [M]. New York: Wiley, 2011.
[248] EUROFOUND. Working life in Poland [EB/OL]. [2024-09-28]. https://

www.eurofound.europa.eu/country/poland#background.

[249] EUROSTAT DATABASE（http：//ec.europa.eu/eurostat）.

[250] MACIEJEWSKA M，MROZOWICKI A，PIASNA A. The silent and crawling crisis：international competition，labour market reforms and precarious jobs in Poland [M] // MYANT M，THEODOROPOULOU S，PIASNA A. Unemployment，internal devaluation and labour market deregulation in Europe. Brussels：ETUI，2016：229-254.

[251] BERNACIAK M. Beyond the CEE "black box"：crisis and industrial relations in the new EU member states [R]. Brussels：ETUI，2015.

[252] MĘCINA J P. Social dialogue in face of changes on the labour market in Poland：from crisis to breakthrough [EB/OL]. [2024-09-28]. http：//www.ilo.ch/wcmsp5/groups/public/---europe/---ro-geneva/---sro-budapest/documents/publication/wcms_619585.pdf.

[253] GARDAWSKI J. Competitive pluralism of Polish trade unions [EB/OL]. [2024-09-28]. https：//www.eurofound.europa.eu/publications/report/2010/trade-union-strategies-to-recruit-new-groups-of-workers-poland.

[254] MEARDI G. The trojan horse for the americanization of Europe? Polish industrial relations towards the EU [J]. European Journal of Industrial Relations，2002，8（1）：77-99.

[255] KING L. Central European capitalism in comparative perspective [M] // HANCKÉ B et al. Beyond varieties of capitalism：contradictions，complementarities and change. Oxford：Oxford University Press，2007：307-27.

[256] BECHTER B，et al. Sectors or countries? Typologies and levels of analysis in comparative industrial relations [J]. European Journal of Industrial Relations，2012，18（3）：185-202.

[257] CZARZASTY J，MROZOWICKI A. Is a new paradigm needed? A commentary on the analysis by Sławomir Adamczyk [J]. European Journal of

Industrial Relations, 2018, 24 (2): 193-199.
[258] BECHTER B, BRANDL B, MEARDI G. Sectors or countries? Typologies and levels of analysis in comparative industrial relations [J]. European Journal of Industrial Relations, 2012, 18 (3): 185-202.
[259] BLUHM K. Exporting or abandoning the "German model"? Labor polices of German manufacturing firms in Central Europe [J]. European Journal of Industrial Relations, 2001, 7 (2): 153-173.
[260] MEARDI G. More voice after more exit? Unstable industrial relations in Central Eastern Europe [J]. Industrial Relations Journal, 2007, 38 (6): 503-523.
[261] VISSER J. ICTWSS database on institutional characteristics of trade unions, wage setting, state intervention and social pacts in 34 countries between 1960 and 2012 [D/OL]. [2024-09-28]. http: //uva-aias.net/en/ictwss.
[262] OST D. The defeat of solidarity: anger and politics in postcommunist Europe [M]. Ithaca: Cornell University Press, 2005: 53.
[263] BOHLE D, GRESKOVITS B. Slovakia and Hungary: successful and failed euro entry without social pacts [M] // POCHET P, et al. After the euro and enlargement: social pacts in the EU. Brussels: ETUI, 2010: 345-369.
[264] MYANT M, DRAHOKOUPIL J. Transition economies: political economy in Russia, Eastern Europe, and Central Asia [M]. New York: Wiley, 2011.
[265] MROZOWICKI A. Autumn's union protests put pressure on government and employers [EB/OL]. [2024-09-28]. http: //www. eurofound. europa. eu/observatories/eurwork/articles/industrial-relations/autumns-union-protests-put-pressure-on-government-and-employers.
[266] RADIO POLAND. Poland's trade unions to coordinate anti-government protests [EB/OL]. [2024-09-28]. http: //archiwum. thenews. pl/1/12/Artykul/136221.
[267] KUREKOVÁ L. From job search to skill search: political economy of labor

migration in Central-Eastern Europe [D]. Budapest: Central European University, 2011.

[268] OECD. Employment Outlook 2015 [R]. Paris: OECD, 2015.

[269] EUROFOUND. Working life in Slovakia [EB/OL]. [2024-09-28]. https: //www.eurofound.europa.eu/country/slovakia#pay.

[270] BULLA M, CZIRIA L, KAHANCOVÁ M. Impact of legislative reforms on industrial relations and working conditions in Slovakia [R]. Prague: Central European Labour Studies Institute (CELSI), 2014.

[271] EUROFOUND. Trade unions and government unite efforts to fight economic crisis [EB/OL]. [2024-09-28]. http: //www.eurofound.europa.eu/search?search_block_form=SK0805029Iandop=Search.

[272] EUROFOUND. Extension of multi-employer collective agreements marks a turning point [EB/OL]. [2024-09-28]. https: //www.eurofound.europa.eu/timelinedate/slovakia-extension-of-multi-employer-collective-agreements-marks-a-turning-point.

[273] EUROFOUND. Developments in collective bargaining in the 21st century [R]. Luxembourg: Publications Office of the European Union, 2015.

[274] TITMUSS R. Social policy [M]. London: Allen and Unwin, 1974.

[275] ESPING-ANDERSON G. The three worlds of welfare capitalism [M]. Princeton: Princeton University Press, 1990.

[276] DACKO-PIKIEWICZ Z, WALANCIK M. The economic or social dimension of lifelong learning? [J] Forum Scientiae Oeconomia, 2016, 4 (2): 13-25.

[277] BAMBRA C. Cash versus services: worlds of welfare and the decommodification of cash benefits and health care services [J]. Journal of social policy, 2005, 34 (2): 195-213.

[278] SAINT-ARNAUD S, BERNARD P. Convergence or resilience? A hierarchical cluster analysis of the welfare regimes in advanced countries [J].

Current Sociology, 2003, 51 (5). 499-527.

[279] SAPIR A. Globalization and the reform of European social models [J]. Journal of Common Market Studies, 2006, 44 (2): 369-390.

[280] MCMENAMIN I. Is there an East-Central European variety of democratic capitalism [R]. Dublin: Dublin City University, 2003.

[281] SOEDE A J, VROOMAN J C, FERRARESI P M, et al. Unequal welfare states [M]. The Hague: Social and Cultural Planning Office, 2004.

[282] NOVICKYTĖ L, RABIKAUSKAITĖ V. The evaluation of the Ⅱ pillar pension's funds: an integrated approach using multi-criteria decision methods [J]. Business: Theory and Practice, 2017, 18 (1): 109-127.

[283] POLESE A, MORRIS J, KOVÁCS B, et al. "Welfare states" and social policies in Eastern Europe and the former USSR: where informality fits in? [J] Journal of Contemporary European Studies, 2014, 22 (2): 184-198.

[284] DEACON B. Developments in East European social policy [M] // JONES C. New perspectives on the welfare state in Europe. London: Routledge, 1993: 163-183.

[285] FAJTH G. Social security in a rapidly changing environment: the case of the post-communist transformation [J]. Social Policy and Administration, 1999, 33 (4): 416-436.

[286] KEUNE M. The European social model and enlargement [M] // JEPSEN M, PASCUAL A S. Unwrapping the European social model. Bristol: Policy Press, 2006: 167-188.

[287] AIGINGER K, LEONI T. Typologies of social models in Europe [EB/OL]. [2024-09-28]. http://www.socialpolitik.ovgu.de/sozialpolitik_media/papers/Aiginger_Karl_uid563_pid502.pdf.

[288] HACKER B. Hybridization instead of clustering: transformation processes of welfare policies in Central and Eastern Europe [J]. Social Policy and Administration, 2009, 43 (2): 152-169.

［289］ CERAMI A. Social policy in Central and Eastern Europe：the emergence of a new European model of solidarity？［D］ Erfurt： Universität Erfurt，2005.
［290］ TOMKA B. East Central Europe and the European social policy model： a long-term view［J］. East European Quarterly，2006，40（2）： 135-159.
［291］ BEBLAVY M. New welfare state models based on the new member states' experience？［EB/OL］.［2024-09-28］. http：//papers. ssrn. com/sol3/papers.cfm？abstract_id=2403764.
［292］ HAGGARD S， KAUFMAN R R. The Eastern European welfare state in comparative perspective ［M］// CERAMI A， VANHUYSSE P. Post-communist welfare pathways： theorizing social policy transformations in Central and Eastern Europe. London： Palgrave Macmillan UK， 2009：217-236.
［293］ TOMKA B. East Central Europe and the European social policy model： a long-term view［J］. East European Quarterly，2006，40（2）： 135-159.
［294］ AIDUKAITE J. Welfare reforms and socio-economic trends in the 10 new EU member states of Central and Eastern Europe ［J］. Communist and Post-Communist Studies，2011，44（3）： 211-219.
［295］ FENGER M. Welfare regimes in Central and Eastern Europe： incorporating post-communist countries in a welfare regime typology［J］. Contemporary Issues and Ideas in Social Sciences，2007，3（2）： 1-30.
［296］ HACKER B. Hybridization instead of clustering： transformation processes of welfare policies in Central and Eastern Europe ［J］. Social Policy and Administration，2009，43（2）： 152-169.
［297］ BECERRA-ALONSO D，ANDRONICEANU A，GEORGESCU I. Sensitivity and vulnerability of European countries in time of crisis based on a new approach to data clustering and curvilinear analysis ［J］. Administratie si Management Public，2016，（27）： 46-61.
［298］ DRAXLER J，VAN VLIET O. European social model： no convergence from

the East [J]. Journal of European Integration, 2010, 32 (1): 115-135.

[299] PÕDER K, KEREM K. Social models' in a European comparison [J]. Eastern European Economics, 2011, 49 (5): 55-74.

[300] LAUZADYTE-TUTLIENE A, BALEZENTIS T, GOCULENKO E. Welfare state in Central and Eastern Europe [J]. Economics and Sociology, 2018, 11 (1): 100-123.

[301] ADDESSI W. The productivity effect of permanent and temporary labor contracts in the Italian manufacturing sector [J]. Economic Modelling, 2014 (36): 666-672.

[302] MALO M A, CUETO B. Temporary contracts across generations: long-term effects of a labour market reform at the margin [J]. Cuadernos de economia, 2013 (36): 84-99.

[303] SZYJA P. The role of the state in creating green economy [J]. Oeconomia Copernicana, 2016, 7 (2): 207-222.

[304] UNDPAD. World economic and social survey [R]. New York: United Nations Department of Economic and Social Affairs, 2003.

[305] SZELÉNYI I. Poverty, ethnicity, and gender in transitional societies [M]. Budapest: Akadémiai Kiadó, 2002.

[306] FULTZ E, RUCK M. Pension reform in Central and Eastern Europe: an update on the restructuring of national pension schemes in selected countries [R]. Budapest: ILO Subregional Office for Central and Eastern Europe, 2000.

[307] LAVIEC J-P, FULTZ E. Foreword [M] // FULTZ E. Pension reform in Central and Eastern Europe. Restructuring of public pension schemes: case studies of Czech Republic and Slovenia-Volume 2. Budapest: ILO Subregional Office for Central and Eastern Europe, 2002.

[308] MARRÉE J, GROENEWEGEN P P. Back to Bismarck: Eastern European health care system in transition [M]. Avebury: Aldershot, 1997.

[309] ROBERTS A. The politics of healthcare reform in post-communist Europe: the importance of access [J]. Journal of Public Policy, 2009, 29 (3): 305-325.

[310] VAGAC L, HAULIKOVA L. Study on the social protection systems in the 13 applicant countries: Slovakia [R]. Brussels: the European Commission Employment and Social Affairs DG, 2003.

[311] CONSENSUS PROGRAMME Ⅱ: SLOVAKIA. Monitoring the development of social protection reform in the CEECs, part 1-4. Country reports: Bulgaria, Czech Republic, Estonia, Hungary, Latvia, Lithuania, Poland, Romania, Slovak Republic, Slovenia [R]. Brussels: Consensus Programme Ⅱ, 1999.

[312] PAZITNÝ P, ZAJAC R, MARCINCIN A. Reform models: health reform in Slovakia [EB/OL]. [2024-09-28]. http://www.hpi.sk/images/attachments/Reform_Models_-_Health_Reform_in_Slovakia.pdf.

[313] DEEGAN-KRAUSE K. Slovakia [M] // KENDALL J. The handbook of political change in Eastern Europe. 3rd edition. Bradford: Emerald Group Publishing Limited, 2014: 255-290.

[314] HLAVACKA S, WAGNER R, RIESBERG A. Health care systems in transition: Slovakia [R]. Copenhagen: WHO Regional Office for Europe, 2004.

[315] FISHER S, GOULD J, HAUGHTON T. Slovakia's neoliberal turn [J]. Europe-Asia Studies, 2007, 59 (6): 977-998.

[316] HAUGHTON T, RYBÁL M. A change of direction: the 2006 parliamentary elections and party politics in Slovakia [J]. Journal of Communist Studies and Transition Politics, 2008, 24 (2): 232-255.

[317] HAUGHTON T. Explaining the limited success of the communist-successor left in Slovakia: the case of the Party of the Democratic Left (SDL') [J]. Party Politics, 2004, 10 (2): 177-191.

[318] SPECTATOR. Health reform in pain [EB/OL]. [2024-09-28]. https: //spectator.sme.sk/c/20022519/health-reform-in-pain.html.

[319] SPECTATOR. Presidential veto broken [EB/OL]. [2024-09-28]. http: //spectator.sme.sk/c/20023942/presidential-veto-broken.html.

[320] JEVCÁK A. Health care reform-unpopular even in Slovakia [J]. ECFIN Country Focus, 2006, 3 (2): 1-6.

[321] WHO. Health care systems in transition. [EB/OL]. [2024-09-28]. http: //www.euro.who.int/observatory/TopPage.

[322] PALONEN E. Political polarisation and populism in contemporary Hungary [J]. Parliamentary Affairs, 2009, 62 (2): 318-334.

[323] MIHÁLYI P. Health insurance reform in Hungary [EB/OL]. [2024-09-28]. https: //sites. google. com/site/pmihalyi/newenglishlanguagebookonthehungari - anheal.

[324] BAJI P, PAVLOVA M, GULÁCSI L, et al. Informal payments for healthcare services and short-term effects of the introduction of visit fee on these payments in Hungary [J]. The International Journal of Health Planning and Management, 2011, 27 (1): 63-79.

[325] GÁL R. Hungary: pensions, health and long-term care [R]. Brussels: European Commission, 2009.

[326] GAÁL P, SZIGETI S, CSERE M, et al. Hungary health system review [J]. Health Systems in Transition, 2011, 13 (5): 1-266.

[327] TOKA G, POPA S. Hungary [M] // KENDALL J. The handbook of political change in Eastern Europe. 3rd edition. Bradford: Emerald Group Publishing Limited, 2014: 291-338.

[328] NAVARRO V, MUNTANER C. The financial and economic crises and their impact on health and social well-being [M]. New York: Routledge, 2016.

索　引